国家社会科学基金"十三五"规划项目"'立德树人'导向下中小学教师育人能力评估与发展研究"(XHA180287)成果

教师育人能力
——省视与评估

刘鹂 李佳宁 著

中国社会科学出版社

图书在版编目（CIP）数据

教师育人能力：省视与评估 / 刘鹂，李佳宁著. --北京：中国社会科学出版社，2024.7. -- ISBN 978-7-5227-3762-1

Ⅰ . G451.6

中国国家版本馆 CIP 数据核字第 2024W6S862 号

出 版 人	赵剑英
责任编辑	高　歌　朱亚琪
责任校对	郝阳洋
责任印制	戴　宽

出　　版	中国社会科学出版社
社　　址	北京鼓楼西大街甲 158 号
邮　　编	100720
网　　址	http：//www.csspw.cn
发 行 部	010-84083685
门 市 部	010-84029450
经　　销	新华书店及其他书店
印　　刷	北京明恒达印务有限公司
装　　订	廊坊市广阳区广增装订厂
版　　次	2024 年 7 月第 1 版
印　　次	2024 年 7 月第 1 次印刷
开　　本	710×1000　1/16
印　　张	18.25
插　　页	2
字　　数	281 千字
定　　价	99.00 元

凡购买中国社会科学出版社图书，如有质量问题请与本社营销中心联系调换
电话：010-84083683
版权所有　侵权必究

序　言

　　进入21世纪以来，社会日趋多元化发展，数智技术的飞速进步以及在教育中的大范围应用、人才需求的结构性变化都对高质量教师队伍建设提出了新挑战、对教师能力提出了新要求。在这样一个日新时异的时代，在推陈出新、各具职能的教师能力图景中，有几个关键问题需要透过"迷人眼的繁花"进行审慎思考和把握。其一，教师能力的本真问题。教师能力在不断追随、适应时代发展的同时，什么是其应保有的最基底的坚守？什么是其最本真的样态？其二，教师能力的评价问题。评价什么以及如何评价教师能力的前提假设，承载着"高质量教育""优秀教师""卓越教师"的事实性判断和价值性判断。什么样的评价能有助于切实贯彻落实教育立德树人的根本任务和深化教育评价体系改革、促进教师素养的提升？

　　对于以上问题，本书基于大量研究和数据分析做了深入探讨。师者，以何为师？现代教师应遵循并践行教育家精神，以"人师"的标准要求自己。教书育人，教书为表、育人及里，构成教师为师基础性、核心性能力的是"育人能力"。教师育人能力作为一项具有明确价值负载的目标性、概念性话语，表达着教师能够达成培养全面发展的人的教育期望与目标的品质。基于对教育实践的体悟和认识，在新时代国家"立德树人"的教育政策导向下，研究者对"教师育人能力是什么"这一前提性问题展开追问，试图规避有关教师学习的宏大理论建设，聚焦于实践情境中教师育人能力的真实展现，集中探讨具有现实指向性的教师育人能力的评价和发展问题。具体而言，本书主要关注教师在教育教学中以何育人、需要着力培养哪些育人能力方可助力教师成为卓越型教师，进而关联系统化教师育人能力发展的"性能升级"问题。

尤其值得注意的是，书中对教师能力中最为关键的育人能力进行了学理阐释、要素分析、模型建构、评价工具研发以及发展进路等一系列理实问题的探索，意在对教师专业素养与学习、教育实践质量提升以及教师教育研究进一步深化与突破。该书是理论性与实践性研究的产物，不仅仅在于批判，更关注建构。主要有以下几个表现：第一，"教师育人能力"的概念深化与结构体系创新。重新挖掘并定义了教师能力的深层次核心问题，澄明教师育人能力评价与发展的学理基础，通过借鉴古往今来的教育思想论述、编码教师育人能力的外在行为表现、借助专家群体的审慎判断等方式，界定了以隐喻方式存在的"教师育人能力"的内涵概念与构成体系。第二，体现素养本位的教师教育方法论。育人不易，在于其是一种遵循伦理规范的智慧行动，是一种在教育现实中进行的情景化行动。育人实践在情境性教育判断的过程中追求终极的善，实质上彰显的是基础教育从能力本位转向素养本位的教师教育方法论。对教师育人能力进行测评的结果揭示了能力结构性失衡问题，情境性育人能力处于弱势地位。由此观之，基础教育实践领域中教师育人能力的提升不得不借助杜威所说的"行动的选择"，以教师全面觉醒的姿态"自我形塑"教师素养、提升专业判断能力以及创造理想的教育形态。第三，可操作性教师育人能力评价工具。应该承认，要在全景式解构教师育人能力中开展有价值的研究，为科学化评测教师育人工作提供指标维度和技术工具是有困难的。无论是采取质性资料归纳编码教师育人能力指标架构，还是通过专家咨询对育人能力的要素及指标结构进行判断审查和合理性检验，都是将能力结构和不同要素间因果性或相关性关系进行科学化聚类和体系化的过程。研究者经过规范性的探索、检验和分析，研制出中小学教师育人能力评估工具，以导向式评估测评教师育人能力水平，引发教师对自我成长的关注与重视，也为教师自评和他评提供了测量工具与评价案例。第四，教师育人能力的系统研究。"好教师"的问题是一个涉及价值判断的本源性问题。如果没有将"怎样的教师是好教师""如何评判好的教师"或"教师能力为何"这些问题提出来认真讨论，教师评价就可能失去发展方向，至少不是按照我们最想要的方向去发展。如何突破传统意义上对教师教学能力、管理能力的单向度评价，或是通过学生学业成绩反向评价教师能力的羁绊，需要明晰教师能力的基础逻辑，即整体性地评估教师的育人能力。从学理层面对教师育人能力要素框架和体系结构进行阐释，检视现实中教师育人能力何如，对其影响因素与发展策略的求索，都显示系统性研究的演进脉络。

《教师育人能力——省视与评估》一书，力求多角度地理解教师育人能力，致力于加深和加宽对中国基础教育改革的认识，建构新的教师育人能力评价体系，这不仅为中小学教师提升、评估和改善自身育人能力提供了学理支持，也为系统性评估教师育人能力提供了可操作指标和工具。与此同时，立足于教师育人能力的评价与发展，可以促进我们反思教师教育的内容和目标，有助于在教师培养、标准建设、专业发展等方面颁布和实施有针对性的政策，不仅重视技能性教学能力培养，更关注情境性育人能力的通达。展望未来，不难设想，教师育人能力的阐释、评价和发展研究会呈现更加丰富多元的景象。

由于专业领域与所在学校等原因，我与刘鹂教授接触不多。近年因研究教育政策与资政建言的需要而兼任教育部教育信息化专家组副组长，促使自己也留心关注国内外教育信息化、数字化、智能化领域的研究进展，自然也常常读到她在这些方面的专业研究成果，进而对她有所了解，得知她是一位在教育技术与课程整合、教师素养等问题都有长期深入研究且成果甚丰的学者。这次，承蒙她的信任，嘱我作序，难以推辞，是为序。

周洪宇

（第十三届全国人大常委会委员、中国教育学会副会长）

前　言

师之为"师",在于"教书育人","教"为过程,"育"为目的,"教书"为表,"育人"及里。教师是一个关乎生命的职业,关乎万千学生的德行养成、心灵康健、智慧引导、人格发展。教师能力是由多方面内容构成的综合型能力群,而其中最为核心的莫过于教师"育人能力"。"育人能力"作为教师为师之基础性、核心性能力,长期被蔽盖于"教学能力""德育能力"等相似的教师能力定义之中。其在实践层面有着长久的现实性表现,在理论与概念层面更需要细致深入地进行探讨。反观教育教学现实,将知识教学仅当作"识记句读",忽视其背后的育人意义;以统一标准衡量评判所有学生,从而抹杀学生个性;以教育管理之名,用僵死的教条规范伤害学生……这些实践所存的育人问题都显示着教师育人能力的不足或缺失。值得深思的是,不少教师考核评价仍然仅仅关注教师的教学实践,导向教师单一教学能力的培养发展,缺失对育人问题进行深挖式的追问与探究。当教育教学实践场域出现育人问题时,究查师德师风、教师教学能力等显然无法靶向式把握深层次的核心问题,而追问教师育人能力或为一个破解之策。教师育人能力需要澄清认识,需要被评价,需要引起教师自我的关注与重视。

本书以教师育人能力为核心,从认识与评估两个层面展开对相关问题的探讨。教师育人能力是教师在多元、复杂的教育场域,以自身认知、理解、思维、沟通等能力为基础,以情感、态度、意志、价值观等内在特质为关键影响因素,采取适当行动以有效引导学生理想信念、思想认识、社会认知、个性品质、心理健康、审美意识、素养能力等全方面发展的一种综合性实践能力,具有价值导向、要素统整与情境诱发的特征。其价值体现在促进学生全面发展、观照学生长远发展、丰富教师专业内涵与职业生涯体验等诸方面。教师育人能力虽以整体样态存在,却可以通过其行为表现被解构探寻,从而进行准量化评估。本书具体区分为理论、探索、评估与发展四部分内容对教师育人能力相关问题进行阐述。理论部分澄明对教师育人能力的理性认识,对教师育人能力做学理性探究;探索部分解构以整体样态存在的教师育人能力,找寻教师育人能力要素并确立育人能力结构模型;评估部分基于教师育人能力量化评估工具的研发进行全国范围内的教师育人能力评估,通过对能力现实样态的分析为教师育人能力进行了全景式描摹;发展部分关注育人能力发展机制问题,通过探寻教师育人能力的影响因素、发展进路,以求对中国中小学教师育人能力的发展提升实践有所启发。

在新时代国家"立德树人"的教育政策导向下,教师立德示范、潜心育人的根本职责被引向前台,被重新定位、审视、检验以及敦促践行。由之,教师育人能力的重要意义随即更为凸显。本书本着学理性与功用性相结合的原则,兼顾教师育人能力的理想与现实层面,对教师育人能力的底层逻辑、评估模型、评估工具、现实样态、发展机制等问题开展全方位的探究,力图契合中国人才培养的时代需求、顺应师生生命成长的本真样态。育人问题的探索研究对教师成长具有可能的现实性导向,亦期许着促成教师教育的人文转向、教育实践的改善提升。

目　录

第一章　教师育人能力：对教师能力本真的回视　/ 1
　　第一节　教师能力的本真　/ 1
　　第二节　从隐喻到明喻　/ 10
　　第三节　教师育人能力界说　/ 21
　　第四节　特性及他者辨明　/ 30
　　第五节　价值与理论逻辑　/ 41
　　第六节　小结　/ 51

第二章　教师育人能力结构：专家的研判　/ 52
　　第一节　探寻教师育人能力的基本构成　/ 52
　　第二节　德尔菲专家如是说　/ 69
　　第三节　以实践智慧为核心的教师育人能力架构　/ 86
　　第四节　小结　/ 101

第三章　教师育人能力要素：构成统整的点与线　/ 103
　　第一节　教师育人能力的根柢　/ 103
　　第二节　育人能力的情境性彰显　/ 113
　　第三节　教师"师范"与"示范"　/ 124
　　第四节　促进学生"内发"的力量　/ 133
　　第五节　小结　/ 138

第四章　教师育人能力评估工具：开发与使用 / 140
　　第一节　导向式评估工具设计 / 140
　　第二节　评估工具的开发 / 145
　　第三节　评估工具的评估 / 161
　　第四节　评估工具的使用 / 187
　　第五节　小结 / 195

第五章　教师育人能力检视：现实中教师育人能力何如 / 196
　　第一节　数据告诉我们什么？ / 196
　　第二节　教师育人能力的现实审察 / 222
　　第三节　小结 / 230

第六章　教师育人能力发展：对原因与进路的求索 / 232
　　第一节　寻找育人能力发展的影响因素 / 232
　　第二节　育人能力发展的内生动因 / 248
　　第三节　育人能力发展的外塑要素 / 258
　　第四节　教师育人能力的发展进路 / 263
　　第五节　小结 / 273

写在后面的话 / 274

参考文献 / 276

致　谢 / 283

第 一 章

教师育人能力：
对教师能力本真的回视

教师能力是教师专业发展、高质量教师队伍建设以及教育质量提升所关注的重要问题。其作为教师在教育实践场域的综合性、实践性行为表现的内核，直接关涉教育教学成效。现实层面对教师能力的关注引发学理层面的研究审视。

从纵向时间视角来看，不同时代对教师能力的内容与指向有着不同的要求，然而始终不能脱离教育促进人的发展的核心需要；在横向空间角度，由于教育教学情境的多元、教师职责的多样，教师能力总是有着多层面且丰富的现实表现，但同样应遵循人的发展原则。纵横交错的时空中，受制于某些短视片面或虚浮繁杂的虚假性教育实践导向，教师能力本真可能面临或在繁复中迷失，或在逐利中隐退的危局。故而，"何以为教""何以为育""何以为师"的教师能力本真成为需要不断回视、细致探寻、不懈求索的问题。

第一节　教师能力的本真

教师能力是指教师在顺利完成教育教学工作任务、达成教育教学目标的过程中所体现出来的综合素质，具有多元而丰富的现实表现。在繁复的教师能力之中存有的"为师"之最基础、最核心、最根本、最重要的部分，可视为教师能力之本真。而对这一"本真"的探寻成为教师能力发展不可回避的问题，需要在回溯教师的角色定位、呈现教师能力的多元表达、思考教育的终极价值中深入思考。

一　不言自明的"教师"

教师是人们社会生活中熟知且重要的角色，对"教师"的日常性"熟知"使得对"教师"角色的认识和能力要求在很多时候都处于"不言自明"的境地。这一"熟知"既体现在教师作为一种社会职业的从业者为民众所熟悉，也体现在其作为学生人生发展的重要他人以亲近的姿态参与着学生的成长。于是，在贴近人们生活的地方，存在着关于"教师"的淳朴的经验性认识和教育性理解。这些认识、理解体现于众多关于"教师"的格言名句之中。"经师易遇，人师难遭""举世不师，故道益离""春蚕到死丝方尽，蜡炬成灰泪始干""教师是太阳底下最光辉的职业""教师是人类灵魂的工程师""教师是火种，点燃了学生的心灵之火"……这些耳熟能详的语句为人们摹绘了多元的教师形象：作为爱与倾心奉献的精神化身形象、拥有渊博学识的知识分子形象、遵守规律引导成长的理性形象、辛勤耕耘而不问回报的无私者形象，等等。凡此种种，对教师角色的描述与美好赞誉既体现着人们对教师的价值性认识和期待，也隐含着人们对教师道德形象、知识能力的基本看法和观点。

"教师"的"不言自明"还体现在其以行动诠释"教师"名义，体现"何以为师"。被尊为"万世师表"的孔子，教授弟子三千、贤人七十有余。他善于观察学生并因材施教，教育教学讲求方式方法，身教言行并重，能充分发现与发展学生个性与特长。其弟子颜渊曾赞誉夫子："仰之弥高，钻之弥坚，瞻之在前，忽焉在后，夫子循循然善诱人。博我以文，约我以礼，欲罢不能，既竭吾才。"[①] 善于通过谈话，启发、诱导学生的苏格拉底，谦逊、平等地引导学生自主、批判地进行思考并追寻真理是其教学风格。他曾对学生阿伽通说："你不能驳斥的是真理，驳斥苏

---

① 《论语》，张燕婴译注，中华书局2022年版，第122页。

格拉底并不是难事。"① 苏格拉底为师，注重真理、关注教育方式、启迪学生思维。在中外教育的历史长河中，作为教师的北宋著名理学家朱熹提出了"朱子读书法"，以方法引导学生读书思考；"把整个心灵献给孩子"的苏霍姆林斯基尊重、关心儿童，重视人的全面发展；陶行知用四颗糖②让学生自主反省与改错；被学生亲切称为"张妈妈"的张桂梅把毕生精力奉献给了女童教育；还有千千万万耕耘于三尺讲台、倾心于学生成长的诸多一线教育工作者，都在以自己的行动诠释着教师这一角色的内涵。这些教师以道德、学识影响人、发展人，对学生进行智慧启迪、品行培养、人生指导与理想塑造。不必用浮华的言辞宣扬，其行动本身就是对"教师"最好的诠释。

"不言自明"的教师从日常平实的认识期待、耳熟能详的格言名句、行胜于言的大师风范中皆可见一斑。但随着现代社会教师的专业化发展，"教师"的"自明"逐渐受到更多的关注与重视，从而具备了某些规范性、标准性的"言明"。中国教师法明确指出：教师是履行教育教学职责的专业人员，承担着教书育人、培养社会主义事业建设者和接班人、提高民族素质的使命。教师个人的知识储备、能力素质、意志品质、品性修养、思想眼界直接影响着教师培养人的活动以及所培养人才的质量。由此，中国颁布教师专业标准对教师知识、素养进行了全方位的规定。2012年修订的《中小学教师专业标准（试行）》（以下简称"专业标准"）指出，中小学教师是履行中小学教育教学工作职责的专业人员，是经过了严格而专业的培养培训，具有良好的专业道德，掌握系统的专业知识与专业技能的人。"专业标准"在专业理念与师德、专业知识与专业能力方面对教师提出了明确的要求：教师应以师德为先，具备良好的个人修养与行为，并信任、尊重、理解、关爱学生；具备科学的教育教学理念，了解学生的身心发展规律与个体差异，善用教育规律激励学生自主能动学习；具备扎实的教育知识、学科知识、学科教学知识以及通识性知识；具备教学设计、实施与评价，班级管理，沟通合作，自我反

---

① ［古希腊］柏拉图：《会饮篇》，王太庆译，商务印书馆2017年版，第51页。
② 陶行知做校长时遇见学生打架，他巧妙地用四颗糖果来对学生进行正面引导的故事。

思与发展等专业能力。这些要求从制度化、规范化角度说明：具备所规约的师德、知识和能力素养，才能成为一名专业教师。作为专业性教育人员，教师的根本职责在于有目的、有计划地对学生的认知、情感、态度、意志、技能等各个方面产生影响，帮助学生个性与社会性的全面发展。

教师，教人成人者，作为教育中的核心人物，是学生成长的守望者与领航人。育人成人，是教师角色的核心内涵、教育职责的本真要求，同时隐含多元化、多方面的教师能力素养期许。

二 教师能力的多样化表达

教师能力问题是教育实践和教师教育研究中颇受关注的领域，"能力本位"作为一种师范教育理念，最早可追溯到20世纪初期，并影响着一些国家的教育教学实践。[①] 教师能力因其与具体教育实践活动及教育教学质量密切关联而受到关注与重视，同时也引发着对教师能力的研究热情，使得无论在理论研究抑或教育实践中，教师能力都呈现多层面、多视角、多样化的表达。这些多元表达的出现与能力本身内在的综合与复杂，教师职责及其所面对的教育教学情境、场域、事件的丰富多元，教育工作的多方面要求都紧密相关。

在教师能力的理论研究中，诸多不同的教师能力表达呈现抽象与具体之分以及职责指向的不同。其中，"教师专业能力""教师核心能力"等相对上位的能力表达统摄性强，更为抽象。"教师专业能力"即"教师以一定的专业知识和基本的专业技能为基础，在教育教学工作中形成的、顺利完成教育教学活动任务所必须具备的个性心理特征的总和"[②]。"教师核心能力"是指"教师在接受和参与教师教育、从事教育教学以及投身教研等活动中形成和发展的，能够适应社会发展、教师职业要求和促进自身专业发展带有统帅作用的能力"[③]。二者均是对教师能力的总括性定义。

---

① 教育部师范教育司编：《教师专业化的理论与实践》，人民教育出版社2001年版，第4页。
② 胡卫平：《教师教学能力评价初探》，《中国考试》2021年第10期。
③ 王光明等：《教师核心能力的内涵、构成要素及其培养》，《教育科学》2018年第4期。

与上位概念相比，较为具体的教师能力表达在中观层面，指向特定的教师职责与教育活动范围，如教师的"德育能力""课程能力""教学能力"等。其中，教师德育能力"在内在性意义上，是以道德教育理论和教师专业伦理为学理支撑、以自我普遍性道德与教师职业道德发展为动力源泉、以专业化德育实践为检验点、以研究性反思为增长点的专业性教育能力；在外延性意义上，是以成就学生道德生命的诞生与发展为终极旨归、以自我德育专业化发展为动力支持、以德育实践为逻辑主线、以德育反思和研究为优化策略的专业化能力体系"[①]。而指向课程相关职责的教师课程能力是"教师具有的、基于课程知识与技能的、直接影响课程活动运行及其成效取得的能动力量"。指向教学活动开展的教师教学能力即"以教师的教学认识能力为基础，支持教师在教学情境中有效开展教学活动所必需的个性心理特征，它既以一般教学能力为基础，又具有所教学科及主题的领域特异性"[②]。进一步细化，各种中观层面的教师能力又可以分解为下位的、更加具体的能力表达，如教学能力从不同角度可以细化分解为教学的"诊断能力""设计能力""实施能力""评价能力""反思能力""主题教学能力""学科大概念提取能力""单元作业设计能力""跨学科学习组织能力"等。

多样化的教师能力中不仅有指向外部职责履行的专业能力，也有指向个人发展的能力表达，如教师"自我成长能力""专业自主能力""终身学习能力"等。教师"自我成长能力"是"教师通过自主学习、协同学习等多种方式促进其自我成长和专业发展的能力，包括对教育教学的研究能力、自主学习能力和与他人、与人工智能协同学习的意识与能力"[③]。教师"专业自主能力"是"教师在专业生活中对于其专业教育服务和专业发展实施自我控制与管理的能力，包括专业自我角色

---

① 崔振成、黄东亮：《中小学教师德育能力弱化的困境与纾解》，《当代教育科学》2023年第3期。

② 王磊等：《教师教学能力系统构成及水平层级模型研究》，《教师教育研究》2018年第6期。

③ 田小红等：《教师能力结构再造：教育数字化转型的关键支撑》，《华东师范大学学报》（教育科学版）2023年第3期。

的认知能力、设计能力、调控能力和反思能力四个相互作用、密不可分的要素"①。诸多指向教师自我成长的教师能力表达多以教育教学改进、教师的专业发展为重要目标。

随着移动互联和数智时代的来临,与人工智能、信息技术相关的教师能力要求亦不断推新,"教师数字能力"②"信息化教学能力"③"信息化领导力"④"智慧教学能力"⑤ 等相关能力被提出。这些教师能力表达在原有职能型能力表达上增加与凸显了现代信息技术理解与应用成分,强调教师的数智素养与能力。

数量众多的教师能力分类与表达总是基于不一样的教育内在需求与价值取向。而基于不同价值取向,所探讨与理解的教师能力又会有所不同。每一种职责型教师能力表达都指向着教育教学实践的某一领域,背后是对具体任务的关注与重视。从内在价值取向来看,这些多样而分割的职责型教师能力表达背后潜藏着和学科分化同样的理论逻辑与价值,即精细化控制的科学理性逻辑与高效率实现目标的实用主义价值。不可否认,这样的划分对于教育教学活动而言具有指导意义。但需要警惕的是,过度的科学主义容易成为技术机械主义,过度的实用主义容易演变为功利主义,当偏于一隅而不识全貌、关注效率而忽视人,便容易遗忘教育最本真的目的。故而,跳出诸多繁杂的教师能力表达,带着对教育本质的反思,探讨教师的本真价值,从而找寻教师最为根本的能力,对

---

① 慕宝龙:《论教师专业自主能力的内涵结构》,《教师教育研究》2017 年第 3 期。
② 罗生全、郑欣蕊:《教师数字能力研究的现实图景与未来展望》,《现代教育管理》2023 年第 8 期。
③ 魏非等:《基于微能力的教师信息化教学能力测评模型》,《现代远程教育研究》2021 年第 6 期;左明章:《困惑与突破:区域教师信息化教学能力培训实践研究》,《中国电化教育》2016 年第 5 期;王卫军:《信息化教学能力:挑战信息化社会的教师》,《现代远距离教育》2012 年第 2 期。
④ 赵磊磊、张蓉菲:《教师信息化教学领导力:内涵、影响因素与提升路径》,《重庆高教研究》2019 年第 3 期;孙祯祥、张丹清:《教师信息化领导力生成动力研究——借助场动力理论的分析》,《远程教育杂志》2016 年第 5 期;孙祯祥、张玉茹:《教师信息化领导力的概念、内涵与理论模型》,《现代远程教育研究》2015 年第 1 期。
⑤ 杨鑫、解月光:《智慧教学能力:智慧教育时代的教师能力向度》,《教育研究》2019 年第 8 期。

于教育发展、教师教育皆具有重要意义。

三　繁复中寻找本真

在繁复多样的教师能力中寻找本真，实际上是在追问这样的问题："什么能力是教师能力中最核心、最重要的能力？什么能力是师之为师的根本能力？"教师能力生发于教育活动的本质性要求，对"教育"做更深入与本体性的认识或许有助于我们增进对教师能力本真的理解。

在中国，"教育"一词最早出现在《孟子·尽心上》中——"得天下英才而教育之"，这里的教育是"培养、培育"之意。《说文解字》中提及"教，上所施，下所效也，育，养子使作善也"。可见，"教育"自始就内蕴着"育人""求善"的价值取向。在西方，"教育"一词来源于拉丁语"ēducāre"，其本义即为"引出"，后世教育延承着这一古老内涵，尊重学生的个性价值，注重引发学生的内在思考，促使其成为自己。德国哲学家雅斯贝尔斯说，教育是"一个灵魂唤醒另一个灵魂"的活动，灵魂对灵魂的唤醒需要基于师生以人生为基础的际遇。教育是师生之间以学生发展为指向的内在精神性交往，当这个抽象的概念理解映射进教育现实时，呈现多种多样、不同形态的教育活动。以"传道、授业、解惑"为目的的中国传统教育，倡扬宗教精神与内心平和的西方中世纪教育，培育科学、理性精神的五四新文化教育，注重实用技能培训的西方工业革命后教育，及至现今，强调科学理性精神、个性化发展的现代教育……古今中外，尽管人们对教育的理解不尽相同，教育的内涵与外延几经变化，教育实践形态各异，但教育始终是"属人"与"为人"的活动，是人与人之间进行的思想交流与对话活动。因此，教育与人的关系是最根本、最基础的关系。基于教育以人的发展为根本追寻的应然性价值，教育"以人为本"成为不可辩驳的基础原则。而"育人"则体现教育对人的真切关注关怀，是教育的逻辑原点。

"育人"是基于对人的完整性、丰富性了解而开展的教育活动，其最终目的在于把人培养为全面发展的完整的人。教师是承担育人职责的关键角色，教师育人应着眼当下、面向未来。将学生发展看作连绵不断而无限延伸的射线，一头连着过去，一头趋向无限可能的未来；同时将所有学生视为拥有不同优势智能的生命个体，需要引发与向导，这是教师理应具备的学生观。教师作为育人的主体，通过与育人活动的另一主体——学生进行主体间真诚而平等的交往对话，从而达成"育"的目的。在这一过程中，教师身心浸染其间，育人的过程既是学生发展的过程，也是教师自我完成与收获成长的过程。

教师作为教育主体，以"育人"为终极目的组织参与各类教育活动，被赋予了诸多应尽的职责：通过德育活动塑造学生的价值理想、培育内在德性；通过课程的开发、实施、评价与结构化处理，使课程知识更接近学生的认知特点与生活体验，从而促进学生对知识的理解、内化、统合、应用与实践；通过多种方式的教学活动发展学生核心素养；通过精心设计、资源开发辅助教育教学活动的展开；等等。履行教师职责，需要教师能力支撑。以教师各种职能为视角，教师能力也便有了多样的条块分割式表达，这些表达方式背后隐含着这样一个前提假设：教师顺利履行各项职能便等同于教师育人。但是，各种职能的顺利履行是否一定契合学生的发展需求？是否一定切实达到了育人效果？

我们的确已经习惯了这样的思维方式，即把抽象的东西转换为有形的、把整体的东西切割为部分的、把长期的目标转化为过程性的步骤，如此可以更好地理解并解决我们所遇到的问题。这种思维方式在理论探讨时为我们提供着极大便利，有助于问题条分缕析地分析澄明，在实践过程的执行中会有便捷性，易操作、可重复，但同时也容易造成某些损失，完整性的损失与价值的损失是其中最凸显的部分。基于职责内容与工作需要的分割式教师能力表达与发展是重要且必要的，有利于教育教学工作的顺利开展与实施，但当教师能力的作用对象只针对教学、课程、评价、管理等诸方面工作职责时，便也容易引发这样的问题：停滞于任务表象，可能忽视更深层次的对人发展的关注。

在功利化的教育中，教师教学能力被视为教师最为重要的能力，教学能力决定了一位教师能否履行其职能，从而成为合格的教师。评判一位教师是否优秀，很大程度上也取决于这位教师能否提供高效的教学和高分的成绩，但背后"育人"的指导原则往往在追求效率的过程中被遗忘。那么，在单一"教学"能力的作用下，学生是否真的获得了生命的充实、精神文化的富足、开阔的眼界与长远的发展则是存疑的。这类教学也许只以高效传授固有知识、满足应试与功利化的目的为内在逻辑。我们可以理解，除却功利化教育氛围的影响，教师深思教学中的育人问题或许是一件颇为累人的事情，不仅浪费时间还难以看到回报，短期可见的"教育效益"吸引着教师，可见、可复制的教学流程也使得操作更容易。然而，在容易可行的教学操作过程中，教师是否作为生动的人在参与教育过程？教师是否在教育中获得了自己人生发展的养分？当教师作为可以高效产出的了无生气的工具，学生亦成了某种实现目的的手段。教师"育人"的价值坚守，在功利性的教育现实面前不见踪影，教育沦为某种背离人性的活动。

与之相似，将德育视作思想政治与品德教育，并归于专门从事德育类学科教学的教师与班主任的观点，造成了德育能力的偏态化以及全员育人的缺失；教师对信息技术的使用不考虑与课堂教学的契合程度，只是机械地将互联网技术、媒体技术部分运用于教学环节，或者将现实的课堂教学原封不动地搬到互联网平台，没有真正发挥信息技术辅助教育教学育人效用的现象，显示了教师信息能力的"育人"内核缺失。基于教师事务与职责的教师能力分类与表达关照了教育的某一方面，却容易造成整体性"育人"的动摇与遗忘。

也许上面所述乱象只是教育现实中的极端化表现，其偏重工具理性而遗忘价值理性，在短视中将手段当作了目的。然而，这些现象的现实性存在却切实威胁着学生的培养与发展，警示着我们对教师能力进行重新思考。以职能为视角对教师能力的界定与表达是必需且必要的，只是在现实的教育实践中容易成为遗忘教育本真且罔顾人之存在特性的单项技能。此外，从能力的统整性来看，教学能力、德育能力、课程能力等教师能力的划分将原本整体存在并共同发挥作用的教师能力分离割裂开来，虽有助于教师明确认识并做好分项工作，却与教师能力的综合化表现以及教师内在世界的完整统一相悖。我们有理由相信，只有内在完整、品德高尚、身心自由的教师才能培养出同样身心健康、全面发展的学生。教师在作为达成育人目的之手段的同时，自己亦是育人过程的目的，亦要从中获得启迪与收获。这是教育的人性使然。故而协调目的与手段，统一工具理性与价值理性对于教育活动而言十分重要。从这个意义上讲，提出"教师育人能力"的表达，向内基于作为人的教师的完整状态，向外指向学生的全面、长远发展，有助于教育回归作为惠及师生主体生命的实践形态。

"育人"显然并非教育的最高价值追寻，而应是一种教育基准与常态。那么"教师育人能力"则是各类职责型教师能力表达无法替代的教师能力本真。"教师育人能力"亦是从教育目的及价值的视角提出的教师能力表达。唯有让教师育人能力脱离"失语"状态，教师才能正视并履行自己的育人职责，从而走出我们提倡"育人"却不太关心"教师育人能力"的怪圈。

第二节 从隐喻到明喻

"教师育人能力"并非新鲜事物，而是长期无声地蛰伏于古今中外诸多教育实践之中，存在于每一位人师身上。多年以来，"教师育人能力"的表达虽未被明确提及，但透过历史的层云探寻教育家们的教育思想时，却常能通过他们对理想教育的设想、对理想教师的渴求，发现对"人师"的某种洞见与描摹。这种洞见与描摹以隐喻的形式诉说着对育人之师能力的期待和规约。由此发现，"教师育人能力"看似初现，实则几乎走过了和教育一样漫长的历史。时至今日，虽然隐喻中的"教师育人能力"究竟应该称作"教师育人能力"或是"教师能力"有待考量，理想教师的期许却是确凿无疑的了。随着社会与时代变化，从"好教师"到"有效教师"，从"卓越教师"到"教育家型教师"，理想教师的终极目标是教人成"人"，其能力之核心"育人能力"便成为需要明确且重视的问题。

一 教师能力中的隐喻

古今中外教育理论与实践中皆隐含着对教师育人能力的认知与要求，这种有所指向却并未言明的方式可视为隐喻状态的教师育人能力希冀，以及对教师能力的默示。

(一) 教师能力的原则隐喻：看得到"人"和"人生"

何以为教？何以为师？《学记》中的"记问之学，不足以为人师"，在跨越千年之后仍旧警示着为师者不能把自己局限于授知的狭小天地。孔子与苏格拉底之所以为万世师表，或许在于他们凭靠自身的人格、思想、言行启迪引导着学生的人生发展，而非仅为知识授导。作为精神人格而存在的教师，总是像灯塔一般为学生指引方向。为师，从来不仅在于知识技能的教授，师者的眼界，在于看到了"人"和"人生"。

"教育意味着完整的人的发展。"[1] 完整的人，是身心全面发展的人，是生活中的人。故而，教师在教育过程中，需要先看到"人"，才能开始真正的"人"的教育，而在视"人"为"人"的基础上致力于人的整全发展才可能有完整的教育。中国自古以来的"经师"与"人师"的分别即划分了教师层次与能力的不同。中国教育家徐特立认为："人师就是教行为，就是教怎样做人的问题。经师是教学问的，就是说，除了教学问之外，学生的品质，学生的作风，学生的生活，学生的习惯，他是不管的。"[2] 在西方也有同样的思想。古罗马教育家昆体良说："教师应当是德才兼备的人，他应该像荷马史诗中的费尼斯一样，既教学生学习基础知识和雄辩术，又教学生怎样做人。"[3] 这意味着，真正的教师应该既教学问，又教做人，而其中做人问题则更为根本，所谓"教书育人"即为此。但在教育现实之中存在着两者的割裂现象，当没有了"人"的视野，"教书"便退化成了技能型的活动。事实上，"教书"与"育人"断非对立而不可调和的事物，只是与"教"的能力相比，教师"育"的能力更为根本。所以，苏联教育家苏霍姆林斯基在《给教师的建议》中提出："请你记住，你不仅是自己学科的教员，而且是学生的教育者、生活的导师

---

[1] [瑞士] 裴斯泰洛齐：《裴斯泰洛齐教育论著选》，夏之莲等译，人民教育出版社2001年第1版，第425页。

[2] 中央教育科学研究所编：《徐特立教育文集》，人民教育出版社1979年版，第205页。

[3] [古罗马] 昆体良：《昆体良教育论著选》，任钟印选译，人民教育出版社1989年版，第72页。

和道德的引路人。"① 中国近现代史上的教育大家叶圣陶先生也曾说:"我如果当中学教师,绝不将我的行业叫做'教书',犹如我绝不将学生入学校的事情叫做'读书'一个样。若有人问我干什么,我的回答将是'帮助学生得到做人做事的经验'。"② "教师应该为学生的一生着想,要想想学生将来怎样一辈子做人。"③ 这样真诚而朴实的语言里饱含着对教育的深邃洞见,展示着对人与人生的真切关怀。陶行知先生同样提到教师的职务是"千教万教,教人求真",学生的职务是"千学万学,学做真人"。④ 包容"人"与"人生"的教师视界是一种延展开阔的教育眼界,是教育的应有之义,亦是教师能力的原则隐喻,教师能力应致力于完整的人的发展,从根本上指向教师的育人能力。

(二)教师能力的基础隐喻:教师修养与学生成长的一体两面

德国著名教育思想家、被誉为"教师之教师"的第斯多惠曾谈道:"凡是不能自我发展、自我培养和自我教育的人,同样也不能发展、培养和教育别人。"⑤ 教师有效参与教育活动依赖教师的基本素养,在于教师具备自我教育与自我发展的能力,教师的素养与积极的自我发展亦是影响学生成长的重要条件。苏联教育家苏霍姆林斯基同样认为:"教师应当意识和感受到每一个孩子的命运都由他负责,学校正在培养的人的理智、健康和幸福,都取决于他的精神素养和他思想的完美性。"⑥ 这种对教育中师生互动影响发展关系的认识隐含着对教育活动基础的思考,亦隐喻着对教师育人能力的期许。教师能力的基础在于教师内在的学识品行以及不断"育己"与自我更新,此亦为教师育人能力的基础。

"为人师表"是教师的能力要求与行为准则。从孔子的"其身正,不

---

① [苏] B. A. 苏霍姆林斯基:《给教师的建议》,杜殿坤编译,教育科学出版社1984年版,第99页。
② 叶圣陶:《如果我当教师》,教育科学出版社2009年版,第40—41页。
③ 叶圣陶:《听叶圣陶谈师德》,《上海教育》1983年第11期。
④ 中央教育科学研究所编:《陶行知教育文选》,教育科学出版社1981年版,第336页。
⑤ [德] 第斯多惠:《德国教师培养指南》,袁一安译,人民教育出版社1990年版,第23页。
⑥ [苏] B. A. 苏霍姆林斯基:《把整个心灵献给孩子》,唐其慈等译,天津人民出版社1981年版,第208页。

令而行，其身不正，且令不从"① 到孟子"教者必以正"②，再到荀子"师以身为正仪"③，以及王夫之的"师弟子者以道相交而为人伦之一……故言必正言，行必正行，教必正教，相扶以正"④，中国古代教育家一脉相承地传续着这样的教育思想与实践原则，表明了对教师育人之德的要求。用捷克教育家、教育学开创人夸美纽斯的话来讲："德行的实行靠行为，不靠文字""孩子们容易从行走学会行走，从谈话学会谈话，从写字学会写字。同样，他们可以从服从学会服从，从节制学会节制，从说真话学会真实，从有恒学会有恒。"⑤ 学生德性的培养出于教师自我德行的完满与示范，通过看得见的行为举止，学生能更好地模仿习得。而这种"为人师表"不仅表现于德行教育之一维，学识、意志、精神教育等各个方面遵循同样的教育规律。中国古代首部教育论著《学记》对教师个人的教育教学素养有着丰富全面而精深的论述，其中许多思想精华于今天的教育教学而言依旧具有实践性价值。其中对为师的基本条件进行了论述："君子既知教之所由兴，又知教之所由废，然后可以为人师也""君子知至学之难易，而知其美恶，然后能博喻，能博喻然后能为师。"知教之兴废，知学之难易、美恶皆要求为师者懂得教育教学的基本规律、掌握教育教学的基本方法，博学通识而掌握教学法知识是教师的基本学识素养。同时，教师的学识素养对于学生的求知而言是前提性的，王夫之提倡明人者自明："夫欲使人能悉知之，能决信之，能率行之，必昭昭然知其当然，知其所以然，由来不昧而条理不迷。贤者于此，必先穷理格物以致其知，本末精粗晓然具著于心目，然后垂之为教。"⑥ 只有当教师具备格物穷理、不懈求知追问的精神，对待知识既知其然又知其所以然，才具备使人昭昭的能力。

教师的个人修养与学生成长之间是关系密切且相互作用的状态。这

---

① 《论语》，张燕婴译注，中华书局2022年版，第189页。
② 《孟子》，万丽华、蓝旭译注，中华书局2006年版，第162页。
③ 《荀子》，安小兰译注，中华书局2007年版，第30页。
④ （明）王夫之：《四书训义》，岳麓书社2011年版，第553页。
⑤ ［捷］夸美纽斯：《大教学论》，傅任敢译，教育科学出版社1984年版，第183页。
⑥ （明）王夫之：《四书训义》，岳麓书社2011年版，第899页。

些对教师个人素养及其与学生成长之间关系的论述散落于古今中外诸多教育家、教育思想家的论著与实践之中,其间包含着教师能力深植于教师全面的自我修养之隐喻。

(三)教师能力的技术隐喻:了解、尊重、引发

在充分了解、认知学生的基础上开展适合学生天性发展的教育是自古以来就存续的对教师的要求,其中存在许多教师能力的技术隐喻。其中,对人的了解与尊重总是第一位的,而在了解、尊重的基础上给学生适切的教育是教师能力的应然状态。

了解人是教师进行教育活动的前提,亦是伴随其职业生涯的持续性活动。"教师的职业就是要研究人,长期不断地深入人的复杂的精神世界。"① 从而在教育教学活动中"培植个人的天赋特长,沿着学生的自然倾向最有效地发展他的能力"②。对于如何研究人、了解人的问题,孔子提出"视其所以,观其所由,察其所安"③ 的方法,即了解一个人,要看他做了什么事情、他做事的目的和动机是什么、他做事的由来与过程以及他日常如何行事。孔子作为因材施教的教师典范,对自己学生的了解十分透彻。他通过观察学生的日常行为、考察学生的生活经历、体悟其行事的背后动机,以了解学生个性和品格的不同,随之给予每个学生相适切的指导。当子路、冉有同问"闻斯行诸"时,孔子回答子路"有父兄在,如之何其闻斯行之",而回答冉有"闻斯行之"。其背后的原因在于孔子了解子路、冉有之不同性情,"求也退,故进之;由也兼人,故退之"④。孟子所论述君子育人的五种方式同样是教师了解人而后因材施教的教师能力隐喻:"君子之所以教者五:有如时雨化之者,有成德者,有

---

① [苏]B.A.苏霍姆林斯基:《给教师的一百条建议》,周蕖等译,天津人民出版社1981年版,第5页。

② [古罗马]昆体良:《昆体良教育论著选》,任钟印选译,人民教育出版社1989年版,第89页。

③ 《论语》,张燕婴译注,中华书局2022年版,第17页。

④ 出自《论语》:子路问:"闻斯行诸?"子曰:"有父兄在,如之何其闻斯行之?"冉有问:"闻斯行诸?"子曰:"闻斯行之。"公西华曰:"由也问,闻斯行诸? 子曰,'有父兄在';求也问闻斯行诸,子曰'闻斯行之'。赤也惑,敢问。"子曰:"求也退,故进之;由也兼人,故退之。"

达财者,有问答者,有私淑艾者。此五者,君子之所以教也。"① 孟子根据学生不同情况因材施教,而总结出对于不同学生选用不同教育方法的经验:或以自身的学识风范春风化雨般浸润感染学生,或直接答疑解惑,或培养道德品格,或培养学生的才能。因材施教的教师能力基于教师对学生的了解及对学生独特个性特点的理解与尊重。

对于教师而言,不仅研究与了解人是重要的,研究了解教育教学规律也同样关键。以有效的方式帮助学生学习,就需要了解学生学习的规律与特点。孟子的"盈科而后进"隐喻学生学习是一个循序渐进的过程,对于教师施教,中国汉代学者贾谊提出:"人主太浅则知暗,太博则业厌,二者异失同败,其伤必至。故师傅之道:既美其施,又慎其齐;适疾徐,任多少造而勿趣,稍(稽)而勿苦,省其所省,而堪其所堪,故力不劳而身大盛,此圣人之化也。"② 教师施教,所选择的内容应当难易适当、精繁适宜,教学的过程步调既不能太快亦不能过慢,要循序渐进,让学生在能承受的范围内有效学习。

教师在教育过程中采取什么样的方式能够更好地让学生自己思考、体悟、成长是一个重要且关键的教育问题,因为学生的发展终归是一个自主的过程,是一个从内部"打破蛋壳"的过程。"不愤不启,不悱不发""道而弗牵,强而弗抑,开而弗达"都是对教师进行启发引导式教学的描述,教师不能以直接传授的方式给予学生固有的知识,而要通过促使学生自主思考的方式帮助学生自己发现真理、习得知识、锻炼思维。苏格拉底的"产婆术"同样如此。启发引导作为一种重要的教育方法,在走过多个世纪之后仍旧为教育所关注、倡导。除却"引导"的技能之外,重视"立志"以志向激励学生自主发展同样被关注与重视着。志向作为一种行动的目标,对于激励人的内在动机、指引发展方向而言是十分重要的。中国宋代著名理学家朱熹认为:"问为学功夫,以何为先?曰,亦不过如前所说,专在人自立志。"③ 为学之先,是要确立自己的志

---

① 《孟子》,万丽华、蓝旭译注,中华书局2006年版,第312页。
② (汉)贾谊:《贾太傅新书》,(明)何孟春订注,岳麓书社2010年版,第74—75页。
③ (清)李光地等撰:《性理精义》,中华书局2016年版。

向,即为自己确立目标,而如果没有目标指引,前进就会没有动力。明朝思想家王守仁更是将"立志"推到了和生命等同的地位,他认为:"夫志,气之帅也,人之命也,木之根也,水之源也。源不浚则流息,根不植则木枯,命不续则人死,志不立则气昏。是以君子之学,无时无处而不以立志为事。"① 志向之重要,在于其发自内在而产生着自主发展的内部动机。"立志"在某种程度上象征着教育中的目标导向,而教师在帮助学生确立志向方面则发挥着一定的作用。

纵观教育史,其中对教师有效教育教学方法的论述暗含对教师能力的某种期许。以关怀人的视野展开的教育需要教师具备诸多有效的教育技能,这些技能方法在某种程度上可视为教师能力的技术隐喻。

教师能力的原则隐喻、基础隐喻与技术隐喻勾勒了教师能力的应有形态。在师生交互的过程中,教师以"人生"的视界展开教育过程,以自我内在修养浸润教育行为,用充满智慧的方式行动,启发引导、因材施教、激励学生内部动机。这些对教师能力的隐喻,显示出其以人为本的发展价值、内外调和的互动形态以及多元综合的存在样态。隐喻中的教师能力是一种育人、成人的能力。虽然在教育发展的进程中,不同时期确立的教育方针、目的会有所变易,不同国别、社会的教育宗旨也有所不同,导致其对教师能力的具体要求存在差异,但"育人"的核心与理想状态历经漫长历史变迁一直都是教师能力的应有之义,潜藏于丰富多元的教育场景以及思想家的教育论述之中。

二 时代与教育诉求

英国文学家查尔斯·狄更斯说:"这是最好的时代,也是最坏的时代。"当今之时代是一个急剧变化且具有更多挑战的时代、一个包容多元而承认差异的时代。知识不断被解构与重构,没有恒定不移的事实与权威,个性受到尊重与释放,人们的想象力与创造力得以重视和鼓励,想象力与创造力也成了时代前行所必需的生产力。这是一个知识爆炸与终身学习的时代,法国教育家保罗·朗格朗在提出终身学习理念半个世纪

---

① (明)王守仁:《王文成公全书》,中华书局2015年版。

之后，终身学习理念发展了更为丰富的内涵。从知识技术的变革更新到职业的变换更迭，从信息的网状链接到智能化传播扩散，无不给终身学习赋予了前所未有的重要性。信息的爆炸式增长带来了人们的知识焦虑，对如何学习的探求超越了存储知识的需要，学会学习变得比任何时候都更加迫切，人们需要在繁杂海量的信息中寻找并获得真知，同时还需要发展理性批判的能力。这是一个追求效率与功用却同时希望能够慢下来的时代。人们希望用最少的时间与精力投入获得最大的效益，从而急迫地寻找着最高效达到目的的方法，却同时身受其累而向往"田园牧歌"。这是人工智能快速发展的时代。AI 技术不断深入我们生活的方方面面，对教育变革的影响亦是深远，当人们在谈论 AI 是否会取代某些职业、对人类造成威胁的时候，苹果公司 CEO 库克却说："我并不担心机器人会像人一样思考，我担心人像机器一样思考。"毕竟，机器像人一样思考所带来的只是机器精妙模仿人的部分智能，而人像机器一样思考所造成的却是人的精神情感失落与创造力的泯灭。人若完全沦为技术理性的奴隶，将与技术控制人无异了。在这幅时代的简约画像里，有着教育太多的投影。这个时代里，教育为了更好地服务于个人与社会，总是处在不断变革的过程之中。以综合而长远的眼光更好地"发展人"成为教育内核与时代之需。

  教育是时代的缩影。社会的精神文化氛围与科学技术的进步总会不断影响教育发展，促成教育变革。于是，追求效率、功用的"快教育"与尊重和解放天性的"慢教育"开始并存共生。一方面是居家教育、私塾教育秉承"还孩子以快乐童年"的原则而复兴，形成与主流教育相对抗的局面；另一方面是主流体制内教育在应试的惯性中艰难求变，从高考改革、招生制度改革到课程变革，再到新高考的实施，主流教育不断尝试以更人性化与高质量的方式促成学生综合素质的提升，而非只关注学生知识技能的培养训练。外部知识的增长变革促发学校课程的转变，课程种类增多，"什么知识最有价值"的问题更为棘手；课程结构变得多元，组织、协调、融通、实施课程成为更大的考验；同时，课程的开发、组织及评价方式也发生着悄然变革。此外，学校中的师生关系也在发生变化。学生带着各自不同的经验与兴趣追求以更多样与个性化的方式进入课堂，且可能拥有教师不了解的知识领域与特长。师生互动变得更为多元与复杂，权威与民主交织共生，前喻、并喻与后喻文化共存于课堂之中。信息技术与人工智能对教育的渗透同样不断促进教育的变革：知识获取途径与手段空前多元与便利，学生可以通过丰富多样的途径进行泛在学习、移动学习和碎片化学习；课堂在人工智能的辅助下发生着革命性的变化，课堂的智能化、富信息化、可视化在辅助教师教学的同时对教师的信息素养有所要求；智能化评价的应用可以精准记录监测学生的学习成长状态，为学生进步提供及时的反馈；教师的某些常规工作可以被技术手段代替，从而把教师从部分简单的繁杂重复的劳动中解放出来。但同时，"教师是否会被人工智能取代"的忧虑也出现在教育之中，教师须在人工智能，特别是生成性人工智能的冲击中重新思考自己的角色。很显然，时代的精神文化氛围不断在教育中渗透，当教育目的更多聚焦于人的综合素质发展以适应时代发展需求，教师亦不能仅以传授知识自居，而应秉持更宽广的眼界，以"育人"为核心追求捍守教育的本真职责。

在时代思想的繁杂与狂欢中冷静思考，可以倾听到人们真切的教育诉求。而对人们教育诉求的了解是教育发展走向与教师能力进阶的重要参照。然而教育诉求却也总是多元的，"谁的诉求"与"诉求是什么"同样关键。

教师、学生、家长以及社会皆是教育的核心卷入者与利益相关人，不同群体从不同视角表达着自身的教育诉求。学生是教育中最重要的主体，学生的发展问题是教育的核心关切。对学生而言，学校教育不是一时一地需要完成的任务，而是人生中一段重要的生活经历；不是在压迫的状态下被动卷入，而是兴致盎然地积极自主参与。学生要在教育中不断发现与发展自我的天性与特长，不断增长生命自觉与终身发展的能力。教师作为教育的另一主体，对教育亦有自身的诉求。教师不仅是教育的主要承担者，亦有着在教育实践中获得自身专业成长的价值诉求。尤其当面对繁杂的课程知识、多样的学生个体、多元的教育价值观念以及多层面的教育需求时，教师需要具备足够的能力与勇气面对变化中的、不确定的教育情境，需要以更具智慧与情感投入的方式参与教育实践。教师在进行教育实践的过程中，也有着更好地育人以及不断创造优质教育的发展愿景。家长作为教育的相关主体，希望学校能够提供优质的教育资源，使孩子在快乐融洽的氛围中获得品德修养、知识技能、情感意志等方面的长进，同时也希望孩子获得立足社会的资本与安身立命的职业技能。与教师、学生、家长类同，社会也与教育利益相关。社会对教育的诉求在于文化与核心价值观的传承，在于作为社会发展动力的完整健全而充满活力的人的发展，社会的稳定发展与繁荣总是通过人的发展而实现的。审视不同主体的教育诉求，虽角度不同、重点有别，却都隐含着教育最基本的价值诉求，即"育人"。而"育人"的具体内涵既保有教育历史中的以人为本且关怀人生的原则、主体互动共同发展的基础以及启发诱导等具体育人技术，亦带有时代发展的明显印记，从而对教师能力的要求也更为严格。

三 带着价值导向走向前台

"教师育人能力"既非全新的事物，亦非全新的概念，只是从教育价值的视角去重新发现并定义的教师能力。"育人"与教师"立德树人"的固有职责相契合，亦反映中国培养德智体美劳全面发展的社会主义事业建设者与接班人的教育方针，是教育的价值导向，亦是教师能力发展的价值导向，对"怎样育人""培养什么样的人"具有一定的限定规约。教育所培养之人是全面且综合发展之人，是个性健全而社会性同样得以发展的人，是情感、理智、身心协调与适配的人。"教师育人"作为人们的教育诉求、时代的价值期许需要具有一定的标准与规约，亦需要走出模棱两可的言说状态。"教师育人能力"则需要带着这些价值导向走向前台。

育人不易，在于其是一种遵循伦理规范的智慧行动，是一种在社会现实中进行的情境化行动。如果社会功利、人心浮躁，教育也便带有了浮躁的气息。当应试教育遇上工具理性，或是产生教育失败、社会失意之人，或是创造太多精致的利己主义者。教育不应培养失败者，也不能养成没有社会责任感的人，这些都是违背教育本性与人之本性的。然而教育的现实"产出"有时却会显示某种病态，教育的某些微观现象同样需要引起警惕。其一是由教师德性伦理的失落所造成的育人价值失落。教师在班级里给成绩优秀的学生以特权、在公开课时表演排练多遍的上课流程、在课堂上不讲知识点而专门到课下为学生补课、师生关系疏离甚或是相互伤害……这些现象可能使学生在潜移默化中习得偏见、作假等不良习气。其二是过于关注知性逻辑因而造成人的单向度发展。课堂教学只关注学生是否习得了某种知识，是否能把该知识运用到自己的习题演练和考试中，是否能取得好的成绩继而升入好的高一级学校，直至考到好的大学、获得好的工作……可以说，这样的教育是一种把人视为工具的教育，教师的职责也因而简化，甚或失去情感与创造的力量。其三是忽略长远目标而造成的教育视野狭隘。学校教育难以给予学生人生的指引与规划，美感与创造力的培养对学生而言是一种奢侈品，学校对学生理想价值的塑造与引领似乎总处在一种形式状态。种种背离教育本真的现象警示着教育需要进行变革。而今日之教育改革，正是针对这些困境，力图涤除教育中过度的功利主义、短视心态，使教育回归育人正轨。而"教师育人能力"也在此背景中具有了紧迫的现实意义。

然而，"教师育人能力"就像"教师育人"一样，看似明了，实则处于一种难以名状的情形之中。长期以来，"教师育人能力"由于没有明确的表达与清晰的内涵，而混同于诸多关联的教师能力表达。教育现实中，教师育人能力的主要实践样态就是教师教学，教师在教学中育人、达成育人目标，故而"育人能力"被混同于"教学能力"；此外，在许多人心目中，"教师育人能力"就是教师进行道德教育、说服教育、心理健康教育甚或是教育管理的能力，这种能力认知只是关注了学生思想品德或心理状态、纪律意识等某一方面的状况，而非"人"之全貌；更多的情况是人们说"育人"而不讲"育人能力"，仅把其作为一种理所当然、自然而然的事情，明确的目标下缺少了对态度和方法的关注。显然，面对现存的教育困境、认识的误区及人们的价值诉求，需要明确"教师育人能力"，使之取得概念独立的地位，并获得重视与发展。

步入新时代，在国家强调"立德树人"的价值导向下，教育更加关注课程思政建设与课程育人实践，探索全员育人、全程育人、全方位育人的长效机制，改变重结果、轻过程的教育评价价值取向。当教育需要在去除浮躁与潜心育人中不断求索,教师则面临着十分艰巨的挑战。"教师育人能力"是摆脱唯工具理性、重拾价值理性的教师能力表达,其在教育历史中虽很少明确提及却始终存在于教育理论与实践的隐喻之中。

在跨越历史长河、回应时代诉求的时刻,"教师育人能力"需要具备明晰的理论表达与相对具体的内涵。由于其对顺应国家宏观教育导向、实现教育真正价值、缓解教育问题的现实意义,理应从幕后走向前台,成为教师能力发展的中心与关键。

第三节 教师育人能力界说

育人能力虽是教师能力的核心与本真,却长期处于某种隐约与混沌的言说状态中。我们需要对教师育人能力做出明确界定才能更好地认识、理解和进一步评估、判断其现实状态,并讨论培养与发展问题。

从主体角度看,教师育人能力特指教师这一群体所具有的、以师生间教与学的活动为中心、以促进学生发展为目标的能力聚合体。但是,育人能力并非教师独有,许多角色具备影响孩子成长发展的能力。父母是孩子的养育者,也是孩子的第一任老师,孩子知、情、意、行的启蒙与良好发展需要父母具有一定的认识和能力;社会环境对于个人成长是不容忽视的教育源,社会环境虽不以某一具体主体形式出现,但具备一定的育人影响力;学生同辈群体间亦存在不断的相互影响作用……对青少年发展有正向影响,促使其发展完善成为社会公民的能力都属于育人能力。诸多影响青少年发展的因素中,学校作为青少年教育的主要场所,教师作为专业化的教育者,理应具备专业的育人能力。

教师育人能力与其他主体的育人能力之间有相似的地方,也有独特之处。认识"教师育人能力",首先从字源学以及实践境遇中的行动表现两方面对其进行界说。

一 从字源学看育人能力

字源考察是从根本上理解字词本义、把握文化脉动的重要途径。从字源角度考察"育人能力",其关键在于"育"与"能"二字的含义溯源。

"育"(同"毓")在甲骨文中的字形为"🐾",其左上为"🐾"(与"🐾"同),似女子屈膝俯首侧立状;右下为"🐾",似头朝下的婴孩。由此可猜度"育"的造字本义为孕妇生子。金文中的"育"衍变成"🐾",在"子"的头部加三点以表示妇女生产时的羊水。而到了篆文中,"育"的异体字写作"🐾"(即"毓"),其中"女"被写为"每"字,后又简写为"🐾"形,直到衍化至我们今日所用的"育"字。"育"从倒"子"甚或从数小点,表示分娩,而分娩的结果就是养子、教子,这是原始社会便存在的事实。① 生子的结果在于养育而使孩子成长,故而"育"字本意中又延伸出养活、培养抚育之意。"育"字在古代文献中有三种常用义项:其一为本义,孕育、生养。如《易经·渐卦》中"妇孕不育"、《国语·晋语》中"至如今不育"。其二为衍义,指养育、培养、长养。如《诗·大雅·生民》中的"载生载育,时维后稷"、《国风·邶风·谷风》中的"既生既育"。其三为衍义教育,如《孟子·尽心上》中的"得天下英才而教育之"。可以想见"育"在衍变中含义的变化与丰富,但"育"始终带有像母亲一般的人类对后代的关怀、期许以及爱与温情,并内蕴"养子使成人"的美好目的。由此,"育人"便成了一个颇具中国文化特色的教育词汇,指一种带有美善之教育目的的专门而长期的活动。

能力中的"能"是"熊"的本字,其甲骨文字形为"🐾",形似一个匍匐而行的动物,有大嘴、利爪、短尾,造字本义为形体庞大而善于爬树的熊。金文中衍变为"🐾"形,但变化不大,在小篆中写作"🐾",而后又衍变到隶楷文字,头部变成了左上边的"厶",口部成了左下边的"月",前后脚写成了两个"匕",最终成为"能"字。在历史岁月中,"能"字的本义逐渐消失,加四点水另造"熊"字,然而依其本义依旧可联想到强大而有力量的含义。《说文解字》中对"能"的解释为:"能,熊属。足形似鹿。字形采用'肉'作边旁。能(熊)是兽的中坚,因此

---

① 周延良:《内蒙古桌子山岩画生殖形象与"好"、"育"本义考释——兼论汉字的文化意象》,《中央民族大学学报》1996年第5期。

称贤者为'能';而强壮者,则称为'能杰'。"① 贤者为"能"代表了今日我们对"能"的惯常用法,"能"多作为"才能""能力"来用,指代某人所具有的做成某事的内在力量,隐含着知识、技能、智慧等具体内容。

由此,"育人能力"在"育"与"能"的溯源中找到了其最初的意涵,"育人能力"自始就具备"善"的伦理规约与"成人"的价值指向,具备向内诉求与向外生长的力量。

在西方文化中,从现代英语中找到和中国"育人"类似的表达是件不太容易的事情。根据柯林斯英语大词典,"cultivate"可代表"培育、培养"之意,其表示"培养某种态度、形象或技能;通过教育、训练而提升改善",但没有全尽中文"育"之意。也可用"educate"来表示,"educate"来源于拉丁文"ēducāre",前缀"e"有"从……出"的意思,而词根"ducāre"表示"带领""引导",故而"educate"具有引出的意思,即采取一定的手段把潜藏于人自身的品质引发出来。②但"educate"似乎依旧不尽如人意。"cultivate"与"educate"与中文中的"育人"对应,缺少其中的"生人"与"关怀人生"的长远之意。对于"能力"一词,"ability"与"competence"都可与之对应,"ability"指代某人做某事的才能或能力,包括智力与体力上的能力;而"competence"则表示能力、资格,特别是卓越的能力。教师专业发展中涉及"育人能力"更多与"competence"相照应。

对比字源层面的东西方考察,可以看到,西方强调以学生自我成长为基础的教师引导能力,中国的育人能力表述更加丰富、多元。虽然西方偏重理性推理与中国偏重综合圆通的思维方式不尽相同,但可以在不断交流中相互借鉴、取长补短,"教师育人能力"之内涵亦可在中西教育思想文化的启示中得到界说的灵感。

---

① （东汉）许慎:《图解〈说文解字〉》,《图解经典》编辑部编,北京联合出版公司2014年版,第273页。
② 全国十二所重点师范大学联合编写:《教育学基础》,教育科学出版社2014年版,第2页。

二　实践境遇中的教师育人能力

教师育人能力体现在育人行动中，教师育人行动在实践境遇中孕育，教师育人能力亦在实践境遇中展现。

"教师育人能力"虽是个抽象的概念，教师育人行为却以有意或无意的状态、多种多样的方式实际存在于教育现实之中，并显示教师的育人能力。教师育人的实践境遇是多样的，不仅体现于其场域的变化，亦体现于其情境的动态与多元。教师可以在课堂教学中以知识传授为载体进行育人实践，在综合性实践活动中以实验操作为载体进行育人实践，在师生日常交往中以情感互动为载体进行育人实践，等等。教师育人的场域不仅存在于学校内部，亦可以延伸至师生相遇的任何场所。同时，师生相遇的情境也处于不断的变化之中，育人情境由当下的客观条件与师生主观因素相互作用而形成，具有独一无二且不可重复的特点。故而，反映教师育人能力的育人实践、育人行为在教育规律的作用下亦带有不确定性、开放性、生成性的特点。通过教师育人实践去考察教师育人能力，就不可避免地需要追问教师育人的实践样态与教师育人的行动规律。

教师育人实践纷繁复杂且难以解释，这符合实践的本体特征。如同法国社会学家皮埃尔·布迪厄所说："谈论实践不是一件容易的事，实践是动态变化的，那些孤立静止而机械化的东西显然不是实践；实践在时间中展开，其时间结构，即节奏、速度尤其是方向构成了它的意义。"[1] 且实践活动的原则不是一些能够意识到的不变的规则，而是一些实践图式。但这些实践图式自身却是模糊的，并因为情境逻辑及其规定的不全面而总是呈现不同的样态。故而实践的步骤很少完全严密，亦很少完全不严密，具有不确定性与模糊性。[2] 关于实践的不确定与模糊，舍恩同样有所体会，在专业教育培训的过程中，他意识到："在真实世界里，实践问题并非以良好的结构展示在实践者面前。实际上，显现在他们面前的

---

[1] [法] 皮埃尔·布迪厄：《实践感》，蒋梓骅译，译林出版社2003年版，第124—126页。
[2] [法] 皮埃尔·布迪厄：《实践感》，蒋梓骅译，译林出版社2003年版，第19页。

根本不是问题,只不过是杂乱而模糊的情境。"①的确,实践总是由一些结构不良领域的问题构成。教师的育人实践境遇中,且无论教师在其他场域中的育人活动,仅课堂教学就是一个不断变化着的,具有开放性、生成性的实践场域。教师即便用同样的教学内容、同样的教学设计与流程,在两个班级授课都可能产生不一样的效果;甚至在不同时间里为同一个班级上课也会效果不同。课堂教学有生成性,完全按照教师的设计与预想展开是不现实的,某些突发性的教育事件也会成为育人实践中的不确定因素。师生的情绪情感和精神状态,师生之间的互动氛围,甚至于上午或是下午、晴天或是雨天都可能是影响教师课堂教学过程及结果的重要因素。教师的育人实践在时间中展开,受到教育情境中诸多因素以及因素之间相互作用的影响,实践行动自然产生某种不确定状态。

既然教师育人实践呈现变化、开放和不确定的特点,是否教师的实践行为都是无规律、规则可循?答案是否定的。即便在繁杂多变的教育情境之中,教师育人实践也有着可以把握的实践图式,而教育的理性亦可把握其间呈现的某些规律。学者石中英根据布迪厄的实践逻辑总结出教育实践行动具有的四种规定性:习性、意图、时间和空间。习性代表历史形成的、持久的、社会的"潜在行为倾向系统";意图是行为之直接原因,但其本身也会受到情境因素的影响;时间的流逝带来教育实践的紧迫感与不可逆性,由此造成教师行动的有限合理性;"空间"即表示教师个体所处的身体、心理乃至社会的整体空间,"时空"构成了影响教师实践的现实"场"。② 教师育人行动总是受到历久而成的教师育人习性影响,这一习性可能是教师在过去的教育教学实践中所累积下来的经验,使得教师的行动具有一定的确定性,呈现自动、自然而然而非反思的特点。如许多教师对于学生间冲突事件的处理总是"有自己的一套",即用自己过往成功处理学生冲突的经验凝练成一套相对固定的教育模式与行为系统,由此使得教师总是可以处变不惊而游刃有余地处理此类事件。

---

① [美]唐纳德·A. 舍恩:《培养反映的实践者——专业领域中关于教与学的一项全新设计》,郝彩虹等译,教育科学出版社 2008 年版,第 11 页。
② 石中英:《论教育实践的逻辑》,《教育研究》2006 年第 1 期。

"意图"体现教师行动当下的目的与打算,可能只是教师的临时想法,不一定全然具备教育性。如教师在课堂上讲究方式地善意提醒开小差的学生,以引回其注意力,抑或者因生气而直接点名批评且勒令罚站听讲,这两种情况体现着教师不同的意图,前者体现以生为本的关怀性,后者则带有某种情绪发泄的意味。教师育人行动亦受到"时间"的制约,最明显的表现就是教师如何处理突发教育事件。教育事件的突发要求教师即刻做出反应,并不留给教师过多思考与选择最佳处理方式的时间。"空间"对于教师育人行动的制约性则体现在社会文化期待、学校教育氛围等对教师行为的影响。由此可见,教师在实践境遇中的行为亦体现某种我们可以理性把握的实践图式与行动逻辑。发生于实践境遇的教师育人行动同样体现这些特点。

除不确定与模糊性之外,在"实践"内涵的溯源与其应然价值取向上,实践还具备善的伦理性规定,尤其是教育实践。具体的教育实践境遇要求教师具备"实践智慧",能够以"对总体的善的认知作为判断和筹划实践活动的合理性基础"[1]。这源于"实践"一词指行动本身即善的目的性行动,而教育是追求终极善的最高实践。[2] 教师的育人实践无论是从实践的价值指向抑或育人的价值内核都理应体现善性与道德性。

教师要在实践境遇中合理行动,一要遵循实践情境的行动规则,二要体现实践本善的价值内核。教师育人能力是教师育人实践智慧的显在与综合性表现。"教师的实践智慧,既是道德的,也是理智的,既是普遍的,也是具体的——它把'善'的价值立场与恰当的实际判断有机地统一起来,并表现为一种行动之倾向与能力。"[3] 教师育人是在教师实践智慧作用下、在育人情境中采取合理行动的过程;教师育人能力是教师在各种实践境遇中通过适当的育人行动彰显的合理行动的倾向,具有情境的规定性与教育的伦理性。

---

[1] 刘宇:《实践智慧的概念史研究》,重庆出版社 2013 年版,第 115 页。
[2] 金生鈜:《何为教育实践?》,《华东师范大学学报》(教育科学版) 2014 年第 2 期。
[3] 蔡春等:《教师的哲学诉求——兼论教师教育的路径问题》,《教育研究》2018 年第 3 期。

三 教师育人能力的认识和界定

"育人"本身是一个广阔、抽象而满载价值的概念,所有的教育教学活动均可与育人相关。"育人"与"非育人"相对,在工具理性独占鳌头的情况下,教育教学中多出现将人作为工具来培养的"非育人"活动,比如:只关注学生智力发展,忽视学生的情感态度价值观;只关注实用技能而忽视学生精神心灵世界,甚至出现只见分数不见人的"育分"现象,都是功利化时代培养工具性人的教育侧影。育人即"培育人""培养人",不仅内蕴如何培养人的各种行为方式,亦暗含培养什么样的人之目的指向,育人应指向人的全面、完整而自由发展。育人能力作为教师的核心能力是教师为师之前提,是综合性、统整性且根植于教师教育教学实践的能力,是对学生价值观念引领、道德品格养成、学识素养培养、身心健康发展、艺术品质兴发,促进学生全人发展与终身发展的直接与关键要素,其指向学习者完整生命的成长与发展。但长期以来,由于泛智主义和技术理性对教学技能技巧的重视,人们多拥趸教师的教学能力,认为出色的教师即在于教学能力似乎成为共识,对于从根本上影响学生长远发展的育人能力反而较少关注或将之简单地等同于教师德育能力,教师育人能力在教师专业发展过程中无地位可言。或者对于教师育人能力的认识在于宽泛的教师教育能力,教师育人能力内涵模糊且边界泛化不明。教师育人能力的认识现状对于教师本真价值的实现极为不利。事实上,无论是内视教育本质还是观览教育目标的实现,教师的育人能力远比单纯的教学能力更加重要。教师的职责是教书育人,"教"是过程,"育"是目的;教书为表,育人及里。"育人为本"既是教育的首要准则,育人能力理应作为教师教育教学能力的核心,教育研究者和实践者应对此有更为清晰的认识和理解。但其存在的本体内隐性、表现样态的多元性、呈现场域的泛在性与效果显现的延时性和模糊性使界定教师育人能力、厘清教师育人认识和剥离教师育人行为都变得困难重重。然而,认识教师育人能力对于导向教育实践本体价值的实现,即培养自主能动、全面发展的人具有明确意义。在复杂的教育情境中,教师育人能力很难有清晰的边界,但确有极具指向性的内涵。

其一，教师育人能力直接指向育人目标的实现，是一种具有目标价值导向的教师能力。

育人目标是特定时空背景下对所培养之人的规格限定，体现教育的价值导向。目标导向同时体现着价值取向。教师育人能力助益于教师在教育教学活动中实现特定育人目标，其本身亦是价值负载的。基于教育的历史与社会属性，育人目标在不同的历史时期以及不同的社会环境中，用不同的价值导向与表述方式将个人发展与时代社会的需求紧密联系在一起。中国学校教育的育人总目标是培养德智体美劳全面发展的社会主义事业建设者与接班人，即个性与社会性皆备、品德与才能协调、身体与心灵康健、情感与审美发展，充盈生命活力的"完整的人"。在育人目标的导向下，教师育人能力体现于教师能够以学生为中心，在充盈无限人文伦理关怀的氛围中关注学生的理想信念、思想认识、社会认知、个性品质、心理健康、审美意识及素养能力等各方面的状态，以不断变化的动态过程视角以及关注当下并指向未来的发展视角看待与帮助学生成长，最大限度地促进学生建立起积极的自我认知、健全的人格修养、创新的思维品质、自信的爱国情怀、对公平正义的追求等方面的意识和能力，从而更好地实现良性发展、自主发展与终身发展。

在微观的教育实践中，教师育人能力亦同样体现着育人目标的价值导向，只是教师的育人表现更加细微与多样。课堂教学中，教师从知识与技能、过程与方法、情感态度价值观等方面对教学进行整体设计与实施，最终促成三维目标的落实；在核心素养与关键能力的导向下，教师将其内化于课程与教学活动中以培养学生的素养能力；在师生同处的多元化教育实践中，学生从各种教育事件中获得激励与感动、在合作探究活动中收获助益其成长的综合技能，甚至从榜样事例中获得某种情感激荡都可以是教师育人能力的实践表达，均内蕴教师的育人认识及育人价值判断，受到育人目标的价值指引。

其二，教师育人能力以教师基本的认知、理解、思维、沟通等能力为基础，以教师的情感、态度、意志、价值观等内在特质为关键影响因素，是一种综合性教师能力。

"能力"本身囊括多种心理特质，其"包含了知识、技能、态度、元认知、策略性思维等成分，表现为应对复杂、非预期情境的高级技能与行为"①。"能力"虽内蕴知识结构，但其本身不是知识，而是需要利用、协调各种知识、资源去解决具体问题，体现着个体在达成目标过程中对知识的理智选择和有效运用。② 教师育人能力在育人目标的规约下，同样综合了多种心理成分，是具有主体特点的统整性能力。教师育人能力以一定的育人认知、共情理解、逻辑思维、交流沟通等能力为基础，其并非育人的知识堆积，却离不开育人相关知识发挥作用；不是机械的育人技能，却体现为能够有效且灵活地使用各种育人技巧方法；不是育人的情感态度，却离不开教师正向育人情感态度的鼓舞激发；更不是操作性、程序化的精确技能，而是教师充分发挥主体作用、展现教育中的爱与创造性的行为倾向。

育人实践要求教师具备热爱学生的情感态度、积极乐观的成长期待、宏伟高洁的教育理想、清晰明确的育人信念，并能够正确认识、理解一系列教育事实以及人的发展规律，在具体的教育情境中调动自己的认知资源，遵循育人伦理规范，展现真诚育人关怀，与学生进行沟通交流从而促进学生成长发展。育人能力往往是综合化、多要素共同作用的能力表现，在育人实践中教师不断地实践、反思、调控以改进育人实践的过程即为教师育人能力增长提高的过程，也是能力不断统整发展的过程。

其三，教师育人能力在多元化教育场域和情境中呈现，受到具体实践情境诱发，是一种智慧性实践能力。

能力本身具有内隐性，需要通过个人行为处事、解决问题的效果才能评判一个人是否具有某项能力以及能力的大小。育人能力作为一种教师个性心理品质和育人实践的胜任力，内隐于教师自身，在具体的教育教学活动和情境中生成、发展与表现，需要情境诱发并通过情境行为加以推演。了解、观察和判断教师育人能力，一方面可以通过教师在教育教学情境中的行为表现评判；另一方面，从其作用效果来看，可以从学

---

① Westera W., "Competences in Education: A Confusion of Tongues", *Journal of Curriculum Studies*, Vol. 33, No. 1, 2001, pp. 75–88.
② 戚万学、王夫艳：《教师专业实践能力：内涵与特征》，《教育研究》2012年第2期。

生的行为反应、发展状态中去反观和复盘,这均是教师育人能力呈现的"可视化"窗口。教师育人能力可以显现于教师在常规活动中对学生发展的长远规划和计划,也可以产生在教师对即时突发事件或育人契机的把握引导中。具体言之,在复杂的教育活动中,除课堂教学外,班级管理、交流互动、活动组织、冲突处置都有可能是育人的时机和场境。教师在多元化的教育场域中开展育人活动,在具体育人情境促发下采取育人行动,教师育人能力直接展现为教师在面对具体育人情境时所采取的行动举措、所产生的作用效果。而在育人场境中呈现的教师育人能力,深层扎根于教师的教育实践智慧,显在表现于即刻、偶然、即兴发挥却全身心投入的教育机智,即教师在具体的教育场境中把握育人契机,敏锐地发现育人切入点,迅速地协调、处理各个因素和因素间的关系,采取适宜的行为方式把日常活动和突发事件转化为育人活动,以达到良好育人效果的能力。这一过程包含了教师对育人目标、育人内容、育人手段、育人文化及其间复杂关系的整体把握与调控。教师育人能力是依托场境而生、而显、而变的教师智慧性教育实践能力。

由此,教师育人能力作为重要的教师能力,是教师在教育场域中适当行动以指向育人目标实现的主体性特质。具体而言,指教师在多元、复杂而具体的教育场域和情境中,以自身认知、理解、思维、沟通等能力为基础,以情感、态度、意志、价值观等内在特质为关键影响因素,采取适当行动,有效引导学生理想信念、思想认识、社会认知、个性品质、心理健康、审美意识、素养能力等各方面全面发展所具备和呈现的个性心理品质,是一种指向育人目标实现的综合性实践能力。

第四节 特性及他者辨明

教师育人能力作为教师在多样化教育教学实践场域中适当行动以有效引导学生全面、长远发展的综合性实践能力,是教师能力的本真表达,契合育人的终极价值追寻。实践场域中,育人与教育、教学、德育等活动常态化相交互融;理论层面上,育人能力、教育能力、教学能力、德育能力等概念也多有混同交叉。充分认识教师育人能力,需要识同辨异,以明晰其不同于其他教师能力的自在特性。

一 教师育人能力的特性

教师育人能力的内在特性是其区别于其他教师能力的特质所在，也说明这一能力概念获得独立地位的必要性与可能性，具体表现在价值特性、结构特性、存在特性以及发展特性四个方面。

（一）始于德性而终于成人的价值指向性

教育自产生时起就是一种价值负载的活动，人们总是基于一定的价值期许而进行教育。作为传承知识文化、影响技能品性的活动，教育的核心在于育人。现代教育中，教师多样化的育人活动受到教育目的指引，以实现教育的终极价值。虽然不同时期，教育目的有不同的具体表述，但"教育的根本目的在于'人的生成'，即促进人的解放并实现人的全面发展"[1]。育人活动是在现行国家教育目的的规约下，以培养全面发展的人为导向，遵循真、善、美的教育规律而展开的，这决定着为育人活动服务的教师育人能力并非价值中立的概念。一方面，教师育人能力需要基于教师自身的良好德行，具备真、善、美的特质。另一方面，教师育人能力在师生互动关系中得以展现并发挥作用，达成育人的本真价值。始于德行终于成人的价值指向性成为教师育人能力的首要特性。

这一价值指向性特征具有双重含义。第一重含义在于：教师育人能力基于教师个人德行而终归于学生成人。对于教师而言，育学生之德，必先养自身之德。教师育人能力内蕴的教师美善德性是其内在价值之基。"学高为师，行为世范"，教师作为社会主流价值观的代表和传播者，其自身的道德品行是育人之基，也是育人能力存在的前提条件。教师德行在无形中对学生产生示范作用。"立德树人"，只有师之师德高尚、品行端正，才可能在为人处世方面给予学生良好的引导与影响。在教育实践中，我们不难看到教师个人品性对学生所产生的即时或长远的影响。对于三观尚未定型、缺少分辨能力的学生而言，教师的言行举止与价值观

---

[1] 李小平、刘在洲：《大学科研的本质特征及其育人意蕴》，《高等教育研究》2019 年第 5 期。

念直接影响学生为人处世的观点与方式。学生可能会模仿教师的语言表达以及行为举措，可能因教师的彬彬有礼与待人和善而默会基本的文明礼仪；也可能因个别教师对学生的冷暴力与刻薄而学会以报复仇视的方式对待他人。没有清晰的辨别能力的孩子如果在受教育过程中经受不良品行影响，有可能在潜默中将错误的观念、行为习惯带到自己今后的人生之中。而对于已有一定辨别能力的学生而言，德行成为学生评判与审度教师的一项关键要素。学生往往因为他们觉得老师"待人不公平""太势利""说话刻薄"等而与教师保持一定距离甚至敌对疏远。因此，教师唯有在德行方面引发学生的认同与敬仰，才能达至"亲其师且信其道"的师生关系状态，从而促进学生身心共在地参与教师育人活动。其实，反观圣人先师、现世良师，无不把个人德性修养作为为师之基、育人之基。

教师育人能力价值指向性的第二重含义在于：基于学生德行培养的学生成人。理解教师育人能力的价值指向性，对"成人"意涵的探讨是必要的。不论基于常识抑或理论研究，人之为人的基本条件在于德性方面。人只有具备基本德性、遵循社会道德规范，才能与其他生物相区别。育人先育德，成人基于德性发展，而不止于德性培育。与"有才无德"相对的"有德无才"亦颇受人诟病。作为拥有智慧与理性的社会生物，"自我实现"这一抽象而内涵丰富的概念道出了成人之最高目的，即基于德性的不断发展和趋于完满而追寻更为高阶的发展与完满。具而言之，其包括了人在认知上脱离贫乏无知状态、不懈追求与获得真理；在情感上远离恨意、狭隘与孤独，成为懂得爱且爱人之人；在理想上有所追求，不论平凡或伟大，找寻支持人生的信仰追寻；在行动倾向上不断趋于合理，达至"从心所欲不逾矩"的自由状态。"成人"作为教师育人能力的终极指向，无形中规约着教师育人能力的应有特性。教师育人能力内蕴育人活动中始于育德、终于成人的价值指向，故而呈现价值指向性。

（二）知情合一的内部统整性

教师育人能力具有知情合一的内部统整特征，这一特征既体现于教师育人能力自身存在的要素统整，又体现于教师育人能力发挥作用方式的知情统合。教师育人能力以知为基，以情相伴。教师育人能力是一种综合性实践能力，离不开知识、技能、精神与情感统整发挥作用。在教育教学过程中，教师需要熟悉国家宏观的教育方针政策、具体的课程标准、对学生发展及学业成就的要求，需要对学生发展成长规律具有基本认识、对每位学生的个性特点知情了解。同时，教师还要了解掌握引导学生发展、培养学生能力的方式方法，这既是开展育人活动的必要条件，也是教师育人能力的主要构成，代表教师育人能力中的理性之"知"。除却"知"的成分，教师育人能力更需"情"的介入，情感参与在教师育人过程中不可或缺。在师生交往中，教师不是冰冷的"传道者""代言人"或者"教学机器"，学生也不是被动的容器，而是丰满的灵魂。育人是师生双向的互动、心灵的碰撞。教师育人所伴随的教师情绪情感状态，可能是欢乐、爱与感同身受，亦可能是倦怠、焦躁或偏见，这些代表了教师育人能力伴随的感性之"情"。"情感是人类与生俱来的现象，人的行为也往往折射出理性与感性的共同影响"①，教师的育人行为亦是如此，教师育人能力发挥作用的方式是知情统合的。

　　对教师能力的不同理解往往会导向不同的教师培养模式及育人实践方式。当教师能力被作为纯粹科学理性化的育人知识与技能，教师能力培养即以理论知识学习与技能培训为主，教师的教育实践形态亦偏向知识传授与技能传习。罔顾教师能力内部精神与情感性的因素，教师的育人活动将与工厂车间的程序化流程无异。育人活动滑向单一的认知层面，无法触及学生的精神层面、实现师生的心灵对话，最终无法达成"成人"目的。但如果过度张扬教师育人能力的情感性，将其作为一种精神情感活动，教师育人便会失去理性指引而产生一些"反教育"事件，教师对学生的偏爱以及厌恶疏远的不公平现象即为例证。教师育人并非纯理性化、技能性的程序操作，也并非完全受情感制约的活动，教师育人能力不是育人认知，却源于教师育人认知发展，以理性为育人之基，方有合理之育人行动。但如果唯有育人的理性认知，教师的育人活动必定是冰冷生硬而低效的。教师育人，在于通过现实师生之间的情感交往而实现，

---

① 周洪宇、王配：《给教育情感世界打开一扇窗——以近代乡村塾师刘绍宽为例》，《教育研究》2020年第2期。

没有情感参与的育人难以想象。教师育人能力的发挥离不开教师认知与情感共同作用，呈现知情合一的内部统整性。

（三）跨越课堂教学的场域泛在性

师生相遇，便构成一个教育情境；师生互动，便可能是育人意蕴的生发。育人，是不拘于时空的。教师育人能力的场域泛在性是指教师育人能力表现和应用的场域是多样化的，不仅在教师课堂教学的过程中产生，也出现于师生相遇的各类场域。

教师育人能力的产生、发展与显现都是立足课堂而超越课堂的。教师育人能力的萌发在于教师与学生的第一次交互，而后每一次的师生交互都是教师发展与展现育人能力的实践机遇。课堂无疑是教师育人的主要场域，教师在课堂教学过程中依托课程内容、教学组织、课堂活动等授导学生知识与技能，培养其核心素养、公民意识、协作态度、创新精神，传递态度、情感、价值观。育人能力不仅体现在对课程的理解、内容的把握、跨领域的综合，教师在其中所表达的情感、所选用的课堂组织方式等无形中也产生着育人的影响，彰显着教师的育人能力。

学生所受到来自教师的育人影响总是多方面的，除却课堂教学，在教育实践活动、教育管理、生活交往中教师都会在无形中产生育人影响，均需要教师良好的育人意识与育人能力。在师生共同参与的教育实践活动中，教师的行动举措是学生的最佳模板。教师对学生生活、思想的关心也会加深教师对学生的全面了解，让学生感受到情感关怀。"桃李不言，下自成蹊"，在课堂之外的师生非正式交往或许能让学生更容易以自然而亲近的方式接受教师的指导。不限于面对面的学校活动，教育中每时每刻都需要教师的育人意识与育人能力。随着网络教学平台的普及应用，师生的网络交互也需要以育人为导向。总之，教师育人能力需要发挥作用的场域并非局限于课堂，其表现也并非唯有课堂教学的活动形态。事实上，师生相遇的任何场域都包含着育人的意蕴，教师育人能力也在师生相遇的多元场域中呈现为多种样态。

教师育人能力是跨越课堂教学而呈现于师生共在的任何场域之中的。强调教师育人能力的场域泛在性，意在打破教师通过学科教学以育人的单一渠道，重视育人的广阔性和学生多方面完整的素质素养，促使教师有意识地关注师生相遇场域中的育人情境与效果，以对学生人生成长的关怀、育人的理性认知、育人之技能掌握为基础，在师生相遇的各个场域积极行动，最终促进学生成人。场域泛在性是教师育人能力的应然特性，隐含表明了教师育人的敏感性及来源于内在的职业责任感。

（四）基于自我、成就他人的发展共生性

教师育人能力基于教师自身专业素质，指向学生的成长发展，兼顾自我成长以及自我实现的需要，具有发展共生特性。教师培养学生"成人"，其自身必不是教育中工具性的存在，不是只为达成某种短期目的，而是育人活动的引领者、生发者和生动参与者，在实现育人的过程中也在不断"育己"，并不断实现个人的专业发展。这是由教育的为人属性，以及师生双方发展之间的良性互动规律所决定的。教师育人能力在作用于学生成长发展的过程中同样得以发展提升，并促进教师本人持续不断地成长，"发展共生"是内嵌于教师育人能力的重要特质。

育人能力是教师为"人师"的重要表现，是教师基于"自我"而由内向外的。毋庸置疑，教师育人能力的发挥要指向学生知识技能的获得与道德情感素养的培育，终极指向是学生成人，引导学生个性与社会性协调进步，成为有知识、有理想、有信念、有追求、有责任感的社会公民。引导学生"成人"的基础是教师内在的素养德性、智识及心灵的完整充实。可以想见，如果教师缺乏必要的知识，便没有与学生沟通交往的基础，更不可能引导学生发现打开知识世界的钥匙；如果教师没有师德素养，便不会有热爱学生与事业的情感生发，教育活动也会变得干瘪无力，学生则难以从中体会并习得爱的情感；如果教师没有内在的充实与完整，便不能呈现充满自信与勇气的课堂，更不可能引导学生塑造健全与完整的心灵。故而，育人能力是以教师专业综合素养作为保障的。同时，教师育人能力不只在于对学生的发展价值，亦内蕴教师自身的发展价值。因为在育人实践过程中，教师育人能力在以各种活动形态作用于学生发展的同时，也得到了实践锻炼、检验及进一步提升的机会，并带给教师意义充实感与自我满足感。

教师育人能力的产生、发展、对象化的过程同样是教师本人成长、发展的过程。

二　与类近语词的辨明

我们往往在某一事物与同类事物的比较中，对该事物产生更清晰的理解。"教师育人能力"与教师"教育能力""德育能力""教学能力""育人知识""育人技能""育人素养"等概念是具有"家族相似性"的。将"教师育人能力"与其他概念进行比较可以进一步明晰教师育人能力之内涵与边界。

（一）"育人能力"与"教育能力"

"育人能力"与"教育能力"是极为相似的一对概念，在教育实践中亦存在对二者理解与使用的混同。教师"育人能力"与教师"教育能力"二者均为教师能力的一种表达，教育能力的范围更大、领域更宽，育人能力则指向性更强。

对教师"教育能力"的认识并没有一个统一固定的观点，此概念既有狭义指向亦有广义用法。从历时性角度看，教师"教育能力"的内涵随着对"教育"概念本身理解的变化而呈现多样化解释。对"教育"的理解大致经历了三个不同的阶段。第一个阶段是在定型的教育组织产生之前，人们"主要从人'受到善的影响'角度界定教育"[①]，"教育"即社会中广阔的善的影响，靠近现今意义的社会教育，与今天人们常说的"我从这部电影中深受教育"中的"教育"相类同。第二个阶段是定型教育组织出现，当近代体制化学校还未出现时，这一阶段的教育具有明显的德育化倾向，从中西方的教育历史中可以窥见一二。中国古代无论是私塾抑或是官学类教育，其宗旨都在于以"仁"为中心培养君子、圣人；而西方中世纪前的教育同样是一种以人格完善为首的道德化教育，如以人格修养为核心的博雅教育等。这一阶段的"教育"内涵类同德育而指向学生德行发展。第三个阶段是近代体制化学校出现之后，教育具有明显的"教学化"特征。当人文、科学等多元化分科课程进入学校，教育通过以学科教学为核心的各类学校活动展开。此时的教育内涵偏向"以知识授受为核心的教学性教育"。及至现今，人们更为关注发展学生核心

[①] 陈桂生：《普通教育学纲要》，华东师范大学出版社2009年版，第12页。

素养的"素质教育"。不同语境下的教育内涵有别。无论是在教育理论抑或实践中,我们可以发现"教育"的不同解读与用法,以及其影响下的对教师"教育能力"的不同理解。教师"教育能力"在现实实践中被理解为给予学生善的影响的能力、对学生进行思想品德教育的能力、开展教学的能力或者以上含义都包含在内。

从共时性的角度分析,教师"教育能力"往往作为教师专业素养的重要组成与教育知识、教育信念以及教育情意相并列,[①] 区别于教育知识、信念、情意又与之密切联系。在教师"教育能力"的要素研究中,其包含了一般能力、教学能力、管理能力、自主发展能力等。也即,教师"教育能力"不只包含致力于学生发展成长的价值指向,亦囊括教师自身专业成长的意涵。一种典型而具有代表性的观点认为,教师教育能力还包括教师的"扩展能力"或称"学习与研究能力"。[②] 由此,教师教育能力的内涵变得更为广泛。

如此多样而丰富的教师"教育能力"理解使我们在分辨教师"育人能力"与"教育能力"时变得困难。一般意义上,对教师"教育能力"通常理解为教师在正规、制度化的教育教学活动、实践中发展并表现出来的直接影响教育教学成果、质量的个性心理特征,是教学、思想品德教育、心理辅导、自我发展等能力的集合。其更多指向教师职能的履行与教育功能的发挥,而其功能发挥的作用对象可以是学生,也可以是自身与社会。相对于广博宽泛的教师"教育能力"概念内涵,"育人能力"概念则是从教育本真价值的角度提出的教师能力表达,是对"教育能力"从价值指向层面进行时代性的限定与规约,直接聚焦于"立德树人"的教育价值实现与学生的全面长远发展。

(二)"育人能力"与"教学能力"

从属加种差的定义方式来看,"育人能力"是教师"育人"的能力,"教学能力"是教师"教学"的能力,二者都属于教师能力范畴,理应具有更多的共性特征,但其具体指向不尽相同。

[①] 叶澜等:《教师角色与教师发展新探》,教育科学出版社2001年版,第16—26页。
[②] 柳士彬:《中小学教育家素质标准体系构建研究》,《教育研究》2017年第12期。

"教学能力"多是从教师具体实践活动视角对教师能力的界定，是教师顺利开展教学活动所表现出来的个性心理与行为特征，是教师进行教学设计、监测教学进程、启发诱导学生学习与思考、实施教学评价等内嵌于教学活动之中的各种能力表现，与之相应的有教师交往能力、对话能力、管理能力等。"育人能力"更多是从教育终极目的、本体价值角度对教师能力进行的界定，指向教师通过师生交往的各种活动，促进学生全面发展、健康成长，达成育人目标的能力，与之相对的为机械式的"育知""育分"能力。

相比于"育人能力"与"教学能力"的区别，明确二者的联系则更为重要。

教师"育人能力"与"教学能力"的联系不仅在于其同属教师能力范畴，更在于"育人"与"教学"之间的本然联系。教师能力是一种综合、统整的存在，教师"育人能力"与"教学能力"在教师现实的教育教学实践的能力表现中常常难分彼此。因为教学是教师育人的主渠道，教育性教学是教学实践的应然理想状态。然而，教学与育人在现实教育实践中并非如同期望的那样总是自在地耦合在一起。数世纪之前，赫尔巴特就发现了"教授"（教学）之学与"教育"（育人）之学呈现的某种分离对立态势。他在反观"无教学的教育"时发现教育者往往不是那些知识最渊博的人，"他们所知道的根本不是那些在教育上可应用的知识，但他们仍带着巨大的热情进行他们的工作"，从而侵扰并束缚了学生的心灵。① 在这里，赫尔巴特所批评的是对学生进行"教育"的人不懂得教育教学的基本规律，教育沦为某种经验性的训导，没有通过科学的知识、合理的教学进行育人，这样的教学难以达成育人效果。在这种情况下，"育人"被扭曲，"教学"和"育人"背离，既缺乏"教学能力"，也失去了"育人能力"。

到了今天，教学与育人之间仍然存有区隔。如果教学沦为停留于"知识灌输"，而不是关注知识育人价值实现的活动，当教师过于注重教学中过程化技能技巧与技术操作，而不关注并致力于实现其背后的发展

---

① ［德］赫尔巴特：《普通教育学·教育学讲授纲要》，李其龙译，人民教育出版社1989年版，第13页。

价值时，教学的育人意蕴便已失落。此时，"教学能力"成为一种教师过程化、技能性的操作能力，与"育人能力"区别明显。但当教师发挥知识授导的育人价值，育智识而非教知识，关注教学中师生关系、活动方式、成长评价等各个环节的育人蕴含，并基于学生的全面长远发展开展教学活动，此时的"教学能力"是教师切实展现的"育人能力"。以育人为内核，而不拘于教学形式、不限于功利性教学目的、致力于学生健康长远发展的教师广义"教学能力"，即可以看作教师"育人能力"在教学方面的具体展现。

（三）"育人能力"与"德育能力"

教师"育人能力"与"德育能力"是最易混淆的一对概念，教育实践中常将"育人"作为"对人的思想品德进行教育"理解与使用。这种对"育人"的偏狭理解使得"育人能力"自然混同于"德育能力"。虽然"育人"与"德育"关系密切，教师育人离不开德育，德育是育人的重要组成，但"育人"与"德育"是不同的两个概念。"育人为本，德育为先"，中小学教师专业标准中对教师职责的这一原则性要求表明了两者的不同。教师"德育能力"与"育人能力"概念内涵虽有交叉相似，却有各自领域，两者所囊括内容的丰富程度以及回应的具体问题有所差异。

相较于"育人能力"而言，"德育能力"有更具体的内容指向。"德育"与教师"德育能力"作为专有概念被提及探讨是在现代教育学科分化后，德育作为专门、独立的课程出现于学校场域之中的事情。一般认为，"德育"包含"德育教师在德育学科教学中进行专门化的育德活动"和"所有教师在教育教学、师生交往中渗透的德育影响"两方面的内容。教师德育能力是指"教师引导学生内在德行养成、督促学生遵循外在道德规范、引领学生追求美善生活、促使学生做出道德行动"的相关能力，[1] 其核心关切在于学生道德品行的形成与发展，回应如何培养品德、培养什么样的品德之问题。反观教师育人能力，"育人"中的"育"不仅是指"道德教育"，还指"涵养""抚育""影响"。[2] 教师育人遵循"立

---

[1] 吴元发：《教师德育力从何而来》，《中国教育学刊》2020年第6期。
[2] 朱旭东：《论教师专业内涵的理论建构》，《教育科学研究》2014年第6期。

德树人"的价值指向,是始于学生的德性培养而最终达至学生全人发展的目的性活动。而教师育人能力,是指教师在促进学生全人发展过程中所体现出来的个性心理品质,不仅关注学生德行的培养,亦关怀学生知识素养、理想价值、心理健康、审美品位等诸多方面,回应的是培养什么人与如何培养人的问题。

德性是成人之基,教师育人必须在德性方面给予学生影响、指导,这符合教育"以德为先"的原则和要求。教师育人离不开德育实践与育德内容,教师育人能力在这一意义上囊括教师德育能力,并与之共享"以德为先"的教育原则。

(四)"育人能力"与"育人知识""育人技能""育人素养"

教师"育人能力"与"育人知识""育人技能""育人素养"之间的区别主要表现于"能力"与"知识""技能""素养"之间的概念区别。"能力"概念具有较强的实践色彩。从心理学角度看,"能力"是顺利完成某项任务所具备的心理特征和行为倾向,从管理学角度看则指胜任某项工作而表现出来的具体行为举措。"育人能力"是教师在教育教学实践情境中采取适当举措以达成育人效果的行动力。与之相较,"育人知识"是相对客观固定而具有一定科学性的有关育人的规则、规律,可以学习掌握,能用以指导育人行动,是教师发展育人能力必不可少的基础。"育人技能"是有关育人的行动方式或智力活动方式,教师育人过程中会灵活运用某些育人技能,灵活运用育人技能技巧以达成育人目的亦是教师育人能力的表现。"素养"从广义来讲包括道德品质、知识水平、技能等内容,"育人素养"则包含育人知识、育人技能、育人能力等概念,是教师"育人能力"的上位概念。

基于上述对教师育人能力特征及其相关概念关系的分析,我们可以看到,教师育人能力类同于坚守"育人"价值的教师教育能力,内蕴教育性教学能力及教师德育能力,以教师育人知识、技能为支持,并成为教师育人素养的主体构成,是一个具有独特内涵、应具备独立地位的教师能力概念。

第五节 价值与理论逻辑

对教师育人能力价值的探析能进一步明证其存在的必要性与合理性。教师育人能力的价值体现亦是一种教育的应然价值取向,可以在一定程度上规范教师能力发挥作用的方式及方向。对教师育人能力理论逻辑的探讨则试图进一步透视教师育人能力,深度解读教师育人能力的存在规律。

一 教师育人能力的价值体现

价值是主体与客体之间的一种特定关系,是客体满足主体需要、实现主体目的的功能属性。对价值的探讨可以从主体需要的现实性与客体属性能够满足主体需要的可能性两个方面说明。学生作为教师育人能力影响之主体,其生命状态、成长状态是教师育人能力的价值关切。同时,作为育人主体的教师,同样可以在自身育人能力的获得、增长、对象化的过程中达成专业成长,体验自我实现。教师育人能力的价值体现是其作为客体对相关主体产生的正向影响与作用,即其可实现的功能和效用性。

（一）教师育人能力促进学生全面发展的教育价值

学生是需要全面发展的生命个体。教师从整体、动态、多维、发展的视角看待引导学生,促使学生全面、个性而充分地成长,是教师育人能力的自在价值体现。教师育人能力帮助教师在教育实践过程中心系学生生命整全状态,统整各种育人要素,从而促发学生全面成长。

育人是个宏大而复杂的教育问题,不仅牵涉传授人类文明知识成果,亦包含对学生进行思想引领、价值观培育以及人格塑造等多项内容。教师育人能力促进学生全面发展的教育价值体现于两个方面。其一,从大教育层面关照学生群体全面发展。教师引导学生群体树立正确的世界观、人生观及价值观,塑造美好道德品性并促发知识智慧的增长、增进技能方法的掌握。其二,从微观层面促进学生个体全面发展。观视生命的本原状态,"生命不是多种成分的'拼凑',而是它们的交互渗透、融合"①,学生生命状态是自然性与社会性的统一,是身心的和谐一体。马克思、恩格斯早在百年前就指出,人的发展是体力、智力、知识、才能、兴趣、爱好和意识倾向、行为习惯等各个方面的综合发展。② 故而,中国的教育目的、方针以培养德智体美劳全面发展的人为准绳,中国学生发展核心素养亦以全面发展的人为中心。学生的发展理应是一种综合全面发展的过程,涉及学生认知、情感、精神、意志、社会性等诸多方面。学生在感知世界、获取知识的认知过程中渗透着复杂的情绪情感体验,包含着意志的参与以克服发展中的困难和障碍。学生的发展需要教育者去引导,教师在实际的教学情境中,不能只重视"教"而忽视"育"、只关注"教"的能力而忽视"育"的能力价值。关注和发展教师育人能力,有助于避免将学生视为纯粹的"理性人",避免过分重视知识技能的传授而忽视人的情感意志发展,避免过分追求分数、名次和升学率而忽视学生个性的、综合的、社会性的成长。

教师育人能力发挥作用的过程就是促使学生知情意行协调推进,身体心灵和谐统一发展的过程。良好的教师育人能力保障教师育人活动按学生生命的原本状态展开,在理想引领、道德熏陶、情感调动、意志激发的共振中育知、育识,在充分理解学生生命各要素的融合状态以及遵从生命完整性的发展规律中开展教育活动。

(二) 教师育人能力助益学生长远发展的成人价值

教育的影响不在于一时一刻,而是深远而持久的,这要求教师具备长远的眼光与育人的能力。将学生作为阶段性培训的对象、将目光聚焦于学生所获得的成绩很显然是教育的短视与教师的局限。教师"育"学生成人,既需要育人意识,更需要育人能力。教师良好育人能力支撑下的各种育人行动,无论是发生在多样教育教学情境中即时性的育人活动、抑或是以自身言行举止为标榜为学生所做出示范的行为活动,都会以显性或隐性的方式影响学生的思想认识、观念态度、言行举止。教师育人

---

① 冯建军:《生命与教育》,教育科学出版社2004年版,第142页。
② 《马克思恩格斯全集》第三卷,人民出版社2002年版。

能力产生的影响可以是短期的，也可能伴随学生的终身发展，体现着教师育人能力关注学生长远发展、助益学生成人的终极价值。

教师育人的终极目的是帮助学生"成人"。无论是否愿意，个体的每一份经历都会内化为生命的组成部分并不断地形塑着自己的人生。成长是种持续的生命状态，每个学生都是成长中的个体，其道德品行、知识智力、人生理想等都处在不断变化之中，他们观察、学习、体味、历练与成长。学生是教育中具有成长需求的主体，学生当下所浸润的教育、所获得的经历与体验既构成其现在的收获成长，也会促成他未来所是的样子。教育面向未来，就要关怀学生的未来。而教师育人能力具备助益学生长远发展的成人价值属性。教育教学过程中，教师在关注学生知识学习、能力增长的同时，亦关怀学生成长与生命意义的体验追寻。教师的育人能力可以通过育人行动转化为学生生命中不断生长的养分，指引学生人生理想与意义的探求，启迪生命、促进发展，达成育人之最终旨归。具体于教育实践中，具有良好育人意识和能力的教师会以开放、理解的心态对待每个成长中的学生，关注并理解学生成长经历与情绪情感体验，在教育事件中关注学生的成长价值，而非仅看到其成绩意义和管理意义；教师"容错"并创造性地"融错"，创设益于学生成长的物理环境和心理氛围，培养学生创造性、反思性、批判性思维能力，激励其自我探索与感知，使学生充分理解、体验教育生活、生命与价值。同时，教师注重对学生进行人生规划教育，引导学生树立正确的人生观与价值观，促使学生以积极健康、乐观向上的心态不断探索与发现自我，树立自己的生活理想与价值追求，在理解、体悟人生经历的过程中不断成长。

教师育人能力秉持价值理性，以关怀人生的姿态启迪学生进行"为何而生"的意义追问，这是育人能力更为深远的成人价值。"风物长宜放眼量"①，教育应是放眼未来、关怀学生长远发展的事业，因此更需要发展与培育教师育人能力。

（三）教师育人能力丰富教师专业内涵与职业生涯体验的延展价值

教师育人能力在向外影响学生发展的同时，还具备向内促发教师个

---

① 出自毛泽东《七律·和柳亚子先生》一诗。

人专业发展与生命成长的拓展价值。

　　教师是专业的群体，"育人"是教师的使命担当，是"教师专业必不可少的内涵"①。教师育人能力是教师从"育知"之"经师"向"育人"之"人师"转变的必需，也是教师专业内涵的应有之义及其在新时代的不断充实。同时，教师潜心育人的教育教学实践提供着教师生活的丰富场域，为教师带来丰盈的职业生涯体验，提供教师自我实现的成就感与满足感，从而体现教师育人能力之拓展价值。

　　拓展价值的表现具体有两个方面：其一，从学生发展中获得效能感与成就性价值。育人能力的发挥使得教师可以体验自我力量的对象化以及自我实现的幸福感并促进专业发展与提升。"教师的生命和才智在为事业奉献的过程中会不断获得更新与发展。"②"育人"是触及心灵、引导发展的活动，育人能力作为教师的专业能力可以展现于任何教育场域、情境之中，育人能力内在于教师自身，其获得、发展、实现的过程是教师专业发展的过程，是教师参与育人实践的过程，是师生生命交互的过程，亦是教师感受学生成长之欢欣与感动的过程。教师基于自身能力因势利导、榜样示范、鼓励激励、交流沟通，以多样化的方式促进学生的全面成长和长远发展。可以说，学生的全面发展是教师育人能力对象化的过程，是教师专业价值彰显与价值实现的过程，也是教师体会主体力量成为现实并获得幸福感的过程，更是教师教育理念专业内涵的突出体现。育人能力丰盈着教师个人的职业生涯体验，与教师个人的人生需求与生命发展息息相关。

　　其二，在与学生的互动中审思实践。教师育人能力的价值不仅体现于师生互动中所具备的指向学生成长的教育价值，亦体现于教师在与自我互动中所实现的自我丰实与成长价值。"育人"与"育己"是师生教育交往活动的一体两面，教师在育人活动中不断审视、反思，从而获得更全面的自我认知与更深刻的育人认识。育人过程是教师个性、情感、创造力被充分激活的过程，是教师充分展现个人教育知识、素养与技能的

---

① 朱旭东：《论教师专业发展的理论模型建构》，《教育研究》2014年第6期。
② 叶澜等：《教师角色与教师发展新探》，教育科学出版社2001年版，第16—17页。

过程，在这一过程中教师作为整全、鲜活的生命得以发展。同时，也更能体会学生的发展状态与发展需求，建立更动态、多元而全面的学生发展观，收获师生间育人交互的合理经验，从而促动育人的不断改进与教师作为专业化角色的职业发展。

从学生与教师的需求出发，探讨教师育人能力所具备的价值，一方面呈现教育中师生的主观需求，另一方面说明教师育人能力的客观属性。在主客的交合之中，澄明教师育人能力所具备的促进学生全面发展之教育价值、关怀学生长远发展的成人价值以及丰富教师专业内涵与职业生涯体验的延展价值。这些表现作为教师育人能力的应然价值同样为教师能力的发展、培养提供方向与规约，是教师育人能力发挥作用所应遵循的价值取向。

二 时空交错中的理论逻辑

深度理解教师育人能力，在价值分析的基础上，还需要探析其理论逻辑。理论逻辑是"抽离了事物、活动的一切特殊性或'非本质特性'而剩下的所谓对'一般规律'或'普遍法则'的刻画"[①]。教师育人能力的理论逻辑是不拘于具体事实、情境、过程，从宏观、抽象的角度对教师育人能力规律与法则的分析和概括。从历史—现实、静态—动态二维交错视角全景透视教师育人能力的起点、存在、个体发展及时代共变问题，可构成观览其逻辑理路的四维象限：静态现实维度的原点逻辑、静态历史维度的存在逻辑、动态现实维度的发展逻辑及动态历史维度的历史逻辑。

（一）原点逻辑：教师育人能力基于"整全人"的理想追寻

人是教育产生、存在、发展的逻辑原点，对教育的认识、践行总是基于对人本身的理解。教师育人就是要基于对人整全状态的理解而培育整全之人，教师育人能力的产生、发展应基于培养"整全人"的教育理想。长期以来，中国的教育方针明确指出要培养"德智体全面发展"的人，现阶段更是明确了教师要"育德、育智、育人"，育人就是育全面发

---

① 杨小微：《教育理论工作者的实践立场及其表现》，《教育研究与实验》2006年第4期。

展的"整全人"。

那么，何为"整全人"？"真正的人是真实的从而也是整全的"①，整全人不是脱离具体实践情境、抽象化存在的真空状态的人，也不是罔顾情感、精神、意志，仅推崇认知、智力、技能发展的"工具人"，而是在具体社会环境中能够全面、自由发展的人，是鲜活生动且不断体验创生意义的存在，有其内在的丰富性、完整性与独特性。工业社会以来，社会分工细化促成了人的原子化、异化，阻碍着人的整全发展。在教育中，如果简单地以教学生掌握某种知识技能为唯一目标，教育教学就会变得单一而僵化，相应的对教师职业能力的要求就简单而乏味了。教师只需要高效传授固化的知识与技能，教师角色沦为拥有精细化教育教学技能的熟练"技术型工人"，从而，师生在单向发展的目标预设中可能进一步走向非整全的存在状态。

对教师育人能力的正视和讨论，就是要纠正人才培养和教育教学实践中的工具性倾向，基于对人"整全性"的深刻理解，追求完满人性的养成。故此，教育尊重学生的个性特点、尊重学生的生命体验，致力于培养学生成为拥有内在完整性的健康发展之个体是教师育人能力的出发点。基于人性的正确认识，将人视作现实存在的、实践着的、在各种关系中不断发展生成的完整生命个体是教师育人能力的逻辑原点。

（二）存在逻辑：教师育人能力存于"个性化"的教师品性

教师育人能力作为教师自身独特的个性心理特征，是教师在教育教学过程中不断行动、体验、实践、反思而形成的，历经教师自我成长的过程而逐渐固定下来，并融入教师个人品性之中。探讨教师育人能力的存在逻辑即展现教师育人能力的现实存在样态，剖析其存在特点。

教师育人能力与教师品性关系密切。教师育人能力往往存在并展现于教师个人品性之中。教师品性是一个渐趋综合的概念，最初指代早年

---

① 王平：《走向"整全人"的价值教育——兼论道德情感与价值的统一关系》，《教育研究》2018年第9期。

形成而对教师后来的人生发展产生重要影响的人格特质,其后逐渐发展为包含"行为取向"与"道德品质诉求"的伦理化概念。① 教师品性内含对于教师的道德要求,虽是一种内隐性的存在,却显现为固定的行为倾向,可通过教师的行为表现加以推演。教师育人能力与人的发展相关,其存于教师品性亦彰显教师品性。育人先育己,正人先正身。教师育人的前提在于育己,教师良好育人能力的前提基础是教师个人的美好品性。品行高洁的教师自身就是良好的育人榜样,身教胜于言教,教师能够在教育教学实践中通过自身的行为示范对学生起到引领、导向和推动的作用,这也是教师育人能力的一种特殊表现。同时,教师育人能力还涉及诸多伦理性原则。其基于师生之间真诚关怀的伦理关系、伴随教育真善美的价值取向、指向学生生命的完满发展,都需要教师的美好品性作为基础性支撑。教师注重对自身品性的不断修炼,从内部促发着教师育人能力的发展与提升。

教师品性往往会带有某些群体化的职业共性并反映社会期待,但教师作为独立的个体和教育主体,其品行必然也会具有个性化的特点,而个性化的教师品性造就个性化的教师育人能力。具备个性化色彩,也成为教师育人能力存在形态的重要特点之一。英国哲学家迈克尔·波兰尼的个人知识学说佐证了个体情感、态度与认知在建立知识过程中的关键作用,能力同样受到个人性格特性影响而呈现不同表现形态。根据教师个体差异性,教师育人能力存在高低之别,教师所擅长的育人方式和惯常的育人行为表现也会因教师个体的不同而殊异。由于受到个人情感、倾向、信念、直觉、天赋、文化背景等因素的影响,教师在教育活动中会呈现不同的育人行为选择和表现。有些教师擅长在课堂教学过程中利用偶发事件,以"点"触发,引导学生的人生态度;有些教师擅长通过常规班级管理,以独特方式诱导学生的责任意识;有的教师善用体态语言鼓励学生大胆表达自己的观点看法,培养其自信自尊;有的教师善于选择学习材料,激发学生的主动思考和创意合作、提升学生思维品质。教师育人能力因其自身特点和品性的不同表现出极大的差异性,通过不

---

① 王凯:《专业品性:美国教师教育标准的新元素》,《教育研究与实验》2011年第3期。

同的行为表现，教师品性与教师育人能力的个体差异得以凸显。这也警示着教师育人能力培养应该尊重个性并具备开放的眼光。

（三）发展逻辑：教师育人能力长于"交互式"的内外驱动

教师育人能力的发展逻辑体现于教师在外部环境驱动与内部自我生成的交互作用中不断获得能量，继而提升与增长。教师育人能力的外部环境驱动体现于国家政策、社会环境、学校文化的熏染；其内部自我生成则表现于教师个人有意识的实践锻炼。

教育文化导向、教育价值观等软环境总是潜移默化却有力地影响着教育实践，也影响着教师及其能力发展。教育文化导向与教育价值观本就密切关联，如果社会评价学校只论"清北"升学率，学校评价教师只关注考试排名，"育分"的价值导向必然造成视学生为"答题机器"而不见生动"全人"的教师。如果以关怀全人、培育完整的人为教育的最终旨归，形成"育人"的教育价值导向，带动社会舆论的"育人"转向，就可以为教师育人能力的发展提供文化土壤。同样，教育政策制度的硬指标会以更直接的方式影响教师的能力发展。以能力为重的教师专业发展制度不仅要关注教师技术化、程序化、操作性显在技能的形成，更要关注关怀全人、共情理解、促动发展、人格熏陶等教师育人潜质的培养，预防教师能力的"偏态"发展倾向。只有教育价值导向、社会舆论环境、政策管理制度以及教师专业发展认同均趋向于"育人"目标，才能构成促发教师育人能力生长不可或缺的外部环境。

育人能力是教师的个人特质，最终还要通过教师有意识的主动践行才能得以发展。教师的学生观在很大程度上影响教师的育人行为和表现，先改变育人认识才能改善育人行动。把学生当作自主、生动、活泼的发展中的个体，真诚、乐观、坚定地相信和期待每个学生未来的良好发展，体会、理解学生的心理变化和需要，是育人能力表现也是育人能力发展的基础。认识引导实践，教师的育人能力最终在实践中生成与表现。育人能力的形成与发展往往并不仅仅是认知结构的改变，更为重要的是育人行为的产生与育人目的的达成。从教师专业发展阶段来看，熟手、专家型教师往往是在数年的教育实践过程中积累教育智慧、培育能力，从而在教育教学中有所建树的。因此，只有在与学生的交流互动中、在育人的教育实践过程中,教师的育人能力才能形成和发展起来。认识与实践是事物的一体两面,从认识层面深植育人观念、在实践中践行育人举措,是教师育人能力内部自我生成的根本途径。通过外部环境促动与内部自我实践的交互,教师育人能力才得以形成、发展。

(四)历史逻辑:教师育人能力成于"流变式"的时代需求

自教育特别是专业教师存在以来,虽然少有专门以概念的形式提及"教师育人能力",但教师育人能力却切实存在着,并以各种不同的方式表现出来。不同历史时期关于教师育人的能力要求会随着历史的变迁、社会的发展而有所改变,其内在结构、外部影响会随着时代的改变而不同。有传承、有更新,这是一种流变式的时代需求,中西方概莫能外。中西方的教育历史能够对教师育人能力的流变做出明证。

西方教育史中,古希腊时期的教育关注对国家公民的培养,对教师育人能力的认识则是对国家公民的培育能力。但具体到不同城邦,培养什么样的公民又有区别:奴隶贵族制的斯巴达重视教师培育保卫城邦的武士之能力,奴隶民主制的雅典则关注素质全面发展的公民培养。到欧洲中世纪,教育关注培养虔信上帝的教徒,教师育人能力自然转向传经布道与塑造信仰。到近代西方工业革命时期,工业社会的发展需要具备科学技术知识以及具有特殊职业技能的人,教师育人能力表现在能以最快的速度教授学生掌握知识技能,从而便于学生参与工业劳动。20世纪以后,人本主义思潮的产生促使人们反观教育中人的状态与地位,开始更为关注作为主体的人的情感状态与心理发展,教育也走向了以人为本的轨道,进而,教师育人能力的内涵增加了促进学生积极情感体验与心理健康的部分。

纵观中国历史,春秋战国时期由于政治割据、社会动荡,加之政治势力保持与扩充的需要,养士之风盛行,由此对教师育人能力的理解在于教师能够培养出士、君子、贤人一类的人才,成功培养出这类人才的教师则被看作具有较高的育人能力。封建社会时期,实施儒家文化、五经六义的教育成为评判教师育人能力的终极指标,教师能够培养出熟知儒学并践行忠孝之道的贤者则被视为具有较高育人能力。在中华人民共和国成立初期,培养具有坚实基础知识与基本技能的社会主义劳动者成为教育的引领性目的,教师育人能力即转向促进学生掌握基础知识与基本技能,成为合格的社会主义建设者的能力。如今,在中国实现中华民族伟大复兴的时代背景下,"要坚持教育引导学生培育和践行社会主义核心价值观,踏踏实实修好品德,成为有大爱大德大情怀的人"①,要"培养担当民族复兴大任的时代新人"②,实现国家培养德智体美劳全面发展的中国特色社会主义事业建设者和接班人的最终目标,"立德树人"导向下的教师育人能力必然居于教师能力发展的聚焦点,而教师育人能力的具体内涵又被赋予了新时代的特点。

由此可见,对教师育人能力的需求与认识并非一成不变,它会随着社会政治经济状况、文化风貌以及学术思潮的变化而发生转变。每一个时代背景中的育人能力认识都是契合该时代发展状况的,教师育人能力及其认识在时代流变中不断变更是"教师育人能力"历史逻辑的表征。

综上,对教师育人能力价值与理论逻辑的探讨能够使我们对教师育人能力有一个更为深刻、全面与透彻的认识。"育人"作为教育的永恒追求,规约着教师能力的发展方向,教师育人能力则是教师能力发展的核心与关键所在。故而明确教师育人能力的概念、探讨教师育人能力的相关问题,对于教育以及教师、学生的发展而言都是极具意义的。其一,促使教师更为关注学生作为人的生命体验及成长,使其生动、活泼、健康地参与教育活动并获得全面而长远的发展;其二,有助纠偏以往教师培训中只关注教师技能性教学能力培养的状态,转而更为关注教师如何与学生进行生命互动以影响学生全人及人生发展的问题,促成教师教育的人文转向;其三,教师育人能力符合师生生命成长的需要,能更自然地融入师生的教育生活,并真正促进教育幸福;其四,让教师育人能力走向前台与中国人才培养的当代需求相契合,是时代发展与教育发展的迫切要求。

---

① 《习近平著作选读》第二卷,人民出版社 2023 年版,第 198 页。
② 刘铁芳:《培养担当民族复兴大任的时代新人——论新时代我国教育目的的蕴含》,《教育学报》2018 年第 5 期。

第六节　小结

教师是"教书育人"的人，是依凭自身素养影响塑造学生素养的人。立足教育的根本目的回视教师能力，发现教师能力的本真与核心为教师育人能力。教师育人能力不是一个全新的事物，其自古至今都存在并体现于教育教学实践之中。在中外教育发展的历史长河里，教师育人能力以某种隐喻的方式存在于教育家的教育思想论述及其实践中；时至今日，时代对教育提出了内涵式的发展要求，育人成为社会进步、教育发展的迫切需求，教师育人能力理应被明确提出探讨。由于教师育人能力概念本身的认识模糊与边界不明，以及与诸多相似概念的混同，需要对教师育人能力做出明确界定。教师育人能力是指教师在教育场域中适当行动以指向育人目标实现，促进全人发展的综合性实践能力，体现着教师的实践智慧。教师育人能力是一种狭义的教育能力，不同于教师以知识授导为核心而展现的教学能力，却与强调育人旨向的"教育性教学能力"相一致；不等同以追求学生道德品行发展为目标、内容的德育能力，是在遵循"以德为先"教育原则的基础上更强调引导学生道德、品行、情意、态度、智识等全面发展的能力。

教师育人能力有着本然的特质：具有始于德性而终于成人的价值指向性；知情合一的内部统整性；跨越课堂的场域泛在性以及基于自我、成就学生的发展共生性。其具有应然的价值指向，旨在促进学生全面发展、引导学生长远发展并同时丰富教师专业内涵与职业生涯体验。基于整全人的理想追寻、存于个性化的教师品性、长于交互式的内外驱动、并成于流变式的时代需求是教师育人能力的存在样态。教育实践中，需要关注教师育人能力的凸显与培养，由此方能真正促成教育的"育人"转向，实现教育的高质量、内涵式发展。

第二章

教师育人能力结构：专家的研判

通过对"教师育人能力"进行理性探究，使之概念独立。为更好地服务于教育实践需求、助力于教师育人能力的发展提升，需要进一步探索能力"黑箱"，剖解其要素构成。教师育人能力是教师在多元、复杂、具体且情境化的教育场域适当行动以促进学生全面、长远发展的实践能力，在教育教学实践中表现出统整混沌的状态。通过教师显性的实践行为表现，审察、析取育人能力的细部构成；借助专家群体的审慎判断进一步修改教师育人能力的要素与结构，以获得经过上层理性检验、更为合理完善的教师育人能力要素结构体系。

第一节 探寻教师育人能力的基本构成

能力具有内隐性，需要通过外在行为观测做出判断。教师育人能力显现为教师育人行为，呈现于教育教学实践场域，探寻教师育人能力的基本要素可以从考察育人能力可能的现实行为表现开始。前章对教师育人能力的理论分析为在教育现实中找寻其踪迹提供了思维透镜，而可能呈现教师育人行为的教师感性描述、教育随笔、名师事迹以及发生在一线教师身上的育人故事、育人事件等提供了观测教师育人能力的不同路径。通过对这些教师育人材料的采集编码、循证分析和聚焦细化，有可能获得教师育人更丰富多元、贴近实践、反映真实的能力要素，进而解析其基本构成，这也将成为深化教师育人能力认识和进一步发展评估的基础。

一 获得原初的线索

为最大限度地检出教师育人行为表现，进而发掘教师育人能力要素及其价值需求，对初始材料的采集主要通过循证式访谈展开。访谈在聚焦主题的同时考虑开放性，以半结构方式获取反映教师育人能力的一手资料，兼顾原生态和次生态的育人线索，为明确育人能力要素打开实践场域中的循证之路。

实然已存、表现为某类育人行为的教师育人能力与应然期许中教师有待发展的育人能力同样应为育人能力的组成。因此，在初始探索阶段，考虑到教师育人能力存在的多样性、复杂性、实践性与引领性，调查同时选取了中小学教师、校长以及教育研究专家三类人群作为访谈对象，以其关于教师育人能力的行为表现、看法观点、价值期许为目标访谈内容。三类人员的访谈对象中：中小学教师是育人能力的主体，通过其对教育事件的描述，可发现、提取教师具体育人行为，从中反映其能力表现；中小学校长作为教育管理者，多有一线教育教学经历，既可以描述育人行为、事件、感悟，也能够从中观管理层面表达对教师育人能力的看法和观点，反映育人能力的现实与导向。无论是一线教师还是校长等管理者，都是中小学教育教学实践的亲历者、教师育人能力的见证人，他们明晓教师育人能力的实践样态，了解教师育人能力的短板与不足，是研究证据和线索最可靠的来源。而教育研究专家作为教育教学与教师发展的专业研究人员，能够从宏观与理论视角描绘对教师理想育人能力的期待图景、提供能力的价值需求导向，从而为教师育人能力具体要素及结构体系探索提供启发。

研究信息的获取，既要考虑信息来源的结构和代表性，也要考虑信息的数量与准入条件。由于初始探索的目的在于从实践场域中的教师、真实的教学事件、研究者对问题的思考中获得对教师育人能力的切实认识，研究对于访谈对象的选取方式与数量并没有过于严苛的要求，而是以能够反映三类人群群体性特征和认识作为基本标准。由此，全部访谈对象采用代表性抽样法选取。选择中小学教师样本时考虑了教龄差异，没有在性别与职称方面做特别区分，也没有专门考虑"名师"变量。如此选择的原因在于：原始数据采集的目的在于循证，过于琐碎的分类不利于反映真实；不区分名师，是因为当下"名师"称号多指称"教学名师"，少有指向"育人名师"，"教学"与"育人"虽密切相关，但不能等同。中小学校长作为教育管理者群体，取样时主要考虑了对高中学段和义务教育学段的覆盖，以提高代表性；对于教育研究专家则突出考虑其研究内容是否切近教师能力、教育教学育人实践等主题，关注了针对性。在此标准下，研究共选取了16位中小学教师、6位中小学校长、8位高校教育研究者，共计30位访谈对象。访谈对象的具体情况如下：

表2-1　　　　　　访谈对象构成（教师育人能力原初认识）　　　（单位：人,%）

专家类别	性别		教龄			职称			
	男	女	1—10年	11—20年	≥21年	高级以下	高级教师	副教授	教授
中小学教师	2	14	5	7	4	12	4	—	—
中小学校长	2	4	0	0	6	0	6	—	—
高校研究者	7	1	0	2	6	—	—	2	6
总计	11	19	5	9	16	12	10	2	6
比例	36.7	63.3	16.7	30.0	53.3	40.0	33.3	6.7	20.0

访谈正式开始前，设计了预访谈，以保证访谈问题清晰、指向明确。从预访谈中发现，虽然"立德树人""教书育人"是几乎所有教师、管理者熟知的教师职责和要求，但多数教师在肯定育人能力存在的同时，也缺少对育人能力的清晰认识，多把育人能力与学生学业成绩、教学方法混为一谈。鉴于此，为避免访谈偏离主题，研究者根据预访谈结果对访谈提纲进行了修改调整，根据不同受访者群体特点调整了访谈的具体实施方式。其中，对中小学教师的访谈设计调整为行为事件访谈法。行为事件访谈法作为一种开放式行为回顾探索技术，常用以揭示某项具体工作的胜任力特征。用该方法突出中小学教师"育人行为事件"部分，意在了解微观层面的具体育人行动，通过教师描述式的育人情境再现和夹杂其中的自我观点及反思感悟，以最接近真实的姿态显现可能的教师育

人能力。对其他两类受访者，访谈方式仍然采用半结构式访谈，以更宏观的方式获取对育人能力的认识和相关信息。

正式访谈是在和访谈对象邀约之后通过面对面的方式进行的。访谈正式开始前，先向受访者说明研究的主要问题与访谈目的，让受访者做到"心中有数"。访谈时，根据具体情况注意调整提问内容与方式，在征询受访者同意后做全程录音，若不同意录音则在访谈过程中记录关键内容，并在事后根据回忆及时还原访谈中的重要信息。所有的访谈结果最终以文本资料的方式保存下来。

在对中小学教师的访谈中，请教师回顾近期在教育引导学生方面自我感觉做得最成功或最不成功（满意/不满意）的2—3件事，用行为事件访谈的方式要求教师对所发生事件尽可能详细地描述，尤其对自身的行为举措与学生的反应做出细致回顾。之后，访谈者再根据事件细节进行具体的追问以获得"育人事件"全貌，如：

> 您当时经历了一件什么样的事情呢？（描述）
> 当时的情境是什么样的，有谁参与呢？
> 您当时所面对的具体问题是什么？
> 您当时有什么想法、感受？
> 您当时具体怎么做的？
> 最后的结果是什么？
> ……

对育人事件做出完整回顾之后，继续请教师谈谈自身从整个事件中所获得的启发，以及评论在整个事件中起到教育作用的重要因素。此外，作为补充，询问被访谈者所认为的优秀中小学教师应该具备哪些育人能力。访谈过程中重点关注情境、具体问题、参与人员、行为表现、行为结果、自身感受、启发认识等关键词项。

对于中小学校长和教育研究者的访谈，主要目的在于从中观连接层面和宏观引领层面了解群体对教师育人能力的认识与期待。因此，访谈提问相对灵活，主要围绕对"教师育人"的理解、何种教师能力对育最为关键、对"教师育人能力"的理解以及教师理应具备什么样的育人能力而展开。通过半结构式的提问与开放式追问、探索式交谈，获取其对教师育人能力的理解与期待。通过访谈及全部访谈音频的转录，加上不便录音而做的访谈笔录，共获得近14万字的原始访谈文本材料，这是检出、提取教师育人能力要素和建构体系最原初的线索与证据。大量信息使得原本潜隐的教师育人能力要素不断浮出"深海"，综合三类访谈对象的表述发现，把握教育情境的特殊性、采用适当的教育方式、尊重与关注学生个性特点、引导学生树立正确的理想价值及人生追求等是众所提及与关注的能力表现。

二 来自文本的述说

访谈的目的是获得对教师育人能力的初步印象。为进一步明确教师育人能力的呈现与特征，研究以教师教书育人、育人反思、育人故事为主题进行文本收集，搜寻反映教师育人能力的经典文献与网络资料，获取多样化的拓展线索，为确立育人能力要素再建文献文本中的循证之路。

为尽可能获取多元化文本材料，主要采用了两条路径。一条路径，从有代表性的中外教育名家、名师关于育人、师生交往的著述中获取育人案例与育人经验智慧，搜寻展现教师育人能力的故事与感悟。另一条路径，通过网络搜索以"教师育人"为主题的中小学教师随笔，其大多来源于各类文库及教师个人博客。这些教师育人随笔形式多样，有的是教师对某一亲身经历的教育小故事的记叙，有的仅是教师的育人感悟及反思，还有包含两者在内的混合型文本，这里统称教师随笔。通过两条路径获取的信息，从不同方面为教师育人能力要素的探究提供了鲜活生动的素材。

搜集所得的教师育人能力资料都以文本的形式呈现，这些文本作为无声的诉说者启发着对教师育人能力构成的思考。现象学和解释学提示我们，通过文本描述和体验去洞悉可能的世界。无论是名家、名著、名言，抑或是当下普通教师的育人故事，资料文本正是以语言描述的方式呈现教师的育人行动、育人体验，以生动形象的育人事件再现并引导我们进入鲜活的育人情境，或以育人感悟引导我们理性思考、寻找背后的育人能力要素。

通过两种路径获取了大量信息,在研究筛选存留的80余部(篇)文本材料中,"育人必先知人"是经常被提及的观点。就像著名教育家魏书生在著述中提到的,许多教师总结道:"我在教育工作中的每一次失败、烦恼、痛苦,追根寻源都和不了解学生联系着。"[①] 了解学生的身心发展、个性特点、兴趣特长是教师育人的基础与重要构成似已成为教师的共识。同样成为共识的是,教师对学生的关爱、尊重、保护、宽容与接纳也是教师育人的必要素质。这些素质在一代又一代教育家、优秀教师身上,在他们被传颂的教育事迹中得到展现。

1939年,陶行知在重庆创办"育才学校"时,收的学生主要是保育院的难童,由于不收取学生的学费和生活费,学校经费非常困难。有人问陶行知:"你何必背着石头过河呢?"陶先生却说:"我背的不是石头,是爱人。"[②] 陶行知先生用朴实的言语概括自己华贵的行动,所展现的是对学生、对教育的挚爱与温情。师爱作为育人的永恒主题,是教师育人能力最基础也最关键的部分。除却情感上的关爱,理性上的包容、理解,乃至采取适当的行为方式以保护学生的自尊也应是育人能力必不可少的部分:

> 高尔基工学团创办不久的一天,马卡连柯到监狱去领卡拉巴林。当马卡连柯和监狱长一起替卡拉巴林办理出狱手续时,马卡连柯亲切地要他暂时离开办公室。当时,卡拉巴林对此并不理解。十年后,当卡拉巴林已经是一名人民教师时,马卡连柯才告诉他说:"我当时之所以叫你走出监狱长的办公室,是为了使你看不见担保你出去的条子。因为这个手续可能会侮辱你的人格。"卡拉巴林说:"马卡连柯注意到我的人格,可是那时,我自己还不知道什么是人格。"[③]

[①] 魏书生:《就这样当班主任》,长江文艺出版社2019年版,第11页。
[②] 毛展煜主编:《向五位大师学做教师:孔子、陶行知、叶圣陶、苏霍姆林斯基、马卡连柯的为师之道》,天津教育出版社2019年版,第20页。
[③] 毛展煜主编:《向五位大师学做教师:孔子、陶行知、叶圣陶、苏霍姆林斯基、马卡连柯的为师之道》,天津教育出版社2019年版,第27页。

马卡连柯没有因为卡拉巴林的过往而戴着有色眼镜看他,而把他当作一个普通的需要受教育的学生。以老师的视角看学生,就生出了包容理解,乃至尊重与保护的行动。尊重学生,并在适当的时机采取合适的行动是教师育人能力的一种表现。

教师育人与教师个人内在素养具有密不可分的关系。所收集的教师育人能力文本中,有些材料显示教师育人能力是一种特殊的影响力、人格感召力与行为示范力。北京四中的一位体育老师在自己的反思随笔中提到:

> 从大学毕业到进入北京四中,担任体育老师至今已有二十年了。这二十年来,在与学生的交往中,对"以人育人,共同发展"的教育理念有了深刻的理解。对一名体育老师来说,老师的示范、言行、作风等对学生的影响尤为深远,我把它总结为四个字:行胜于言。[①]

教师的言行示范的确对学生产生着不可忽视的影响,无论是教师有意识的教育性言行,抑或是教师无意识状态下的行动举措,无形中都会影响学生的行为与认知。

除却师生交往中的育人事件与感悟,还有许多文本材料显示教师在课堂教学过程中所展现出来的育人能力。比如,李吉林老师在反思自己《下雨啦》一课的教学时提到:

> 只要教师引导得当,那种"力"是你意想不到的。孩子爱学与不爱学,40分钟的效率大不一样。孩子一旦对学习产生了兴趣,学习对他们来讲,就不是一种负担,而是一种乐趣,他们就会主动地投入其中。[②]

---

① 刘长铭主编:《教育如此存在:北京四中教育故事》,教育科学出版社2014年版,第59页。
② 李吉林:《情境教育的诗篇》,高等教育出版社2004年版,第64—65页。

培养学生兴趣、激发学生主动性的教学有利于学生终身学习习惯养成，是着眼学生有效学习与长远发展的教学方式，也是教师在教学场域的育人能力体现。

三 什么是共同基因

教师育人能力有其规律性、本质性的存在与表现，存有个体性特征，又有内在相似或趋同的价值要求。故而探索、提炼教师育人能力的要素是可能的，也是育人能力体系化建构过程中的必需。

为更准确地发现、分析教师育人能力的构成要素，将访谈所获资料及教师育人随笔、故事等文本材料共同作为分析对象，进行自下而上的文本分析。对于要素的提取，实质上就是在已获得的大量原生态和次生态的材料中寻找共同基因的过程。研究在循证式访谈后经由语音转化获得近14万字的文本材料，加之在经典文献与网络文本查询中获得的80余篇文本材料，共同为育人能力基因的提取提供了有力支持与分析数据库。

不同渠道所收集的资料文本作为教师育人实践的反映，全面而琐碎地述说着教师育人能力的实然或应然样态，但散点状的信息分布需要聚合提炼才有分析价值。资料分析的基本思路是：按照一定的标准将原始资料进行浓缩，通过比较、类比归纳、外推、演绎、分析综合等分析手段，将资料整理为有一定内在联系与逻辑的意义系统。[①] 因此，寻找教师育人能力"共同基因"的过程，就是通过文本分析，提取中小学教师育人能力的具体表现样态，概括能力组成要素具体表达的过程。

为便于大量文本资料的管理与分析，研究借用 Nvivo 软件进行文本管理。Nvivo 是一款质性资料管理分析软件，基本功能为原始资料的分类管理、资料的浏览编码、各类节点的建立以及资料的质询分析等。需要注意的是，虽然 Nvivo 工具可以辅助处理大量的研究材料、提供资料管理功能并在一定程度上提高研究者的资料分析与编码效率，但编码软件并不能完全代替研究者的分析，因为分析概括资料始终是研究者根据自身的理论学识、经验背景、研究目的等逐步进行的，所依据的是人脑而非软

---

① 陈向明：《质的研究方法与社会科学研究》，教育科学出版社2000年版，第273页。

件。由于教师访谈与教师育人文本资料中很少直接显示教师育人能力的具体条目表述，往往通过陈述的具体行为举止或教师反思而显示相关育人能力，因此，资料分析过程中，在将记录与转录的访谈资料及教师教书育人随笔式文本资料导入软件进行文本分析的同时，需要研究者对能力条目表述进行归纳概括。在通读熟悉资料的基础上，研究者对文本资料进行开放式归纳编码，提炼概括具体的教师育人能力表述。

各类访谈资料、经典文献及中小学教师的育人反思随笔中既包括教师个人的反思感悟，也涵括教师亲身经历过的育人事件，其中都会反映教师的育人能力。通过对文本材料的仔细阅读，可以发现隐藏其中的育人能力要素。对文本材料进行逐字逐句的编码分析，将能够反映某种育人能力的教师话语片段或育人故事片段进行开放式编码，归纳得到育人能力初选要素。进而，在此基础上对中小学教师初选育人能力要素进行命名，且不断从所收集的文本材料中发现类近育人能力要素及新的要素。新要素直接进入编码体系，发现的类近要素则以已经出现过的育人能力要素名称作为编码结果，在不断循环中逐步提取凝练出教师育人能力的构成要素。

以下是文本分析后所获得的编码结果，其中的"初始编码"即初步提取的教师育人能力要素，"参考点"表示这一编码结果在育人文本材料分析时被编码的总频次，即所识别出的展现该能力要素文本语句的总频次。"原始材料"即显示这一能力要素提取所依据的文本片段（列举）。

表 2–2　　　　　　　　　教师育人能力文本的初步编码结果

初始编码 （自由节点）	参考点 （个）	原始材料片段列举 （片段来源于所搜集的育人文本材料及访谈）
以爱育人的能力	134	"谁不爱孩子，孩子就不爱他，只有爱孩子的人才能教育孩子。" "爱是一种伟大而神奇的力量，老师承载着爱的阳光，哪怕仅仅是投向学生的一瞥，开心地一笑，灵机一动的言语，孩子们幼小的心灵都会感光显影，映出美丽的图像。"

续表

初始编码 （自由节点）	参考点 （个）	原始材料片段列举 （片段来源于所搜集的育人文本材料及访谈）
情感共鸣的能力	56	"真的教育是心心相印的活动，唯独从心里发出来的，才能打到心的深处。"
换位思考的能力	113	"……就是说，教师应设身处地地站在孩子的立场上想问题，分析问题……" "只有热爱学生，设身处地理解学生、帮助学生，才会从各方面了解清楚学生的情况，才能使学生积极、主动地去接受教育。"
期望导向的育人能力	42	"学生能以情感和行动不断接受教师的期望信息，并把教师的期望内化为自身需要，不断鞭策自己，努力使期望的目标得以实现。"
育人主体认知能力	89	"教师不仅仅是传知解惑，重要的是培养学生……" "……作为一名教师，为人师表、教书育人是我的职责。"
育人目标认知能力	63	"您这样对待孩子，使我们很为难，本应受到训斥的孩子，却反而得到了您的抚慰，希望您考虑一下对这孩子将来的影响。"
育人对象认知能力	81	"…你首先得了解孩子、分析孩子，不违背孩子的身心发展规律……" "其实，这是个跟别人不一样的孩子，我本应该给予他更多的关怀。自闭的孩子竟比一般的小孩更聪明伶俐，但是他也一样有很多令人头疼的缺点。"
言语沟通能力	92	"这个能力当然是受制于多种因素的影响的，比如说取决于个人的一个表达能力……" "教师在与学生沟通时，要注意自己的语言表达……"
倾听能力	72	"在孩子讲述他的故事时，老师要认真地听，去认识你面前的天使，洞察他的需求……"
交往方式与时俱进的能力	33	"教师自己的思想品德首先要好吧，是不是，然后还有，要跟上时代的形势，懂得现在的孩子，是吧……"

续表

初始编码 （自由节点）	参考点 （个）	原始材料片段列举 （片段来源于所搜集的育人文本材料及访谈）
育人理念反思能力	55	"这次经历让我深深懂得，作为一名班主任，不要将孩子的过错死死盯住，眼光放开一点，内心多一把衡量的尺子，手下就会多一批优秀的孩子。"
育人行为反思能力	87	"我细心地找了一下对他教育失败的原因：一是我太过于关注他，一旦有不良行为出现，就反馈给家长，他自己潜意识里给自己贴上了'坏孩子'的标签……" "字迹端正了，每天的默写总是别人的两倍，而等来等去却看不到一个'优'。记得前两天我发作业的时候，他老是悄悄地翻看优秀作业的名单，而我当时还曾不屑一顾地阻止他。噢，我对他做了什么？猛然间，我仿佛看到了他那带着期盼的眼神了，仿佛一下子明白他所有的含义……"
育人效果反思能力	46	"做一名老师应该经常回顾自己以往的教育历程，反思一下：我造就了多少个遗憾，刺伤了多少颗童心，遗忘了多少个不该遗忘的角落！"
育人物理环境创设能力	32	"要保持教室的干净整洁，营造简单、愉快的学习环境。"
育人心理环境营造能力	25	"让学生能够在民主、宽松的氛围中自觉参与班级管理。"
常态育人契机把控能力	48	"当时我在明知要比输的状况下，还是要与学生比试，输了之后，承认了自己的不足，还表扬了学生，同时利用此机会激发学生的学习兴趣。" "……这种现象非常严重，必须让学生懂得去感受父母给予他们的爱，并学会回馈父母。于是，我便在班级开展一系列感恩活动，就以张红为突破口。"
失态育人事件处理能力	33	"这些偶发事件的处理考验了班主任在建班育人中有效处理事件和解决问题的能力。"

续表

初始编码 （自由节点）	参考点 （个）	原始材料片段列举 （片段来源于所搜集的育人文本材料及访谈）
育人方式选择能力	61	"×××的性格倔强，个性很强，如果我当众揭穿此事，她肯定会受不了，那后果不堪设想。思来想去还是觉得谈心的方法比较合适……" "每个学生的成长都有精彩的可能性，关键在于我们要学着欣赏美，学会发现学生的闪光之处，并在最合适的时候，用最恰当的方式，让他们表现自我。"
育人方式践行能力	36	"在教学过程中，教师还能够指导学生运用实验法、谈话法、调查法等学习方法，使学生从被动的学习方式中解脱出来，进行自主式研究性学习。" "我经过再三观察，分析她每次哭的原因，发现她爱哭正是她自尊心强的一种表现。于是把她争强好胜的性格特点，引导发挥到朗读、讲故事上来，同时给予她具体指导。"
育人方式创新能力	29	"放学后陶先生（陶行知）来到校长室，见王友等在门口，陶先生当即掏出一块糖果送给他：'这是奖给你的，因为你按时来到这里，我却迟到了。'" "为这块小小的橡皮而打架值得吗？"我没有过多地责备他，只是把这个问题留给他回答。第二天我买了一块一模一样的橡皮送给了他。
即时性育人效果 评估能力	24	"说完，我抬头冷冷地看了他一眼，想从他脸上找到悔过的表情。他没有说什么，眼睛睁得大大的，眼神好特别，我蓦然发现一种从心底流淌的渴望，一种对学习的热情正在悄悄地消逝，他的整个表情变得木然，我的心为之一颤……"
继时性育人效果评估 能力	12	"老师在与学生交往的过程中，要多思考学生的心理状态，从实际出发去解决实际问题。"
即时性育人反馈调控 能力	24	"但育人的过程是动态的，是随时根据学习者的一些反应、表现进行灵活的调控……"

续表

初始编码 （自由节点）	参考点 （个）	原始材料片段列举 （片段来源于所搜集的育人文本材料及访谈）
继时性育人反馈调控能力	33	"明白事情的真相后，我后悔自己没有听完他说的话，我当着全班同学的面表扬了他，并向他道了歉……"
为学生做出正确价值导向的能力	59	"引导学生树立正确的人生观、价值观。" "教学在某种程度上既要教会学生按照一定的价值观来做人……"
影响学生树立远大人生理想的能力	31	"教师是学生的榜样，是一面镜子、一面旗帜，一种激励人不断追求、勇攀高峰的力量。"
关注并参与社会公益活动的能力	21	"教师不仅要关心学校发生的事，也应该关注社会环境、社会事件。"
能够表现出明礼守纪的社会公德	12	"无论在校内、校外，要求孩子懂礼貌守纪律，教师首先要作表率。"
能够表现出爱岗敬业的职业道德	69	"班主任日常表现出来的事业心和忘我工作精神，也能给学生以极强的示范作用和影响，从而转化为特殊的感召力。" "当我看到每一名学生学有所成，而且具有高尚的情操时，所有的辛苦和汗水都化作一股清泉淌于心涧，且瞬化作强大的动力，让我投入到以后的工作中去，且乐在其中。"
能够表现出优秀独特的个人品格	40	"老师的人格魅力、个人品格可以感染学生，让学生喜欢这个老师，从而喜欢上他的课……" "教师较强的业务潜力和优秀的心理品质，是获得威信、密切师生关系，提高教学质量的不可缺少的重要条件。"
展现知识丰富性与关联性的能力	83	"而且要涉猎一些课外书籍的知识，开阔视野，关注身边事、国家事，只有这样才能把教材枯燥的知识讲活。"
展现学科知识精深与魅力的能力	93	"运用数学本身的魅力激发学生求知的欲望和情感"

注：参考点为初始编码在总体文本材料中被编码的次数。

从资料文本中初步编码得到的教师育人能力要素共有32项，通过不断地比较以及分析，可以将这些要素归为更高级别、更抽象、概括性更强的教师育人能力类别。这类似于质性研究资料分析中的三级编码过程。

最初通过开放编码获得较为具体的教师育人能力要素,之后在初级编码所获自由节点的基础上再次编码,找寻其中的共同基因,进行类属分析。由此将混乱无序的教师育人能力要素归结为初步的教师育人能力构成体系。

表2-3是对教师育人能力自由节点进行类属分析所得结果。

表2-3 对自由节点的编码结果

二级指标要素 (核心节点)	三级指标要素 (自由节点)	自由节点 总数(个)	占总自由节 点数百分比(%)
育人认知能力	育人主体认知能力;育人目标认知能力;育人对象认知能力	233	13.48
共情理解能力	以爱育人的能力;期望导向的育人能力;换位思考的能力;情感共鸣的能力	345	19.97
沟通交流能力	言语沟通能力;倾听能力;交往方式与时俱进的能力	197	11.40
育人反思能力	育人理念反思能力;育人行为反思能力;育人效果反思能力	188	10.88
育人情境创设能力	育人物理环境创设能力;育人心理环境营造能力;常态育人契机把控能力;失态育人事件处理能力	138	7.99
育人方式运用能力	育人方式选择能力;育人方式践行能力;育人方式创新能力	126	7.29
育人效果评估能力	即时性育人效果评估能力;继时性育人效果评估能力	36	2.08
育人反馈调控能力	即时性育人反馈调控能力;继时性育人反馈调控能力	57	3.30

续表

二级指标要素 （核心节点）	三级指标要素 （自由节点）	自由节点总数（个）	占总自由节点数百分比（％）
理想价值引领能力	为学生做出正确价值导向的能力；影响学生树立远大人生理想的能力；关注并参与社会公益活动的能力	111	6.42
道德品质陶冶能力	能够表现出明礼守纪的社会公德；能够表现出爱岗敬业的职业道德；能够表现出优秀独特的个人品格	121	7.00
学识学养影响能力	展现知识丰富性与关联性的能力；展现学科知识精深与魅力的能力	176	10.19

在对教师育人能力初级要素进行类属分析的基础上，得到"育人认知能力""共情理解能力""沟通交流能力""育人反思能力""育人情境创设能力""育人方式运用能力""育人效果评估能力""育人反馈调控能力""理想价值引领能力""道德品质陶冶能力""学识学养影响能力" 11 项更高维度的教师育人能力群。根据这些能力要素群内部特点进行相似性聚类，继续提取共同的因子，以归纳更具概括力、更为抽象的能力要素。在聚合思维下，对已检出的 11 项教师育人能力要素进行分析，将"育人认知能力""共情理解能力""沟通交流能力""育人反思能力"归为"基础性育人能力"；将"育人情境创设能力""育人方式运用能力""育人效果评估能力""育人反馈调控能力"归为"情境性育人能力"；将"理想价值引领能力""道德品质陶冶能力""学识学养影响能力"归为"榜样化育人能力"。由此，"基础性育人能力""情境性育人能力""榜样化育人能力"成为教师育人能力体系中最高层级的能力组群，初步形成了教师育人能力的结构体系。如表 2-4 所示。

表 2-4　　　　　　　　　教师育人能力要素构成

一级指标	二级指标	三级指标
1. 基础性育人能力	1.1 育人认知能力	1.1.1 育人主体认知能力 1.1.2 育人目标认知能力 1.1.3 育人对象认知能力
	1.2 共情理解能力	1.2.1 以爱育人的能力 1.2.2 期望导向的育人能力 1.2.3 换位思考的能力 1.2.4 情感共鸣的能力
	1.3 沟通交流能力	1.3.1 言语沟通能力 1.3.2 倾听能力 1.3.3 交往方式与时俱进的能力
	1.4 育人反思能力	1.4.1 育人理念反思能力 1.4.2 育人行为反思能力 1.4.3 育人效果反思能力
2. 情境性育人能力	2.1 育人情境创设能力	2.1.1 育人物理环境创设能力 2.1.2 育人心理环境营造能力 2.1.3 常态育人契机把控能力 2.1.4 失态育人事件处理能力
	2.2 育人方式运用能力	2.2.1 育人方式选择能力 2.2.2 育人方式践行能力 2.2.3 育人方式创新能力
	2.3 育人效果评估能力	2.3.1 即时性育人效果评估能力 2.3.2 继时性育人效果评估能力
	2.4 育人反馈调控能力	2.4.1 即时性育人反馈调控能力 2.4.2 继时性育人反馈调控能力

续表

一级指标	二级指标	三级指标
3. 榜样化育人能力	3.1 理想价值引领能力	3.1.1 为学生做出正确价值导向的能力
		3.1.2 影响学生树立远大人生理想的能力
		3.1.3 关注并参与社会公益活动的能力
	3.2 道德品质陶冶能力	3.2.1 能够表现出明礼守纪的社会公德
		3.2.2 能够表现出爱岗敬业的职业道德
		3.2.3 能够表现出优秀独特的个人品格
	3.3 学识学养影响能力	3.3.1 展现知识丰富性与关联性的能力
		3.3.2 展现学科知识精深与魅力的能力

需要说明的是，在教师育人能力文本资料的分析过程中，始终以研究者的理论预设作为基底，资料分析结果离不开研究者所带的"前见"与"假设"。而这些"前见"与"假设"既可能是指引研究进行的方向与坐标，亦可能成为研究合理开展的局限与阻碍。在找寻教师育人能力要素时，研究者难免有意无意地遵循某些"逻辑"或"规律"，影响教师育人能力要素发现并对其命名。同时，基于探索与开放的态度、研究者的理解与判断，在文本资料分析过程中也难免存在不完全归纳现象，遗漏某些要素。故而在质性软件支持下所提取的教师育人能力构成要素及其体系仍有待调整完善。鉴于此，以初步获得的教师育人能力要素体系为基础，增加专家群体对这一问题的判断与补充修正，研究试图进一步明确更具全面性、合理性的"教师育人能力基本构成"。

第二节 德尔菲专家如是说

为了对提取的教师育人能力基本构成要素及其结构做进一步修正完善，需要更加专业的判断，这一过程用到德尔菲专家咨询法。德尔菲法是一种借助专家群体智慧做出预测或判断的方法。其特点在于：精选本领域资深的学者、研究者或从业者作为咨询专家，针对研究主题通过问卷形式匿名征询专家意见；每位专家对问题的判断分析均独立进行，以避免群体中的权威人士对专家判断独立性的影响和干扰；专家独立作出的判断会在提交后汇总整合、统计归纳，根据意见作出调整后再次发送问卷；专家间的判断须达到一致性标准才能满足咨询停止的要求，故而有可能进行多轮次的咨询；每次咨询结果会汇总后单独反馈给每位专家以便于其做次轮判断时进行参考。

研究在获得教师育人能力要素及其初始结构的基础上，精选德尔菲专家对其进行判断审查，以检验教师育人能力要素及指标结构的合理性。

一 结构性专家群体

作为一种反馈匿名函询法，德尔菲咨询的效果不仅取决于咨询过程的规范性，还在于专家判断的品质。研究需要综合不同专家的理性、合理判断，对教师育人能力结构要素修改完善。因此，结构性专家群体的选择非常重要。本书中，专家的选择遵循以下条件：（1）咨询专家应具备丰富的育人理论相关知识或实践经验积累，能有所根据地对教师育人能力要素具体内容做出合理判断；（2）专家应涉及大、中、小学的各个教育学段，从而有可能从研究者视角和实践者视角就教师育人能力给出较为全面的意见建议；（3）专家中的一线中小学教师群体应任教学科背景多样化，教育研究者群体应所属研究背景多样化，从而能从多种不同的视角看待教师育人能力并给出多样化建议；（4）咨询专家所在省份地域分布应尽可能广泛，以相互补足不同地域、不同背景下育人能力认识与需求差异，从而使得育人能力要素体系更具包容性。

根据以上选择专家的思路，研究最终确定了18位专家参与德尔菲咨询。咨询专家分为两类群体：其一，教育研究专家。具体包括教育学原理、学科思政、学科教学、德育原理、课程教学等研究领域的专家。此类别专家教龄都在20年以上，具有高级职称且长期从事一线教育教学及研究工作，有丰富的研究产出，半数以上为所在机构学科领域的学术带头人。这类专家对中小学教师育人问题具有宏观的把握与理解能力。其二，基础教育教师类。包括中小学教师以及中小学教育管理者。其教龄都在20年以上，覆盖中小学主要学科门类，均为本学科领域的优秀教师。其中87%以上为教学名师，8人为正高级教师，1人为全国劳模，3人为优秀中小学校长且长期从事一线教学工作。这类专家对中小学教师育人能力具有丰富的感知与体悟。专家来自中国东、中、西部地区，在地域分布上具有广泛性。调查时，提前与专家进行沟通，确保专家积极参与咨询，并就调查的具体目的、相关核心概念与专家进行了细致的交流讨论，方便专家对中小学教师育人能力要素体系做出评判。咨询专家具体情况见表2-5。

表2-5　　　　　　　德尔菲专家组成员构成　　　　（单位：人，%）

专家类别	性别		教龄	学科构成			职称		
	男	女	20年以上	文科	理科	艺体	高级教师	副教授	教授
教育研究专家	7	3	10	7	2	1	—	2	8
基础教育教师	4	4	8	4	3	1	8	—	—
总计	11	7	18	11	5	2	8	2	8
比例	61.1	38.9	100	61.1	27.8	11.1	44.4	11.2	44.4

就教师育人能力要素结构合理性相关问题与专家进行交流沟通，一方面听取专家的分析建议，另一方面也要求专家对各项指标要素进行数量化的评判。因此，德尔菲专家咨询中会涉及一些数据统计量，被用于确定德尔菲专家质量、对咨询的积极配合程度、多位专家判断的一致性程度、各指标要素的重要性程度等，这些统计量是进行教师育人能力要素筛选、判断专家咨询结果质量的重要指标。研究所涉及的数据统计量

及其计算方法如下：

其一，专家权威系数。专家权威性是保障德尔菲咨询质量的前提，通常根据两个因素评估权威系数：专家针对问题予以判定的可能依据以及专家对所调查问题的熟悉程度。专家权威系数越高，调查结果越可靠。研究通过对专家群体的精心选择，确保了其权威性。

其二，专家积极系数（R）。代表专家对研究的合作程度，由咨询表的回收应答率 R 表示，回收率越高表明专家参与的程度越积极。

其三，肯德尔协调系数（W）。肯德尔协调系数一般用以判定多个专家学者对诸多对象进行评分的一致性程度，即专家学者总体判断的一致性。其取值位于0—1，取值越大表明专家对某一对象的总体意见越一致。专家群体间的判断需要达到一致性标准才能满足咨询要求、结束咨询。其具体计算方式如下：（其中 b 为专家数，k 为指标个数，R_j 是划分给第 j 个指标之秩次总和）

$$W = \frac{12\sum_{j=1}^{k} R_j^2 - 3b^2k(k+1)^2}{b^2k(k^2-1)}$$

其四，项目重要性评判指标。项目重要性是指标要素删选时重点参考的统计量，通常由算术平均数（μ）以及满分频率（ρ）来判定。算术平均数代表了专家群体对某一具体能力指标打分的算术平均值，其数值越大表明专家总体认为该项要素越重要；满分频率表示某一能力指标在专家重要性评判打分时所获得满分的比率，其数值越大同样表明该项能力要素重要程度越高。

算术平均数的具体计算方式如下：（其中 X_1，X_2，$\cdots$，X_n 为该组数据，n 为该组数据的个数）

$$\mu = \frac{1}{n}\sum_{i=1}^{n} X_i$$

满分频率的具体计算公式如下：（其中 m 为对某项指标判别为满分的人数，n 为对某项指标总的判别人数）

$$\rho = m/n$$

其五，专家评判的一致性标准。专家对指标评判的一致性程度由各项指标的标准差（σ）及变异系数（CV_σ）来表示，标准差及变异系数越小，则专家对该项指标的评判越一致。变异系数是标准差与平均数的比值，其与标准差在判定数据一致性程度上的作用是一样的，但更为稳定，较少受极端值的影响。

标准差的具体计算方式如下：（其中μ为整组数据的均值，σ为标准差）

$$\sigma = \sqrt{\frac{1}{N}\sum_{i=1}^{N}(X_i - \mu)^2}$$

变异系数的具体计算方式如下：（CV_σ为变异系数）

$$CV_\sigma = \frac{\sigma}{\mu}$$

以初步获得的育人能力要素为基础，编制教师育人能力要素及其结构体系的判断问卷提请德尔菲专家进行审议。专家咨询的内容包括教师育人能力要素重要性判断、教师育人能力要素归属调整、教师育人能力要素表述调整以及补充遗漏的要素几个部分。

在对教师育人能力各个要素进行删选时，联合使用算术平均数、满分频率以及变异系数三个统计量，结合这些统计量的界值进行数量化判断。其中，算术平均数的界值为平均数减去标准差，满分频率的界值亦为其平均数减去标准差，变异系数的界值计算为平均数加标准差。算术平均数与满分频率大于界值表明该能力要素很重要；变异系数小于界值表明专家对该项能力要素的评判意见相对统一。要素评判筛选中，三项统计量都满足要求的能力要素保留；若某能力要素变异系数小于界值，而算术平均数和满分频率也都小于界值，说明专家一致认为这一能力要素不重要，予以删除；其他两项或一项统计量不符合界值要求的能力要素，要充分征求专家意见，经过修改后进入次一轮专家咨询。同时，充分考虑专家在增加遗漏要素、修改能力要素表达、调整能力要素归属等方面的建议，经研究小组充分商讨后对教师育人能力要素体系进行修改完善。

二 初期的判断

专家对教师育人能力要素及基本构成的判断，主要通过为每一项教师育人能力要素评分、增删某项教师育人能力要素以及调整要素归属来体现。以前期所获的教师育人能力指标体系为基准，提请专家进行判断。由于研究以自下而上归纳的方式获得教师育人能力指标体系，能力一级指标通过二级指标相似性聚类而来，故而对一级指标重要性进行判断是无意义的，故此直接提请专家对二、三级育人能力指标做重要性判断。

以教师育人能力要素与结构咨询问卷为工具提请专家进行第一轮审议，发放咨询问卷18份，回收18份，专家应答率100%，积极系数为1。咨询所得数据均通过SPSS统计分析软件进行处理。

（一）德尔菲专家对教师育人能力二级指标要素的判断

评判一个要素是否重要，需要有界值作为评判标准。通过对回收专家咨询意见的数据统计，计算出教师育人能力二级指标要素的删选统计量：算术平均数、满分频率以及变异系数的界值。

表2-6　　　　　　二级指标删选临界值表（第一轮）

	算术平均数	满分频率	变异系数
临界值	M≥3.497	K≥0.540	V≤0.178

教师育人能力二级指标要素的单项统计结果如表2-7所示。

表2-7　　　　　　二级指标单项统计结果（第一轮）

	算术平均数	满分频率	标准差	变异系数
1.1 育人认知能力	3.722	0.722	0.461	0.124
1.2 共情理解能力	3.500	0.500	0.515	0.147
1.3 沟通交流能力	3.889	0.889	0.323	0.083
1.4 育人反思能力	3.722	0.722	0.461	0.124
2.1 育人情境创设能力	3.722	0.722	0.461	0.124
2.2 育人方式运用能力	3.667	0.722	0.594	0.162

续表

	算术平均数	满分频率	标准差	变异系数
2.3 育人效果评估能力	3.444	0.500	0.616	0.179
2.4 育人反馈调控能力	3.389	0.444	0.608	0.179
3.1 理想价值引领能力	3.667	0.722	0.594	0.162
3.2 道德品质陶冶能力	3.667	0.722	0.594	0.162
3.3 学识学养影响能力	3.611	0.667	0.608	0.168

根据数据统计结果可知，11 项二级指标中，9 项指标的算术平均数、满分频率和变异系数均达到了界值要求，表示专家肯定了这 9 项指标的重要性并且意见较为一致。"2.3 育人效果评估能力"及"2.4 育人反馈调控能力"两项的算术平均数与满分频率未达到界值要求，表示这两项能力指标重要性存在问题；但结合变异系数来看，这两项指标的变异系数也未达到界值要求，说明专家群体对这两项指标的重要性判断并不一致，由此不能简单判定这两项指标不重要，需要结合专家对相应三级指标的评判对其做进一步的细化分析。

（二）德尔菲专家对教师育人能力三级指标要素的判断

通过数据统计，计算得到删选评判三级指标的临界值如表 2-8 所示。

表 2-8　　　　　　　三级指标删选临界值表（第一轮）

	算术平均数	满分频率	变异系数
临界值	M≥3.357	K≥0.504	V≤0.226

根据界值，对教师育人能力三级指标的专家咨询结果进行数据统计分析。为方便结果呈现，32 个三级指标按照所属一级指标的划分分别列表。

1. "教师基础性育人能力"三级指标的数据统计结果及分析

初步建构的教师育人能力要素体系中，教师基础性育人能力下属 4 项二级指标以及 12 项三级指标。根据第一轮德尔菲专家的反馈结果，基础性育人能力维度所属三级指标中没有专家一致判定不重要的条目。但"1.2.2 期望导向的育人能力""1.2.3 换位思考的能力""1.3.3 交往方式与时俱进的能力"三项能力条目的变异系数不符合界值要求,均大于0.226 的界值,说明专家组对这三项育人能力指标的重要性判断存在争议,尤其是对于"1.3.3 交往方式与时俱进的能力"存在较大争议。此外,这三项指标的算术平均数与满分频率或一项或两项不满足界值要求,表示应对这三项能力要素进行修改。

表 2-9　基础性育人能力三级指标单项统计结果(第一轮)

	算术平均数	满分频率	标准差	变异系数
1.1.1 育人主体认知能力	3.611	0.611	0.502	0.139
1.1.2 育人目标认知能力	3.500	0.500	0.514	0.147
1.2.1 以爱育人的能力	3.611	0.667	0.608	0.168
1.2.2 期望导向的育人能力	3.389	0.500	0.778	0.229
1.2.3 换位思考的能力	3.333	0.500	0.767	0.230
1.2.4 情感共鸣的能力	3.611	0.667	0.608	0.168
1.3.1 言语沟通能力	3.556	0.611	0.616	0.173
1.3.2 倾听能力	3.611	0.667	0.608	0.168
1.3.3 交往方式与时俱进的能力	3.278	0.500	0.826	0.252
1.4.1 育人理念反思能力	3.556	0.611	0.616	0.173
1.4.2 育人行为反思能力	3.667	0.722	0.594	0.162
1.4.3 育人效果反思能力	3.444	0.556	0.705	0.205

2. "教师情境性育人能力"三级指标的数据统计结果及分析

表 2-10　情境性育人能力三级指标单项统计结果(第一轮)

	算术平均数	满分频率	标准差	变异系数
2.1.1 育人物理环境创设能力	2.944	0.278	0.802	0.273
2.1.2 育人心理环境营造能力	3.556	0.611	0.616	0.173
2.1.3 常态育人契机把控能力	3.611	0.667	0.608	0.168

续表

	算术平均数	满分频率	标准差	变异系数
2.1.4 失态育人事件处理能力	3.611	0.667	0.608	0.168
2.2.1 育人方式选择能力	3.444	0.556	0.705	0.205
2.2.2 育人方式践行能力	3.500	0.611	0.707	0.202
2.2.3 育人方式创新能力	3.667	0.722	0.594	0.162
2.3.1 即时性育人效果评估能力	3.278	0.500	0.826	0.252
2.3.2 继时性育人效果评估能力	3.333	0.444	0.686	0.206
2.4.1 即时性育人反馈调控能力	3.500	0.611	0.707	0.202
2.4.2 继时性育人反馈调控能力	3.389	0.556	0.778	0.229

一级指标情境性育人能力包含 4 项二级指标以及 11 项三级指标。在三级指标的评判结果中,"2.3.2 继时性育人效果评估能力"的变异系数低于界值,说明专家组对该项指标的判断意见一致;其满分频率与算术平均数不满足界值要求,说明该项指标的评判结果是"不重要"。结合来看,专家一致认为该项指标不重要,按指标删选标准,应将该项指标删除。探寻原因,可能是因为继时性育人效果评估是一种事件过后对情境中育人效果的评估,一方面与"育人效果反思能力"相类似,另一方面可能与"情境性"想要彰显的特点不相符,故此,专家得出这样的评判结果。

此外,"2.1.1 育人物理环境创设能力""2.3.1 即时性育人效果评估能力""2.4.2 继时性育人反馈调控能力"几项能力指标在变异系数、算术平均数及满分频率统计结果上均不满足界值要求的数值,表明专家对这几项能力指标的评判意见存在争议,亦提示需要结合专家意见修改这几项能力要素。

3. "教师榜样化育人能力"三级指标的数据统计结果及分析

表2-11　　榜样化育人能力三级指标单项统计结果（第一轮）

	算术平均数	满分频率	标准差	变异系数
3.1.1 为学生做出正确价值导向的能力	3.500	0.611	0.786	0.225
3.1.2 影响学生树立远大人生理想的能力	3.500	0.611	0.707	0.202
3.1.3 关注并参与社会公益活动的能力	3.389	0.611	0.850	0.251
3.2.1 能够表现出明礼守纪的社会公德	3.778	0.833	0.548	0.145
3.2.2 能够表现出爱岗敬业的职业道德	3.833	0.889	0.514	0.134
3.2.3 能够表现出优秀独特的个人品格	3.889	0.889	0.323	0.083
3.3.1 展现知识丰富性与关联性的能力	3.722	0.722	0.461	0.124
3.3.2 展现学科知识精深与魅力的能力	3.611	0.611	0.502	0.139

一级指标榜样化育人能力共包含3项二级指标和8项三级指标。在三级指标的评判结果中，7项指标均表现良好，唯有"3.1.3 关注并参与社会公益活动的能力"的变异系数不满足界值要求，说明须结合专家意见进行修改。

（三）对德尔菲专家意见的整合及能力要素修改

针对德尔菲专家提出的教师育人能力要素及结构体系的相关修改意见，结合以上数据统计结果，对初设的教师育人能力要素及其体系结构进行了修改。

在基础性育人能力一级指标体系中，4项二级指标全部保留，12项三级指标中的"1.2.2 期望导向的育人能力"专家评判重要性符合要求，但所属维度不合理，其并非属于共情理解能力。回应专家意见，对于育人而言，"期望导向"的罗森塔尔效应对于学生长远发展的确有一定价值，但1.2.2又难以归属于现有的其他能力维度，故此暂且将其标注搁置，待后续统合处理。此外，在能力指标的表述方面，"1.3.2 倾听能力"与"1.3.3 交往方式与时俱进的能力"两项没能突出"育人"意蕴，讨论后将其修改为"倾听悟察能力"以及"交流方式跟进时代的能力"。

情境性育人能力一级指标体系中，根据专家意见，4项二级指标全部保留，11项三级指标变动较大。"2.1育人情境创设能力"中，"2.1.1育人物理环境创设能力"与"2.1.2育人心理环境营造能力"合并为"2.1.1常态育人环境营造能力"；"2.1.3常态育人契机把控能力"与"2.1.4失态育人事件处理能力"区别不明显，都表示把握育人契机以育人的能力，故此将其合并为"2.1.2偶发育人契机把控能力"。"2.3育人效果评估能力"中，根据指标删选标准删除了"2.3.2继时性育人效果评估能力"一项，且专家指出，这一指标体系中有表述不具体的问题，具体修改指标为："2.3.1评估学生思维思想状态的能力""2.3.2评估学生情绪情感状态的能力""2.3.3评估学生收获成长发展的能力"，具体展现教师在教育教学情境中所应评估的内容。"2.4育人反馈调控能力"中，专家评判"2.4.1即时性育人反馈调控能力"与"2.4.2继时性育人反馈调控能力"亦表述不明，根据可能观测到的育人行为，将其修改为"2.4.1即时调控育人言行的能力"以及"2.4.2继时调控育人计划的能力"。

榜样化育人能力一级指标体系中，根据专家咨询意见，将一级指标"榜样化育人能力"修改表述为"示范性育人能力"。榜样示范教育的确是教师必不可少的一种育人能力，将其修改为"示范性"育人能力更能表现教师行为示范带给学生潜移默化影响的意蕴。二级指标中，3项二级指标全部保留，为凸显"潜移默化影响"以及教师行为示范时可能的无意识状态，将"3.2道德品质陶冶能力"修改为"3.2道德品质潜濡能力"。另外，三级指标中，有专家提出增加"追求公平正义"及"爱国情怀"的相关能力要素。在研究小组充分论证及商讨后，结合数据统计结果及专家建议，将"3.1理想价值引领能力"下的三级指标修改为"3.1.1展现人生理想信念的能力""3.1.2不懈追求公平正义的能力""3.3.3积极承担社会责任的能力"。在"3.2道德品质潜濡能力"三级指标中增加"展现民族自信与爱国情怀的能力"。

除此之外，专家组提出教师"全面评价的育人能力"在指标中没有体现，整体指标体系没有突出教师如何激发学生主观能动性的部分。回溯问题，在自下而上探寻要素的编码环节中，许多育人故事、教师反思中也提到了"全面评价""激发学生自主能动性"的相关内容，但在编码时根据抽象程度将其归入"育人方式运用能力"，没有独立呈现。有专家指出，调动学生主观能动性，激励其自主发展对学生一生的成长而言是十分重要的，可以体现出教育的主体性，且达成这一要求也需要教师具备某种特别的育人能力。故有专家建议新增"激励性育人能力"一级指标，一方面弥补指标中未凸显的内容，另一方面也与"示范性育人能力"相对应，在师生交互作用的强度上更进一层。故此，基于专家意见和之前的要素梳理，经过讨论后新增一级指标"激励性育人能力"，将被专家判定归属维度不合理的"期望导向的育人能力"及其他几项无从归属的指标收入其中。

调整后的具体能力要素见表 2-12。

表 2-12　　　　　　　　激励性育人能力要素

4. 激励性育人能力	
4.1 精神情感激励能力	4.1.1 期待导向的育人能力 4.1.2 表现赏识与信任态度的能力 4.1.3 鼓励创新并且容错的能力
4.2 技巧策略激励能力	4.2.1 以全面评价激励学生的能力 4.2.2 用适切目标激励学生的能力 4.2.3 借成就动机激励学生的能力

在第一轮德尔菲咨询完成后，经过专家的初期判断，结合数据统计结果及专家意见，对教师育人能力要素结构做了较大修改。在专家评判意见一致性方面，第一轮专家咨询的肯德尔系数为 0.180，说明专家群体对能力指标体系的判定严重不一致，咨询并未取得共识性结果，需要以修改后的教师育人能力要素体系为蓝本进行第二轮专家咨询，18 位专家继续参与咨询。

三　再精准一些

为获得更全面而精准的中小学教师育人能力指标体系，在第一轮专家咨询的基础上，修改了初构的要素和体系结构，再次进行专家咨询。在第二轮咨询之前，将统整后的专家判断结果以及对指标所做修改向参与德尔菲咨询的每一位专家分别做了反馈，之后发送第二轮育人能力要素和结构咨询表，参与咨询的专家不变。第二轮咨询历时7天完成，最终回收咨询表18份，专家参与积极系数为1，专家对存在较大分歧的能力指标做出了积极回应。

（一）德尔菲专家对教师育人能力二级指标要素的再判断

与第一轮的统计分析程序相同，利用SPSS数据分析软件进行统计测算，计算得到二级指标的删选界值如表2-13所示。

表2-13　二级指标删选临界值表（第二轮）

	算术平均数	满分频率	变异系数
临界值	M≥3.568	K≥0.500	V≤0.165

第二轮咨询后教师育人能力二级指标的单项统计结果如表2-14所示。

表2-14　二级指标单项统计结果（第二轮）

	算术平均数	满分频率	标准差	变异系数
1.1 育人认知能力	3.704	0.667	0.455	0.123
1.2 共情理解能力	3.593	0.611	0.601	0.167
1.3 沟通交流能力	3.759	0.778	0.546	0.145
1.4 育人反思能力	3.611	0.611	0.502	0.138
2.1 育人情境创设能力	3.778	0.777	0.428	0.113
2.1 育人方式运用能力	3.611	0.611	0.586	0.162
2.3 育人效果评估能力	3.556	0.556	0.511	0.143
2.4 育人反馈调控能力	3.528	0.500	0.499	0.141
3.1 理想价值引领能力	3.574	0.556	0.592	0.165
3.2 道德品质潜濡能力	3.667	0.667	0.569	0.155
3.3 学识学养影响能力	3.694	0.667	0.458	0.124
4.1 精神情感激励能力	3.741	0.722	0.543	0.145
4.2 技巧策略激励能力	3.629	0.667	0.593	0.163

据数据统计结果可知,新增至 13 项的育人能力二级指标中,不存在变异系数大于界值的条目,算术平均数与满分频率均大于界值,符合对指标重要性的判定标准,即没有专家一致认为不重要的条目。因此对 13 项育人能力二级指标予以保留。

(二) 德尔菲专家对教师育人能力三级指标要素的再判断

通过数据统计,计算得到第二轮三级指标删选的临界值如表 2-15 所示。为方便呈现,依然选择在基础性育人能力、情境性育人能力、示范性育人能力及激励性育人能力 4 个一级指标下对三级指标的专家咨询结果进行数据统计分析。

表 2-15　　　　　　三级指标删选临界值表(第二轮)

	算术平均数	满分频率	变异系数
临界值	$M \geqslant 3.548$	$K \geqslant 0.500$	$V \leqslant 0.148$

1. "教师基础性育人能力"三级指标第二轮数据统计结果及分析

表 2-16　　基础性育人能力三级指标单项统计结果(第二轮)

	算术平均数	满分频率	标准差	变异系数
1.1.1 育人主体认知能力	3.778	0.778	0.428	0.113
1.1.2 育人目标认知能力	3.667	0.667	0.485	0.132
1.1.3 育人对象认知能力	3.667	0.667	0.485	0.132
1.2.1 以爱育人的能力	3.667	0.667	0.485	0.132
1.2.2 换位思考的能力	3.500	0.500	0.514	0.147
1.2.3 情感共鸣的能力	3.667	0.667	0.485	0.132
1.3.1 言语沟通能力	3.722	0.722	0.461	0.124
1.3.2 倾听悟察能力	3.889	0.889	0.323	0.083
1.3.3 交流方式跟进时代的能力	3.556	0.556	0.511	0.144
1.4.1 育人理念反思能力	3.556	0.556	0.511	0.144
1.4.2 育人行为反思能力	3.722	0.722	0.461	0.124
1.4.3 育人效果反思能力	3.556	0.556	0.511	0.144

根据统计结果可知,基础性育人能力下属的 12 个三级指标中,除"1.2.2 换位思考能力"以外,其他指标都满足界值要求,予以确认保留。"1.2.2 换位思考能力"的算术平均数略低于界值,通过与低评分的德尔菲专家沟通发现,其认为"换位思考能力"并不直接体现"育人"内涵。考虑到"换位思考能力"虽不直接与育人活动相关,却是教师育人必不可少的基本要素。"换位思考"是一种师生主体间的伦理关系,是教师育人必备的基础性能力,其体现教师的"共情"特性,而"共情"是教师理解学生,创设和谐师生关系的必备素养,所以对这一能力要素予以保留。另外,根据专家意见,对"1.3.3 交流方式跟进时代的能力"的表述做了适切性修改,修改为"交流方式顺变能力"。

2. "教师情境性育人能力"三级指标第二轮数据统计结果及分析

表 2-17　　情境性育人能力三级指标单项统计结果(第二轮)

	算术平均数	满分频率	标准差	变异系数
2.1.1 常态育人环境营造能力	3.556	0.556	0.511	0.144
2.1.2 偶发育人契机把控能力	3.667	0.667	0.485	0.132
2.2.1 育人方式选择能力	3.667	0.667	0.485	0.132
2.2.2 育人方式践行能力	3.778	0.778	0.428	0.113
2.2.3 育人方式创新能力	3.556	0.556	0.511	0.144
2.3.1 评估学生思维思想状态的能力	3.667	0.667	0.485	0.132
2.3.2 评估学生情绪情感状态的能力	3.722	0.722	0.461	0.124
2.3.3 评估学生收获成长发展的能力	3.389	0.389	0.502	0.148
2.4.1 即时调控育人言行的能力	3.833	0.833	0.383	0.100
2.4.2 继时调控育人计划的能力	3.500	0.500	0.514	0.147

由表 2-17 的统计结果可知,"2.3.3 评估学生收获成长发展的能力"的算术平均数与满分频率皆小于界值,显示该项指标重要性不足;其变异系数等于界值 0.148,显示专家组对该项指标的评判相对一致。综合来

看，专家一致认为该项指标不重要。根据指标删选标准，提示应将该项指标删除。且有专家反映，"评估学生收获成长发展的能力"表述空泛而抽象，与"2.3.1 评估学生思维思想状态的能力"以及"2.3.2 评估学生情绪情感状态的能力"在含义上有所重合，对于情境性表现不够充分。除 2.3.3 之外，其他项目皆满足界值要求，予以保留。

3. "教师示范性育人能力"三级指标第二轮数据统计结果及分析

表 2-18　　示范性育人能力三级指标单项统计结果（第二轮）

	算术平均数	满分频率	标准差	变异系数
3.1.1 展现人生理想信念的能力	3.667	0.667	0.485	0.132
3.1.2 不懈追求公平正义的能力	3.500	0.500	0.514	0.147
3.1.3 积极承担社会责任的能力	3.833	0.833	0.383	0.100
3.2.1 展现民族自信与爱国情怀的能力	3.667	0.667	0.485	0.132
3.2.2 展现明礼守纪的社会公德的能力	3.667	0.667	0.485	0.132
3.2.3 展现爱岗敬业的职业道德的能力	3.833	0.833	0.383	0.100
3.2.4 展现优秀独特的个人品格的能力	3.611	0.611	0.502	0.139
3.3.1 展现知识丰富性与关联性的能力	3.722	0.722	0.461	0.124
3.3.2 展现学科知识精深与魅力的能力	3.611	0.611	0.502	0.139

根据表 2-18，示范性育人能力中的 8 项三级指标均满足界值要求，只有"3.1.2 不懈追求公平正义的能力"的算术平均数略低于其界值 3.548。考虑到"不懈追求公平正义"是社会公民必不可少的一项素质要求，对于学生社会性发展及参与社会生活意义非凡，而公正感往往通过耳濡目染培养起来，教师的公正示范尤其重要。故此，在与低评分专家沟通取得共识后，选择将此项育人能力条目完整保留。

4. "教师激励性育人能力"三级指标第三轮数据统计结果及分析

根据表 2-19，新增一级指标"激励性育人能力"中的 6 项三级指标皆满足界值要求，提示可将其全部完整保留。

表 2-19　　激励性育人能力三级指标单项统计结果（第二轮）

	算术平均数	满分频率	标准差	变异系数
4.1.1 期待导向的育人能力	3.556	0.556	0.511	0.144
4.1.2 表现赏识与信任态度的能力	3.889	0.889	0.323	0.083
4.1.3 鼓励创新并且容错的能力	3.667	0.667	0.485	0.132
4.2.1 以全面评价激励学生的能力	3.667	0.667	0.485	0.132
4.2.2 用适切目标激励学生的能力	3.667	0.667	0.485	0.132
4.2.3 借成就动机激励学生的能力	3.611	0.611	0.502	0.139

（三）两轮德尔菲咨询专家评判一致性对比

第二轮教师育人能力结构体系咨询中，专家意见一致性系数为 0.637，其判断一致性程度较第一轮咨询有所提升，且一致性系数达到标准，提示咨询完成，故停止咨询。表 2-20 显示两次咨询中专家判断的一致程度对比情况。

表 2-20　　两轮德尔菲咨询专家评判一致性对比

	个案数	肯德尔系数 W	卡方	自由度	渐进显著性
第一轮咨询	18	0.180	73.795	38	0.000
第二轮咨询	18	0.637	137.645	12	0.000

由此，基于德尔菲专家的判断，经过与专家的充分商讨以及研究小组对教师育人能力要素构成的不断修改后，最终形成的教师育人能力结构体系如图 2-1 所示。

在两轮次专家咨询后确立的中小学教师育人能力指标体系共包括三个层级共 53 项指标要素。其中，一级指标由二级指标要素聚类归纳获得，分别为基础性育人能力、情境性育人能力、示范性育人能力和激励性育人能力。四个一级指标分别代表教师育人能力的四个维度，指向教师育人的不同特点及所发挥的不同功能，也是最高等级的能力群组。一

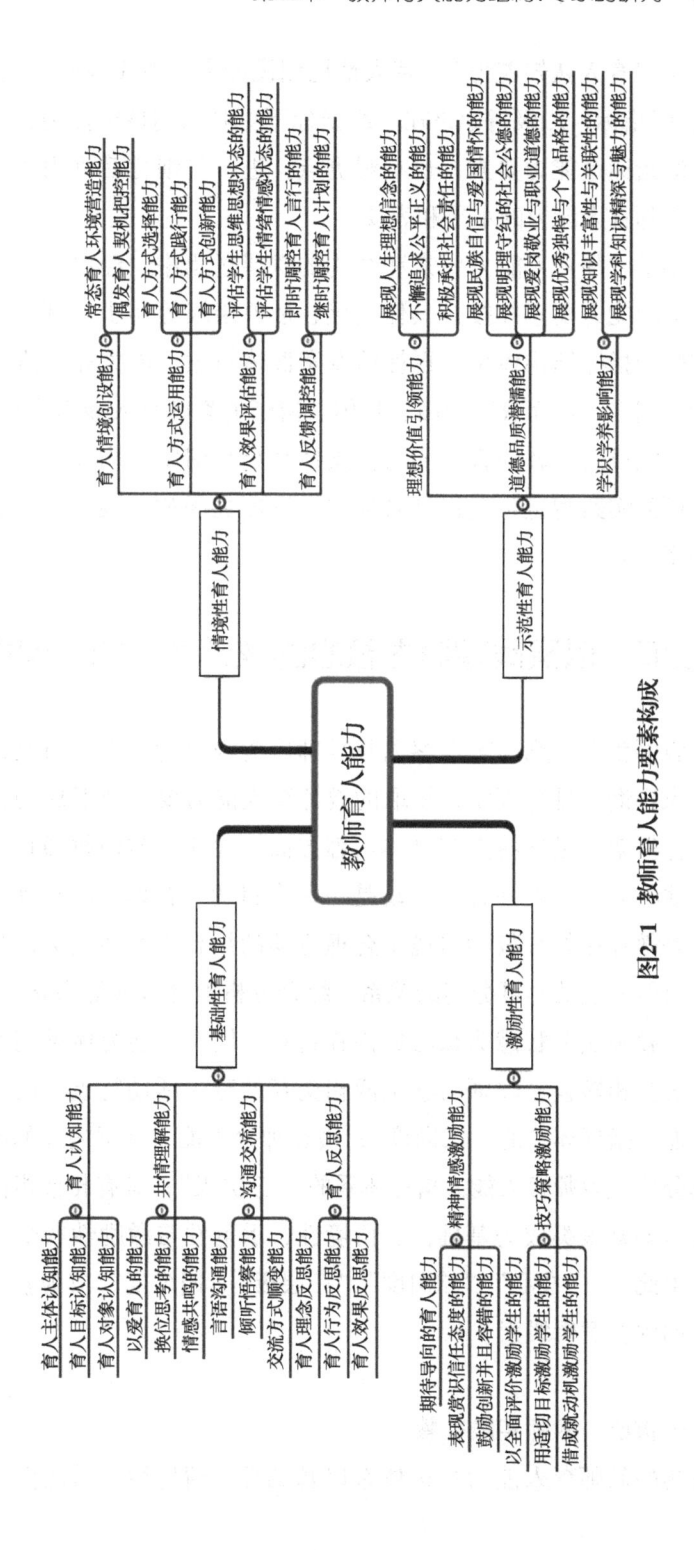

第二章 教师育人能力结构：专家的研判　85

教师育人能力
├── 基础性育人能力
│   ├── 育人认知能力
│   │   ├── 育人主体认知能力
│   │   ├── 育人目标认知能力
│   │   └── 育人对象认知能力
│   ├── 共情理解能力
│   │   ├── 以爱育人的能力
│   │   ├── 换位思考的能力
│   │   └── 情感共鸣的能力
│   ├── 沟通交流能力
│   │   ├── 言语沟通能力
│   │   ├── 倾听体察能力
│   │   └── 交流方式嬗变能力
│   └── 育人反思能力
│   ├── 育人理念反思能力
│   ├── 育人行为反思能力
│   └── 育人效果反思能力
├── 情境性育人能力
│   ├── 育人情境创设能力
│   │   ├── 常态育人环境营造能力
│   │   └── 偶发育人契机把控能力
│   ├── 育人方式运用能力
│   │   ├── 育人方式选择能力
│   │   ├── 育人方式践行能力
│   │   └── 育人方式创新能力
│   ├── 育人效果评估能力
│   │   ├── 评估学生思维思想状态的能力
│   │   └── 评估学生情绪情感状态的能力
│   └── 育人反馈调控能力
│   ├── 即时调控育人言行的能力
│   └── 继时调控育人计划的能力
├── 示范性育人能力
│   ├── 理想价值引领能力
│   │   ├── 展现人生理想信念的能力
│   │   └── 不懈追求公平正义的能力
│   ├── 道德品质谐满能力
│   │   ├── 积极承担社会责任的能力
│   │   ├── 展现民族自信与爱国情怀的能力
│   │   └── 展现明理守纪敬业与职业道德感的能力
│   └── 学识学养影响能力
│   ├── 展现优秀独特与个人品格的能力
│   ├── 展现知识丰富性与关联性的能力
│   └── 展现学科知识精深与魅力的能力
└── 激励性育人能力
    ├── 期待导向的育人能力
    ├── 精神情感激励能力
    │   ├── 表现责任信任态度支持学生的能力
    │   └── 鼓励创新并且终情学生的能力
    └── 技巧策略激励能力
        ├── 以全面评价激励学生的能力
        ├── 用适切目标激励学生的能力
        └── 借成就动机激励学生的能力

图2-1　教师育人能力要素构成

级指标下属"育人认知能力""育人情境创设能力"等13项二级指标以及36项三级指标,二级指标是在一级指标下更具指向性的能力群,各自包含的三级指标是能力要素,也是观测点,进一步细化后可用于具体考察中小学教师育人能力的水平和表现。

在中小学教师育人能力要素和结构的探寻过程中,经由自下而上的循证分析提取能力要素并按其具体内涵、抽象层级等初步整理为具有一定内在逻辑的指标结构体系,再提请专家群体对这一能力体系进行自上而下的理性判定,从而获得全面、具体、清晰的教师育人能力指标架构。在整体架构完成后,教师育人能力要素体系显示清晰的内在逻辑,具体表现为浓厚的实践智慧特色以及各层级、维度之间相互独立,同时相互关联的关系线索。

第三节 以实践智慧为核心的教师育人能力架构

通过教师育人实践样态考察以及教师应为与可为之育人行动,结合德尔菲专家咨询意见与判定,提取的教师育人能力要素及形成的教师育人能力指标框架在呈现特点与具体内容方面,验证了前期教师育人能力的理论推演与分析。教师育人行动是一种合目的、合理性的行动,教师育人能力是教师在教育教学情境中合理行动的综合性实践能力,与教师实践具有自然而然的不可分离的关系。综合分析教师育人能力指标框架,同样显示以教师实践智慧为核心的内在特点。同时,能力体系还表现出常态与动态交相转换、教师与学生两相交互的育人活动特点,由此构成教师育人能力指标体系的"二向度";由教师育人能力要素内涵的不同抽象程度划分构成教师育人能力指标体系的"三层级";具有相似指向的教师育人能力要素聚类成为基础性、情境性、示范性与激励性四个不同能力维度。由此,"一核心""二向度""三层级""四维度"成为教师育人能力架构的内在逻辑线索。

一 一核心:教师实践智慧

所建构的教师育人能力指标体系以基础性、情境性、示范性与激励性育人能力为基本组构，蕴含着深厚的育人实践关怀，体现着教师实践智慧的内核。深入解读教师育人能力要素的整体架构需要对这一内核进行理论解读，并分析澄明其与教师育人能力的具体联系。

（一）教师实践智慧是什么？

教师实践智慧是教师在教育教学场域中通过考虑、推理等思维活动，渗透情绪和情感体验形成好的实践判断，并将之付诸行动以最终达成教育教学目的，促成师生幸福生活的一种理智品质，深刻影响着教育教学及育人实践。教师实践智慧关乎教师理性、教师德性与教师生存，具有丰富的内涵意蕴。

教师实践智慧具有理性意蕴。教师实践智慧直接指向每一个具体的教育实践，是教师在具体教育情境中的理智与行为反应，并非朝夕之功，而是逐渐养成的，其背后有着复杂的心理与行为机制。具体而言，教师的智慧性行动基于对教育教学知识、原则的广泛认知与理解，出于对具体教育教学情境的分析与把握，源于对普遍有效教育教学行为的推理与设计，而表现为对具体问题的分析与化解。高层级的教育教学原理原则，普遍的教育教学知识，教师过往的教育教学经验都提供着教师具体情境的实践摹本。"实践属于个别范畴，而这类个别行为是出于意愿的。究竟选择哪种行为更好，这很难说清楚，因为具体情境中有许多差异。"① 所以，教师在具体教育教学情境中洞悉人、事、物之间的关系，理解把握具体教育问题，针对需要解决具体问题，从已有已知的理论、原则、经验中不断思考、推理，得到合理的行动方案，这是教师实践智慧的理性运行机制。譬如，教师在进行教学设计或在课堂教学时会做出许多选择与决策，而这些不同的选择、决策源于教师细致的推理过程。教学应当符合学生的身心发展特点，适应学生的思维规律，做到循序渐进并激发学生自主学习思考的积极主动性。这些教学原则似乎是自然周知的，但在具体的教学情境中如何实践则是另一件事情。特级教师于漪老师在《藤野先生》的教后记中写道："过去教《藤野先生》，一开始就讲'东

---

① ［古希腊］亚里士多德：《尼各马可伦理学》（Ⅰ1.－Ⅲ.5），廖申白译注，商务印书馆2023年版，第64页。

京也无非是这样'，总是讲不好，'无非'这个词的意味出不来。这次先引导学生弄清'清国留学生'精神空虚、堕落腐败的现象，回过头再教这一句，'无非'就有着落，学生就能比较具体地领会其中包含的厌恶之情。""原本打算两课时完成该课文的讲授，课堂上学生提出的'日暮里'的问题引发了争论，于是临时改变计划放手开展讨论，授课延长一小时。"于漪老师考虑了学生如何理解教学内容、如何思维，反思以往的教学经验与学生具体表现，重新思考教学内容的内部逻辑后做出调整教学顺序的决定，这是一个推理与决策的过程。而课堂教学过程中根据学生所提出的问题延展教学内容，则充分利用了学生个体的积极主动性，亦可达成一种教学的生成状态，这些都体现着实践智慧的理性运作，也可见育人能力的发挥与展现。

教师实践智慧具有德性意蕴。实践智慧本身与道德德性密不可分，缺乏实践智慧的道德德性在理念上是空无的，因为良善的人是由于做良善的事儿而被称作良善的；没有道德德性的实践智慧只能是一种狡诈，或者根本不能称作实践智慧。实践是向善的活动，且善的价值附于实践本身，而实践智慧则内蕴符合德性要求的行为倾向。教师实践具备一些本然特性：一方面要符合教育的善性伦理，另一方面要达成对学生产生善的影响之最终目的，两者都是教师实践智慧德性意蕴的具体表现。教育善性伦理体现在教育公平正义、教育爱等方面，在新时代则突出体现为"立德树人"原则的遵循。一个具备实践智慧的教师能在遵循教育伦理规范的基础上行动，在微观的教育教学实践中以师爱对待学生，表现出宽容、理解、循循善诱的行为特征。关于善的教育影响，是指教师能够促进教育良性发展，促进学生全面发展，这亦是教师实践智慧的终极指向。好教育源于好教师，实践智慧是好教师必不可少的理智品质，教师实践智慧能使得教师在现有的教育环境、条件、课程之内创造出更好的教育图景以落实、促推教育良性发展。教师实践智慧、教育良性发展的终极目标还在于学生成人。基于实践智慧的教师行动对学生的善的影响是多方面多层次的，从学生思想、知识、品德、情感、理想信念等方面的收获成长，到其日常教育生活的切实体验，处处都体现出教师德性实践之影响。教师德性实践不仅关注学生群体的发展，亦关怀每个学生个体的成长状态，在遵循学生身心成长规律的同时尊重每个学生的个性特点与发展倾向，以成长性思维面对所有学生，努力做到因材施教。因为只有对每个学生而言是好的发展才能真正塑造学生的幸福生活，也才能真正实现教育的终极正义。每个学生生活的整全性、发展的全面性是教师实践智慧的伦理关切，是德性实践的终极目的。教师实践智慧自身具有德性意蕴，我们不会把"教唆"称作教育实践，也不把善于投机取巧作为智慧，更不把只为自己谋利益而不顾及学生发展的教师称作智慧型教师。教师实践智慧离不开教师的道德品质。

教师实践智慧具有生存论意蕴。实践智慧本身被普遍理解为"能使人理解实践生活的终极目的，把握实现目的的方式和手段，从而过上幸福生活的那种智慧"[①]。教师实践智慧同样关照教师个人的存在状态，致力于实现教师的幸福生活。而教师实践智慧如何实现教师的幸福生活，以使之具备浓厚的生存论意蕴则是可以在教师实践层面探讨的问题。实践智慧表明"教师需要完整地对待自我，并本己性地去行为"[②]。只有当教师具备内在的完整与统一，以其所是进行教育实践、实现自我生活的满足，他才是具备实践智慧的。这意味着教师在教育教学实践过程中需要体察本真的自我，对自己的身心状态、行为举止、情绪情感体验具有透彻的洞察与理解，关心自己的生存与生命状态，以本己的方式行动。这也许需要教师具备一定的勇气，敢于突破常规惯例，能够克服对于实践不确定性的恐惧，去尝试创新性思考与行为方式。由此，教育教学才能具有生命的活力，才能激发更多的创造与可能。以实践智慧为行动依凭的教师区别于"技艺之师"，技术理性主义下的教师专业发展关注教师知识、教师技能而忽视教师体验与教师感受，更罔顾教师个性、艺术性及创造性。而当教师作为专业人员被培养、作为标准化教育教学行为机器被期望时，教师自我已然屈从于标准的规范性要求或简单的历史性惯例。长此以往，教师个人的工作、生活热情也便被磨灭了。这样的教育

---

① 刘宇：《实践智慧的概念史研究》，重庆出版社2013年版，第1页。
② 曹永国、母小勇：《照看自我：教师实践智慧的生存论意涵》，《南京社会科学》2013年第11期。

实践是不符合实践智慧的。实践智慧的确是不容易获得的理智品质，然而只有当教师具备实践智慧的理智力量，教师才会更容易地获得工作的满足感、意义感，实现幸福生活。

教师实践智慧的理性、德性与生存论意蕴诠释了其应为与应是。实践智慧作为优秀教师、卓越教师的必备品质，不仅指教师能够以各种技能与技术手段将普遍的教育理论、原理运用于具体实践，更指驱使教师在教育教学实践中遵循"适度"原则合理、合目的行事的品质。教师实践智慧是致力于师生幸福生活的理智品质，幸福生活的达成需要教师以对学生好，亦对自身善的方式去行动，且基于教师内在的良善品质，因为"不做个好人就不可能有实践智慧"[①]，非良善的教师也不可能有实践智慧。教师实践智慧以德性规范为准，以幸福生活为最终追求，以理性思虑为保障条件，亦关怀教师自身的存在体验，具有普遍性与个别性、感性与理性、规范性与时效性等诸多内在张力，对于实现真正好的教育意义非凡。

（二）教师育人能力架构如何体现以实践智慧为核心

审视教师育人能力与教师实践智慧之意涵，可以发现二者诸多的相似与关联之处。富有实践智慧的教师育人行动是教师育人能力的表现，依凭实践智慧的育人行动方能达成育人的终极目标。具体而言，教师育人能力架构以教师实践智慧为核心源于以下事实。

其一，能力与实践之间具有自然联系，教师育人能力的产生、发展离不开智慧性教师育人实践，教师育人能力的行为表现亦彰显教师实践智慧。"能力"一词本就指顺利做好某事或完成某项任务的内在心理品质。能力与"做事"密不可分，或指向普遍的行为处事，或针对某项具体的实践任务。由此，能力本身就具有了宏观抑或微观、抽象抑或具体的多层级、多方面、多角度的表现。比如教育能力、教学能力、沟通能力、表达能力、推理能力、组织能力、创新能力等，这些能力都以教师的教育、教学、管理等具体实践活动为依托。教师育人能力在教师育人

---

① ［古希腊］亚里士多德：《尼各马可伦理学》（Ⅰ1.－Ⅲ.5），廖申白译注，商务印书馆 2023 年版，第 188 页。

实践活动的过程中生成与表现，这在前期教师育人能力的实证调查中亦有清晰的表现。

其二，育人是一种求善的教育实践，教师育人能力直接指向学生的全面发展，具有成人的善性与价值，这与实践智慧的善性伦理相耦合。育人作为求善的教育实践意味着具有善的实践基础、实践手段以及实践目标。善的实践基础在于师者自身良好的道德品性，其不仅指教师满足普遍的伦理规范要求，亦指教师本人具有高尚的内在德性或对内在高尚德性孜孜以求。当教师以一种榜样示范的力量出现于学生面前，能带给学生良善而潜移默化的影响。善的实践手段指明教师出于情境需要而选择好的、有效的、比较完善的实践路径、方式，在可能实现教育目标的实践手段中选择教育性最强的一种。善的实践目标即教师在最大限度上实现育人，促进每个学生全面而富有个性的发展。显然，育人实践离不开教师的实践智慧，育人能力亦内蕴实践智慧的善性伦理规范。

其三，育人能力是教师的本己性力量，其基于教师个人的认知、理解及情绪和情感体验，在育人的同时致力于教师获得意义感与幸福感，并促进持续不断的教师个人专业成长，使教师体验自我实现，这与实践智慧的生存论意蕴相契合。教师实践智慧是以达成教师幸福生活为目的的。教师育人实践基于教师个人生活，展现、关照教师个人的生存状态，只有源于教师本我的育人实践才可能达到育人的理想效果。

二 二向度：常与动、师与生

"向度"可以指判断、评价或确定一事物的多方位、多角度、多层次的概念，具有"价值取向与评价尺度"的含义。教师育人能力内部隐藏着两条串联能力要素的线索，可以将之视为育人能力架构的两种向度，即常态—动态的生成性育人活动向度与教师—学生的育人型师生互动向度。

教师育人自始至终都在各种活动中进行，教师育人能力亦在多样的育人活动中生成发展，从基础性到情境性的育人能力群，切实关照了教师育人的活动特性与规律；同时，育人活动是一种发生在师生主体间的事件，师生主体间的关系、师生交互状态等都是育人的重要影响因素，从示范性教师育人能力群到激励性教师育人能力群反映了育人活动参与主体及其双向建构的关系。

(一) 常—动向度：从基础到情境的生成性育人活动观

基础性育人能力是教师在教育教学活动中常态、稳定的心理特征，表现于大部分、常规性教育教学场景之中，同时构成教师处理更复杂育人事件的能力基石，表示教师育人能力架构中的常态向度；情境性育人能力是教师在多元化、动态性且同时具有一定突发性特点的教育情境之中的能力表现，表示教师育人能力架构中的动态向度。从教师育人活动的特点来看，育人活动的展开是情境中的动态呈现，且直接需要与情境相关的育人能力，但其亦离不开教师过往的知识、经验、个性、潜能等因素，这些因素作为潜在的基础条件促成教师育人活动的展开与生成。教师育人能力的常态向度与动态向度构成教师从"静"到"动"、从基础到高阶的全面、完整的育人能力表现，符合教师育人活动的生成特性。由此，教师育人能力架构具有常—动交融的特点。

"常—动交融"的教师育人能力架构清晰地反映教师育人活动本身的生成特性。就育人的主要途径——教学活动而言，每一位教师在进行教学活动之前都会做出自己的教学预设，从所要达成的教学目标到教学环节、程序的设计，从教学情境的营造到教学媒体、手段的选择，从学生反应的预估到单元考核、作业评价的设计。教师也许会事无巨细地将教学活动的整个流程在自己的意想中预演，从而确保正式教学活动的顺利进行。然而，教学活动的开展过程并非机械的流程再现，总是会出现各种与预想的偏离。面对真实的情境与新问题，如果囿于已有的教学设计则会显得生搬硬套、了无生趣，且无助于真实问题的解决；如果发挥教育教学的智慧及机智，能够临时变通，在短时间内做出细致的思虑推理，采取有效的教学行动则会产生意想不到的良好效果。这就是教学中的预设与生成问题。显然，生成性教学是更具有想象力、艺术性以及美感的教学形式，也更有助于教学育人的实现。

育人活动亦具有生成性的特点。教师育人活动是不局限于具体时空的，其发生的场域十分多元，师生相遇的任何场所都能构成教师育人活动的场域。教师育人活动亦基于教师一定的规划与设想，然而最终也是动态展开式的过程。即教师育人活动总是在特定的时间、具体的场域中展开的,其间囊括着教师的个性与创造,表现出基于理性的开放与生成。具体而言,教师育人活动的生成性决定于育人活动是一种未知的、未来的、即将行进的过程,表现于育人目标的预设与育人结果的生成、育人环境的创设与育人情境的生成、育人方式的预设与育人行动的生成。教师凭借对教育目的、学生发展需求等的理性认知设计合理的育人目标以指引育人活动,但最终所达成的育人结果却不一定十分符合育人目标。育人结果可能恰好符合育人目标预设,由此促成育人计划的顺利实现;育人结果可能偏离育人目标,由此造成不良的教育影响,如对学生产生一种消极观念的影响;育人结果可能比育人目标所设想的内容更为丰富,由此形成一种育人的生成状态,如使学生在习得知识、学会如何学习、产生高尚的情感道德目标之外还使学生学会审慎地思考、以批判的眼光看问题。以上是教师育人活动生成特性的主要表现。

教师育人活动的生成离不开扎实的活动设计及基础能力,表现在教师育人能力架构中,即为教师的基础性育人能力。不可否认,没有坚实的基础作为支撑,一切的生成只能是不具实效的突发奇想。教师育人活动的生成总是在预设基础上的生成,是一种基于教师已有育人经验、育人知识及育人能力的临场发挥。教师育人能力架构还关照育人活动情境性及其动态变化特点,如实反映与照应着教师育人活动的生成特性。此外,教师的情境性育人行动与经验能够反哺教师的基础性育人观念与行为,沉淀为常态化教师育人能力。从基础到情境的能力体系构建表现了教师育人活动从常态到动态、从动态再回归常态,常动交融、相互转化的特性。

(二) 师—生向度:从示范到激励的育人型师生交互观

教师与学生是育人活动不可或缺的主体要素,师生之间的交互关系及其交互形态本身亦具备育人的功能与价值。教师育人能力架构显示了师生主体在育人活动中的地位与作用,关注师生主体间关系的教育影响以及师生交互形态的育人功能。示范性育人能力与激励性育人能力群组显示育人价值规范下的师生交互形态,体现能力体系中的师—生向度。

讨论育人活动中的师生交互问题离不开对师生关系及师生主体性的探讨。关于师生关系的哲学探讨历经了主客体、双主体、主体间、为他性主体多个阶段，其中，师生主体间关系准确反映着教师育人活动中的师生关系状态，影响形塑着教师育人能力的具体表现。首先，在育人活动中，教师与学生之间所形成的是主体与主体之间的关系，师生应当相互尊重与平等对话。在活动过程中教师与学生平等共在，依凭育人载体开展活动。教师作为育人活动的主体，将其自身所是原原本本地带入育人活动，凭借自身意志自在行动，在履行教育教学应尽职责的同时达成自身发展成长的需要；学生作为育人活动的主体，具有最大限度上获得全面发展的需要以及依凭自身意志选择与行动的自由；师生之间交往互动达成相互理解与视域融合，形成共同的行动目标及平等互动的主体间关系。其次，师生主体间关系表现了师生双方所具有的主体性，这种主体性是有所规范的主体性，是不断生成与发展中的主体性。主体性代表着师生思想与行动的自主与自由，但需要申明的是，自主与自由并非为所欲为。教师育人活动是受"育人"价值规约的规范性活动，师生主体的行动是朝向育人价值实现的正向行动，这就决定了师生主体行动不能是消极负面的，不能对教育产生不良影响。

而主体性本身也在不断完善。师生主体性的规范与发展主要体现在两个方面：其一，教师对自身思想与行为进行规范从而带来主体性自由；其二，教师引导学生主体性发展从而实现教育自主。这些都在师生主体交互的过程中得以实现。在育人活动中，教师作为成熟性主体承担着主导教育教学活动的作用，在活动过程中需要遵循教育教学规律、教师道德守则等诸多规范，并在遵循规范的前提下充分发挥主观能动性以追求富有个性特色与效用的育人活动。这种主体性自由是一种"从心所欲而不逾矩"的理想状态。学生是育人活动中有待成长蜕变的主体，其主体性处于一种模糊懵懂的发展状态，需要引导与帮助才能把主体性的可能变为现实，而"教师对充分发挥学生的主体性具有主导作用"[①]。育人的目的在于培养学生的自主性与独立人格，使学生能够自主、自律、自信、

---

① 郝文武：《主体间师生关系及其教师责任》，《教育发展研究》2019 年第 10 期。

自强地面对未知与未来，具有正确判断、选择从而不断自我教育与发展的意识与能力。当然，学生的主体性不只是一种目标状态，也是其育人活动过程的参与状态。在育人活动过程中，中学生作为待发展的主体被充分认同、尊重与理解亦是师生主体交互及主体性发展的应有态度。由此可见，育人的实现离不开师生主体交互以及师生主体性的发展。师生主体性在交互状态中得以实现，且都处于一种不断规范与发展的状态之中。再者，师生交互应基于师生主体性而发展师生主体性，应具有育人的价值规约与目的追求。师生的交互主体性呈现于多元的交互状态，在常态教育教学活动中发展。其中，以教师示范为主的静态隐性的主体间交互与以激励学生主动性为主的动态显性的主体间交互是育人活动中两种主要的交互状态。这两种交互状态并没有明显的强弱之分，亦没有优劣之别，也并非一类比另一类所能达成的育人效果更优。其所能达到的教育影响及育人效果与学生个性特点、感受能力、认知差异、接受程度等诸多因素相关。这里仅就育人价值取向与主体性视角讨论教育教学活动中师生的这两种交互状态。

示范：师生主体间的静态隐性交互

不可否认，师生主体之间存在多种交互状态。其中，教师在有意或无意中表现出来的言行举止容易影响学生的素养发展，没有明确指向与行为意图的师生交互同样发挥着育人的功效。这种隐性交互的育人效果在极大程度上取决于教师本人的素养表现。"桃李不言，下自成蹊"，教师内在的知识学养、思想德性、价值追求都是无言的教育影响源，形成了师生主体之间共在的教育场。在教育教学活动中，以育人价值规范的教师主体与教师自我充分呈现，成为师生主体交互的示范力量，同时作用于学生主体成长。

激励：师生主体间的动态显性交互

激励作为师生互动的应然状态对于学生主体性发展以及教育育人价值实现具有重要作用。中国著名教育家顾明远先生认为教育对象与生产对象不同，因为"第一，他是活生生的人，每个人的素质不相同；第二，学生不是被动地接受教育的，他具有主观的能动作用，一切教育影响都要通过学生自身的活动，才能被学生所接受"①。作为教育对象的学生是具有主体性、能主动参与育人活动的活生生的人，一切教育活动只有触及学生的内在心灵世界，与学生本人发生关联才能真正起到育人作用。教师在教育教学活动中充分发挥主导作用，以言语、活动、奖励等方式引导激励学生自主、能动发展是师生主体交互的显在状态。在这一活动状态中，师生主体性都得到重视并得以发展。

教师育人能力框架是在考察教师育人实践的基础上进行整体架构的，涵括并展现着教师育人的诸多活动样态，且呈现师生主体间的交互关系。在示范性和激励性教师育人能力群组中，均暗含师生主体性的相互建构关系状态以及师生主体交互的育人取向，呈现从教师主体性彰显、教师主导作用发挥到尊重学生主体性与学生主体性发展的互动变化趋势。

三 三层级：观测点、群组、维度

所形成的教师育人能力架构包含了三级指标要素，从三级到一级指标呈现从具体到抽象的内在规律。其中，三级指标要素最基础，是从教师育人行动表现中归纳概括得来的，视其为育人能力"观测点"；相似"观测点"聚类形成相对上位的能力"群组"；而相似能力群组共同组合作用于某类教师育人活动，由此分别指向、说明各具特色的教师育人能力"维度"，由此，形成教师育人能力架构中"观测点""群组""维度"三个层级。

（一）抽象程度不同的三个层级

36项教师育人能力"观测点"是指标架构中最具体、最细微，也最接近教师育人行动表现的能力要素，多样的能力要素共同作用于综合性的教师育人行动。通过能力观测点可以考察教师育人的行动表现，比如"以爱育人的能力""换位思考的能力""育人行为反思能力""育人方式创新能力""即时调控育人言行的能力""不懈追求公平正义的能力""用适切目标激励学生的能力"等。这些教师育人行动的能力要素从丰富

---

① 滕珺：《教师的专业性与学生的主体性——顾明远"现代学校师生关系"思想述评》，《教师教育研究》2018年第5期。

的教师实践中提炼出来。教师在教育教学过程中通过多样化活动育人，其育人能力在实践中是一种系统性、综合性的表现。最底层的教师育人能力观测点从不同方面共同构筑着教师育人行动的多元图景。

教师育人能力"群组"由具有相似能力特点的育人能力观测点聚类而成，形成"育人认知能力""共情理解能力""育人环境创设能力"等13个能力群组，展现同类教师育人活动的不同方面。以"示范性育人能力"指标要素为例，表现示范性教师育人活动细节的各个能力"观测点"以相似性聚类为不同的教师育人能力群组。"展现人生理想信念的能力""不懈追求公平正义的能力""积极承担社会责任的能力"共同展现教师在理想价值层面对学生做出的示范，故而聚类为"理想价值引领能力"群组；"展现民族自信与爱国情怀的能力""展现明理守纪的社会公德的能力""展现爱岗敬业的职业道德的能力""展现优秀独特的个人品格的能力"共同展现教师育人过程中在道德品质方面所做的示范，故而聚类为"道德品质潜濡能力"群组；"展现知识丰富性与关联性的能力""展现学科知识精深与魅力的能力"两个观测点共同展现教师在学识学养层面所做出的示范，故而聚类为"学识学养影响能力"群组。

13个教师育人能力群组同样因具体指向不同再次聚类为更为抽象的四个教师育人能力"维度"。即为教师育人能力指标体系中四个一级指标要素。这四个一级指标要素最抽象、概括能力最强，展现了教师育人能力的基础性、情境性、示范性、激励性四个维度，也代表教师育人行动中四种不同的实践样态。具体内容将在"四维度"部分展开论述。

(二)"三层级"教师育人能力架构与其功能特征

反观教师育人能力架构可以发现，其表现为一个有着内在逻辑关系的能力系统。系统是由若干要素以一定结构形式联结构成的具有某种功能的有机整体，作为系统的教师育人能力架构，其内部各个要素之间、要素与系统之间以及系统与外部环境之间皆存在交互作用关系。内部诸要素间的交互作用体现为教师育人能力指标要素之间的相似性聚类以及三层级间的层层嵌套与包含关系，并由此共同说明与指向教师的总体育人能力。教师育人能力这一系统本身又与外部环境交互作用，具体体现于其在外在环境作用下生成发展以及作用于教师育人活动的顺利开展。

育人能力指标的层级结构揭示着教师育人能力的内在逻辑，亦对应着这一能力的综合性实践功能。教师育人能力是一种综合性实践能力，其对应着教师多方面的育人实践活动。三级指标"观测点"层级的能力要素能够较为全面地对应并展现育人实践活动本身的多元性与复杂性。但散乱的"观测点"形式的能力要素并非完整的教师育人能力本身，需要通过向上兼并形成"群组"，最终构成更具统合性的能力维度，才能在逐层抽象中最终指向综合性育人能力。这一过程使得隐性存在的教师育人能力：既具有显在的实践表征，又能够被统合完整地把握；既具有育人能力"有形"的状态，又显示其总体、深度的内涵。教师育人能力的综合性、实践性通过三层级的架构得以统合。从结构与功能相对应的视角，其三层级的能力架构已然具有助力于教师育人多方面活动开展的功能。

四　四维度：基础、情境、示范、激励

基础性、情境性、示范性与激励性是构成教师育人能力的四个不同维度。四个维度分别代表教师育人能力的不同特点及所能发挥的不同功能。各个细微具体的育人能力要素因"家族相似"而聚集成为不同维度的能力组群，这种"家族相似性"成为区分教师育人能力内部边界的依据所在。教师育人能力四维度具有各自的特色，彼此相关却不相同，共同构成教师育人能力的综合性整体表现。

（一）各具特色的四个维度

教师育人能力总体架构中包括指向常态化育人的基础性育人能力、体现实践机智的情境化育人能力、以言行示范为特点的示范性育人能力、展现评价与激励特色以及重视并发挥学生主体性的激励性育人能力四个维度。

教师育人能力的基础维度："基础"代表事物发展壮大的根本或起点，在事物产生和发展过程中起到地基的作用。教师育人能力的基础维展现教师的育人常态，教师基础性育人能力是开展更为复杂育人活动所必不可少的基本能力，亦是教师育人能力架构中的基础成分。"基础性育人能力"从教师的基本认知、情感、反思、交流几方面定义教师育人能

力,包括指向教师对育人活动要素认知的"育人认知能力"、指向师生关系的"共情理解能力"、指向基本技能的"沟通交流能力"以及指向教师育人反思行为的"育人反思能力"。其往往通过教师的经验积累形成,在诸多常态教育教学活动中都有所表现。如果教师缺乏基本的育人认知、共情理解、沟通交流与反思等能力,那么很难想象教师如何开展更为复杂多元的育人活动。基础维之所以成为基础:一是由于其所发挥的基础性作用,二是由于其自身泛在呈现于多元的教育教学场域中。

教师育人能力的情境维度:就教师育人实践特性而言,教师育人能力聚类产生情境性维度是可能的也是必要的。育人实践产生于各种各样的教育场域中,由一个又一个教育情境串联而成。生动鲜活的育人案例在多元化教育教学情境中展现,而教师的育人行为亦是情境规约下的行为举动。育人行动总是要在一段有限而不可逆的时间段内进行,考验着教师的机智与应变能力。"情境性育人能力"即教师在现实教育教学实践情境中所直接表现出来的动态化育人能力,最为直接地展现教师育人的实践智慧。"情境性育人能力"既包括常规性教育教学情境中恒常稳定的教育实践能力,又囊括范梅南所说的"即刻性、偶然性、即兴发挥的、全身心投入"的"教育机智"。是一种以教育机智为浅层表现,以育人实践智慧为深层动力支持的行为能力,其含有"计划之中"与"计划之外"的张力,在育人活动的不断循环推进之中生成发展。

教师育人能力的示范维度:在育人实践中教师表现出一种以自身文化素养、道德品行影响学生全面发展的能力。正如我们所共同感受到的,"为人师表已成为千百年来颠扑不破的道德常识,变成了基于情感和直觉之上的'绝对命令'"[①]。教师育人实践受到社会文化、大众期待的影响,受到教师职业规范的规约。示范性是教师职业区别于其他任何职业的专属内涵。教师的"示范性"既是教师职业道德规范的要求,同样在教育现实中展现出一定的育人效果。"学高为师,身正为范"成为我们对教师最基本的期许与要求。由此,展现教师这一特性的相关要素聚集而成教师育人能力的"示范维"。"示范性育人能力"既强调教师自身的内在素

---

① 晏辉:《重构教师伦理:内容、路径及环境》,《道德与文明》2019年第6期。

质，又考量对学生的具体影响方式。身教与言教相结合是教师实现教书育人的一条重要规律，而身教更有助于促进学生的内化和践行。"示范性育人能力"是教师育人能力中颇具特色的能力维度，其既关涉教师自我内在的完整统一，亦关怀学生的整全发展，将向内的教师自我素质诉求与向外的育人指向结合了起来。

教师育人能力的激励维度：教师育人能力群中一类以激发学生自主能动性的能力要素聚类成为教师育人能力的"激励维"。"激励性育人能力"是与"示范性育人能力"相对应的能力维度，"示范性育人能力"主要指向教师自身内部素质，在"身教"中影响学生；"激励性育人能力"则是教师在充分尊重学生主体、认识学生发展规律的基础上，调动学生的主观能动性以促进学生发展的能力，亦是遵循教师育人实践主体间关系逻辑的体现。教师育人实践基于师生主体间关系，学生是教育的对象与发展的主体，教师是引导学生发展的助力者，需要积极履行自己"主导"的职责。但成长归根结底是学生内部不断突破自我的过程，需要学生自己在动机、思想、认知等方面有所准备。"激励"含有激发动机、鼓励行为、形成动力的意义。教师通过情感、方法等激发学生生成自主发展的内部动机，并为学生做好自主发展之思想认知方面的准备。

（二）四维度间的相互关系

基础、情境、示范与激励四个维度表示不同的教师育人能力及育人行动样态，各维度相对独立存在，但彼此间也相互联系。

基础性育人能力是其他维度教师育人能力的重要支撑。如果没有基础性育人能力作为支撑，很难形成教师的情境性育人能力。在教师情境性育人实践过程中，教师的基础性育人能力总是在场并发挥作用。在基础性育人能力与示范性及激励性育人能力之间同样存在这样的关系。没有基础性育人能力的支撑，教师难以关注并发挥自己的示范与激励作用。

情境性育人能力是四维能力中更为高阶的能力表现，与其他维度育人能力相互交织发挥作用。教师在具体育人情境中的能力表现是多样而随机的，情境性育人能力基于教师的基础性育人能力，表现为具体与情境相关的行动；教师示范性及激励性的活动亦在具体的教育情境中产生，因为教师的示范性作用产生于任何师生相遇的场所，教师激励性作用亦可能应情境需要而生发，即教师在实践情境中采用可能的激励方式以育人。但其间的区别亦是明显的，教师的示范与激励不是情境性的应激表现，而是更为常态化的教师行为。

教师示范性育人能力与激励性育人能力维度相互独立、各有特色，且均有各自独特的价值。示范性育人能力从教师自身素养出发，以教师主体性的彰显影响学生的全面发展；激励性育人能力则关注学生的主体性状态，致力于培养学生自主能动发展的能力。两者凸显教师育人实践活动中的独特之处，是教师育人不可或缺的能力构成部分。

四个维度的教师育人能力有各自的指向和特点，相互联系亦相互区别，其间关系需要在研究和实践中进一步深化。

第四节　小结

本章主要对教师育人能力的指标要素与架构进行了探索和整体分析。前期采用经典文献研究、育人案例收集、育人访谈等方式获取反映教师育人能力的第一手资料，通过对这些资料进行循证式文本分析拣选育人能力要素并初步构建能力框架。进而，以文本分析所得教师育人能力的初步框架为蓝本，采用德尔菲专家咨询法对要素合理性及育人能力整体框架进行修正与完善，通过两轮次的专家咨询获得包含"基础性育人能力""情境性育人能力""示范性育人能力"与"激励性育人能力"四个能力维度、13项二级能力群组以及36个三级育人能力观测点的教师育人能力总体架构。

整体来看，教师育人能力架构内部显示清晰的逻辑线索，具体表现为"一核心、二向度、三层级、四维度"的组织关系。教师育人能力的整体架构以实践智慧为核心，既展现教师实践智慧的理性意蕴，又受到教师实践智慧的德性规约；教师育人能力架构内部呈现"常与动""师与生"的两种组织向度，即从基础到情境的育人活动生成向度以及从示范到激励的师生主体间交互向度。教师育人能力架构从第三层级到第一层级呈现从具体到抽象的变化规律，即从具体的观测点到同类育人行为能力聚类所成的"群组"，以及各群组相互组合所呈现的教师育人能力的不同维度，是一种从细微到整体、从具体到抽象的变化，且低层级的能力要素可以解释高层级能力要素，高层级能力要素则包含低层级能力要素。四个能力维度之间有所关联也相互独立。基础性育人能力维度展现教师育人能力的基础部分，情境性育人能力维度关涉教师在情境中的能力表现，示范性育人能力维度展现教师自身素养的影响力，而激励性育人能力维度则关注教师激发学生主体性的行为能力。

第 三 章

教师育人能力要素：构成统整的点与线

在理论上对教师育人能力进行分析，从现实中抽离析取育人能力要素并完成架构，是从理性认识与实践洞察两个分立上下、相互作用又相互补充的视角对教师育人能力进行的梳理与组织。教师育人能力是统整存在并以综合方式发挥作用的能力系统，以教师实践智慧为核心，包含两向度、三层级和四维度的结构性网状能力体系。其中，四维度是能力体系的主干线，分别指向不同的教师育人能力形态，其下属的育人能力群组犹如主干线下的多条辐射连接线，把各个具体的指标以"观测点"的形式联结起来。由此，微观层面的教师育人能力观测点、中观层面的能力群组和统揽家族相似性的能力维度一起，以点、线、面的形态关联成网状结构，共同形成统整性的教师育人能力。深化对教师育人能力的认识需要深度解读构成这些育人能力整体的"点"与"线"。

第一节 教师育人能力的根柢

教师任何真正的育人活动都离不开育人能力的发挥，"基础性育人能力"则起着支撑性、奠基性作用，是教师开展育人活动必备的前提性能力维度，亦是教师育人能力之根柢所在。其下属四个能力群组和12个具体观测点，构成贯穿教师育人活动行为表现的一条主线。

作为教师育人能力的根柢，基础性育人能力维度体现教师的基本认知、情感、反思、交流几方面的内容，具体包括：指向教师对育人活动要素认知的育人认知能力群、指向师生主体间关系的共情理解能力群、指向基本交往技能的沟通交流能力群、指向教师育人反思行为的育人反思能力群。这四个能力群组分别代表教师育人能力中"知""情""技""思"的成分，彼此之间相互联系、相互区别，共同构成育人能力的基础之维。

一 获育人之"知"的能力

育人认知能力群组代表教师基础性育人能力中"知"之成分。"认知"从心理学角度讲，是人们获得关于某事物的知识，或者认同、理解、生成自我认识的过程，以及所具有的相对稳定的对事物的理解与认识。"认知"包括两方面的内容：其一是认知的过程，即人们通过多种途径获得知识，指向认知的方式；其二是认知的结果，即人们所秉持的以观点、理念形态存在的知识。育人认知能力特指教师对育人活动各要素的认知能力。我们怎么理解，就会怎么行动；有什么样的教育教学观念就会有什么样的教师行为。同样，教师对育人的理解、认知指导着教师的育人行动。一项育人活动的开展，需要教师对育人活动各个要素、要素间关系以及育人活动的整体具有充分的认知。具体而言，教师应对育人主体、目标、对象有充分的认知，对育人活动最终所应达成的目标、育人主体理应发挥的作用、育人对象在活动中的应然表现状态、师生之间的育人互动关系以及人与目标之间的主动适应、调试关系等具有全面的理解认知。育人认知既是教师育人行动的前提，亦是伴随教师育人行动而不断产生的过程，是教师基础性育人能力的重要组成部分和节点。

从教师育人活动的关键要素来看，"育人认知能力"被分类归为"育人主体认知能力""育人目标认知能力""育人对象认知能力"，其并非对育人认知能力的完全概括，只是呈现最主要的几个方面。关于"育人主体认知能力"，应首先理解其底层逻辑，即每位教师都是育人活动的主体，每位教师都应承担育人的职责。因此，教师明确认识到育人主体的多元性，能够认识到自己所承担的育人职责、积极履行育人责任是"育人主体认知能力"的具体表现。但在教育教学实践中，有些教师会在有意或无意中推脱或丢弃自己的育人职责，只强调和关注学科教学而将"育人"狭隘地理解为"德育"，并将其归责于德育类教师，这是缺乏对"育人主体"正确认识的表现，需要警醒和纠偏。

每一项育人活动都基于教师对育人目标的实际理解而展开，受到育人目标的指引与规约。对育人目标的正确认知指教师能够结合当代社会的需求、学生的个性发展需要对学生发展的理想性目标、状态有一个正确的判断，以长远发展的眼光指引当下的育人行动。马克思关于人的全面发展学说从理论层面论证并确立了人的全面发展目标，中国的教育方针指出，学生要在德智体美劳等方面全面发展，学生的全面发展应成为指导教师行动的重要育人观点。除却学生的全面发展，个性发展也同样重要，正如加德纳多元智能理论所指出的那样，每个人都有自己独特的智能，每个人都有实现自我的可能。教师对育人目标的理解既包括对普遍的育人所应达成目标的判断，又包括对每位学生所能达成目标的预设。如果对育人目标不具备基本认知，教师育人活动则会成为无舵之舟；如果对育人目标的认知发生偏移，教师育人活动则会沦为非教育性甚至教唆性活动。

"育人对象认知能力"即教师对学生进行正确认知的相关能力。育人需要先对"人"有深入、透彻的了解，教师了解与洞察学生心理发展规律与个体发展特点后，方能有的放矢地开展育人活动。由此，"育人对象认知能力"既包括教师对全体学生特定年龄阶段心理发展规律与特点的正确认识，也包括教师对个体学生心理特点、性格特征、学习风格的正确认识。此外，教师通过各种途径积极主动了解学生心理的能力亦是教师育人对象认知能力的重要部分。教师透过敏锐观察洞悉学生语言、行为、表情、动作等背后所表达的情绪、情感及体验，及时发现问题并进行调适是教师育人对象认知能力的细微表现。对人的了解是与人交往的前提，更是教师育人、师生交往的前提。

除此之外，教师育人认知能力还表现出对育人活动整体及要素间关系的认知与理解。教师对自己在育人活动中实现育人目标所起作用的判断与理解、对可利用的育人资源的认知与理解、对学生与育人目标之间主动性调适关系的认知与理解、对育人活动场域及情境、师生互动关系状态等的认知与理解亦为教师育人认知能力的重要组成。

教师育人认知能力之重要，在于育人认知是教师进行育人判断、采取育人行动的主要依凭。教师对育人活动各个要素的认知理解极大地影响教师的育人判断、育人态度、实际行动以及最终结果。如果教师不相信学生具备达成普遍教育目标的能力、具备可发展的独特潜能，仅根据某些负面的"普遍认知"及"惯常做法"行事，就不会倾其心力地做出教育性努力，帮助其发展，甚至可能造成教育中的"平庸之恶"——缺乏正确教育认知而不积极作为，最终导致坏的教育后果。

二　不可或缺的共情理解能力

共情理解能力是与人交往中必备的技能素养，更是教师育人实践必不可少的要素。共情理解是个体感知或想象他人情感，并部分体验他人感受的心理过程。共情理解能力是设身处地体验他人的处境，对他人的情绪、情感具备的感受力和理解力，并同时可以基于对方的情感需要做出恰当的回应。教师对学生的共情理解以师爱为基础，同样表现为教师对学生情绪、情感的感知与理解。教师的共情理解能力影响着育人的过程与效果。教育教学的过程始终是一种人与人交往的过程，教学作为主体间指导性学习活动离不开师生间的情感互动，情绪、情感状态对学生学习与发展的影响巨大。教学之外的师生交往同样应是一种教育性活动，需要师生之间的情感交流与渗透。教师的共情理解能力是教育活动达成育人目标的必备条件。就像访谈过程中一位校长所讲的那样："如何让诸多的教育活动落到实处，达成育人效果？很多时候，育人要深入孩子的内心。即教师一定要具备同理心，真正能够做到感同身受。理解儿童才是育人的前提。""共情理解"作为教师育人的基础能力对育人活动的开展提供保障。

教师的共情理解能力中最基础也最为关键的成分是"师爱"，即教师的"以爱育人能力"。"师爱"是教师伦理中讨论最多的话题，是一种遵循师德伦理规范的有界而求公正无私的爱。在诸多教育思想家的论述与教育实践中，都可以看到对师爱的重视与关注。教师"以爱育人能力"

表现为教师自身对爱的体验与感悟以及教师面对学生时爱的情感表达。以爱育人的能力是共情理解能力群的核心,爱是一切教育的基础,教师只有以满怀关心、爱与理解的姿态面向学生,才能更有助于学生的成长发展。以爱育人、以爱育爱。在爱的环境中成长的孩子才能在内心深植爱的种子,从而健康成长。师爱的生成与发展很大程度上取决于教师本人的性格特征、个性品质。如果教师本人在爱的环境中成长生活,形成健康积极向上的人格特征,满怀对世间万物的关心与感恩,则容易获得师爱的情感与能力。师爱并非自然自发便可获得,也绝非不需要细致探讨,在教师培养与准入环节中应多加考察教师的师爱品质与师德伦理。

以师爱为基,教师同时应具备理解、感受学生的情感,并适切地表达自身情感以引发学生情绪感受的能力,即教师的"情感共鸣的能力"。这一能力帮助教师与学生进行情感沟通,使教师走入学生的内心世界。"情感共鸣的能力"是教师进行有效教育与教学的重要因素。师生双方理解并融入彼此互动所产生的情感氛围可以达成更好的教育性效果。一方面,"教师情感对学生的内心体验、情感的诱发是非常重要的外部条件,教师的情感往往可以引起学生感情上的共鸣"[1]。在充盈着真实情感的教育教学情境中,学生往往更容易被调动起来,获得与课堂教学内容相关的情绪、情感体验,既有助于学生知识习得目标的达成,又有助于学生发展良好的情感、态度、价值观。另一方面,教师能够理解学生的情绪、情感体验,并感同身受,这在教育教学过程中也是十分关键的。学生的任何行为表现都渗透着他自身的情绪、情感,而教师对这些情绪、情感体验的敏感与自觉是进一步采取适宜教育教学行动的前提。故而,具备"情感共鸣能力"对于学生情感能力培养或是巧妙地解决教育教学问题都具有重要的意义与价值。

此外,"换位思考的能力"亦是教师"共情理解能力"的重要组成部分。教师的"换位思考"根植于教师个人的社会性及理解力。对于教师而言,换位思考、理解学生,在宏观方面意味着教师了解学生的家庭背景、社会环境、成长经历等方面的基本情况;在微观方面意味着教师理

---

[1] 李吉林:《情境教育的诗篇》,高等教育出版社2004年版,第92页。

解学生的心理发展规律与特点，了解学生所思所为的具体境况及前因后果，由此方能达成"换位"的理性思考。教师"换位思考"的能力与理性需要教师具备丰富的教育教学经验以及必备的教育教学理论。"换位思考"不是毫无根据的猜想，而是根植于教师对学生的深刻理解与关怀。以师爱为基，教师能够更耐心、更细心、更关心、更具同理心地对待学生，如"人同此心，心同此理"一般，站在学生的立场、角度思考问题，从而更深切地体会学生的处境与感受，这正是教师有效育人行动的前提。教师与学生的交往应是心与心的交往，没有一定的移情能力便无法走入学生的世界，亦无法触动学生的心灵。

共情能力除与教师的人格特质有关之外，其形成及能力的发挥亦与教师的想象力密切相关。在美国教育哲学家、思想家马克辛·格林看来，想象力是发展共情能力的必备要素："想象的能力使我们能够体验不同观点之间的共情，包括那些表面看来与我们背道而驰的立场。想象是我们去除自我中心性的一种新方式，通过想象我们可以打破个人主义与利己主义的禁锢，从而进入一个新的世界。"[①] 教师的共情能力基于其丰富的阅历与情感感受，在教师可进行推理与感受的阅历边界，就需要想象发挥作用。想象力丰富的教师更容易看到教育教学中的异质性，更容易倾听学生中的不同声音，也更容易理解与关怀学生。共情理解是教师育人必不可少的要素。

三　沟通，不普通

"沟通交流"是人际交往的常态，却并非所有人都擅长。高质量的沟通交流是情感与思想的纽带，有助于师生之间相互理解，也有助于教师拉近与学生间的距离并继而影响学生的思想认知、心灵成长。沟通交流虽言之轻易，却需要行之有道；即便是人与人间看似最基本的信息交换，想要达成一致，对能力也有特殊要求。育人是一种主体间的交往活动，适切有效、平等的沟通交流会对学生的成长起促进作用，如果沟通失当，

[①] ［美］玛克辛·格林：《释放想象：教育、艺术与社会变革》，郭芳译，北京师范大学出版社2017年版，第42页。

有时反而会引起矛盾、带来误解，不利于和谐师生关系的形成。有效的沟通需要方法，也是多样化能力的聚合表现，师生之间好的沟通交流需要教师具备用语言和非语言形式准确表达想法、观点的能力，关注、尊重学生并能够倾听学生需求与感受的能力，以及在了解当代学生成长特点的基础上选择合适交往方式与学生进行有效沟通交流的能力。故此，"言语沟通能力""倾听悟察能力""交流方式顺变能力"共同构成了教师的沟通交流能力群。

沟通交流能力是教师所具备的在通过语言或非语言方式交流时对学生产生正向影响的能力。言语沟通能力的首要部分是教师的语言组织、表达与沟通能力。语言是情感的载体、知识的媒介，言语沟通既可以启迪认知，亦具有激荡人心的功用。话有三说，巧者为妙。掌握了语言表达的技巧、语言艺术，洞察学生心理，沟通中因"生"而异、因"情"而异，往往会使育人活动事半功倍。除却语言表达，言语沟通能力还体现在以肢体语言、面部表情等进行交流的能力。[①] "在面对粗鲁、留级、辱骂教师、充满敌意的二年级学生时，女教师采用的方式是：把他拉近……按摩着他紧张的肩膀和颈背……用坚定的语气……"这段描写形象地再现了师生间"多通道感知"的交流场景。从传播学视角看，学生是一个综合性信息接收者，具有以多种途径方式获取信息的能力，且偏向于在具体的情境感知中获取多样信息。故而教师以多元方式传递有效且明确的信息、促成师生之间的有效沟通交流十分重要。

与言语沟通相应，教师在与学生交流时要能够平和情绪，放下急躁抱怨、延缓正误评判，善于倾听学生心声，给予学生关注、尊重及关怀。倾听悟察亦是教师育人必不可少的能力要素。在沟通交流能力群组中"言语沟通能力""倾听悟察能力"是相对应的两种基本育人能力。"倾听悟察能力"是指教师具有悟察学生的学习与心理状态、在与学生谈话过程中能够耐心倾听并理解体悟学生的能力。倾听的过程，并不仅仅是生理上的听到声音，而是一种主动积极索取信息、关心学生情感状态并

---

① ［英］黑恩（Herne, S.）、［英］杰塞尔（Jessel, J.）、［英］格里菲斯（Griffths, J.）：《学会教学：教师专业发展导引》，封继平译，华东师范大学出版社2009年版，第136页。

与学生产生心灵互动的过程。学生成长犹如植物生长，教师需要耐心地倾听植物生长拔节的声音。倾听代表接近，而非防备。倾听，是情感连接的方式，提供给教师了解学生内心世界的有效通道，是引导教师因材施教、个性化教育教学的有效方法。同时，在倾听的过程中，教师洞察学生的不同发展需要并给予适宜的支持、满足学生真实需要的过程往往也有利于良好师生关系的维护、师生交往的进行，最终促进学生的健康成长。在教师的基础性育人能力维度中，许多能力要素与教师个人的性格特质有很大关系，教师的倾听悟察能力同样与教师的个性特点有关。一般认为，性格温和、有耐心的人更容易具备良好的倾听能力，且性格内向的人也更容易倾听他人。教师育人需要具备倾听悟察能力，这不仅是一种与自然本性相关的能力品质，也是一种可以通过后天培养以获得的能力品质。通过理智的训练与师生交往实践，教师能够获得耐心倾听的能力。而"悟察"则是教师对学生心理发展状态的敏感性，这种敏感根植于教师对学生的关怀与注意，同样可以通过教育教学实践及针对性练习获得。

此外，教师的沟通交流能力中还不可缺少"交流方式顺变"能力。在时代的发展变化中，学生作为时代潮流中最年轻、最具有活力的群体，会不可避免地带有明显的时代特征和印记。当代学生生活在网络普及、数智技术迅猛发展的时代，具有明显区别于上一代人的成长环境，并生成了与之相关的交往和行为方式。他们倾向于从多种数字渠道获取信息、偏爱既有用又有趣的学习、能在数字世界和现实世界之间自如切换[①]。面对这样的学生，交往方式的差异可能造成师生之间的疏离、隔阂与互不理解，甚至成为有效沟通的绊脚石。那么，教师如何走进学生的生活世界、了解其所思所想、在需要的时候采取他们熟悉和易于接受的方式与之沟通交流便考验着教师的"交流方式顺变能力"。"交流方式顺变能力"体现交流的时代意蕴，使师生交往跨越一定的时代间隔。当然，"交流方式顺变"并不意味着教师一味无原则地迎合学生，在火星文、游戏语言

---

① [美]伊恩·朱克斯、瑞恩·L.沙夫：《教育未来简史：颠覆性时代的学习之道》，钟希声译，教育科学出版社2020年版，第63—85页。

和网梗中不断逐新,而是提示教师要主动了解学生的生活世界,不能做学生生活世界之外的"老古董""菜鸟""小白""2G冲浪选手"。在育人的情境中,教师了解学生所熟悉且有时代特征的交往方式,有时会产生意想不到的效果。"交流方式顺变能力"是育人能力中具有时代特征的要求,其形成是教师不断学习、不断适应、不断学习创新交往方式的过程。无论是作为终身学习时代的学习者,还是作为专业发展中的教师,熟悉时代变化及其所提出的新要求、了解学生特点都是教师理应关注的。这也是教师跨越师生交往代沟、形成良好师生交往氛围的必需条件。

四 让反思成为习惯

反思即对所言所行之细致而深刻的反身性思考。教师作为反思性实践者,需要通过不断反思以实现自身专业成长,同时通过不断反思来更好地育人。苏格拉底说,未经反思的生活是不值得过的。反思代表了一种实践的态度、一种为人处世的方式。经过教师的不断反思,育人实践才会有不断改善的可能。而反思本身作为一种良好的习惯,同样是教师的基础性能力。对"育人"这一特殊活动的反思则是教师的育人反思。育人反思包括对行动前所知所信的反思、对育人行动本身的反思、对育人效果的反思。故此,根据反思的具体内容,育人反思能力群组包括"育人理念反思能力""育人行为反思能力""育人效果反思能力"三个相互并列并互为补充的能力观测点,三者共同助益于教师育人活动的监控调节及育人效果的持续改善。

理念是行动的先导,教师所信奉的育人理念指引着教师的育人行为方式,从理念到行为效果的全面反思是育人必不可少的环节。"育人理念反思能力"即教师能站在自身之外审视自己所持育人理念之先进性、科学性的能力,探析自身真正信奉与施行的育人哲学。育人理念反思的重要性体现于教师对自我"行而不知"的教育理念进行反观,有助于规避错误教育理念的不良影响。当教师观念陈旧,不了解、不关注学生的真正特点与需求时,容易采取错误的育人方式;当教师虽经过各类教育学习培训,但学一套、做另一套时,同样没有把科学的育人理念真正落实。而对育人理念的经常性反思可以帮助规避以上现象。教育理念反思能力的获得需要教师对自身所持教育理念具有批判的意识与态度。

育人反思能力中的"育人行为反思能力"和"育人效果反思能力"在行为层面往往紧密联系并可以相互映照。对育人行为的反思需要考虑行为结果的好坏，对育人效果的反思需要回溯行为的不足。"育人行为反思能力"表现为教师能够时常反思自己的行为表现，一方面对直接指向学生的育人行为举措进行反思，另一方面对作为隐性课程的自身行为表现"三省吾身"。教师反思自己行为举止是否符合角色的行为规范、自己的育人举措是否有助于学生的成长发展，反省自己处理问题时是否欠妥或失当等，都需要教师的"育人行为反思能力"。对育人行为的反思能够帮助教师找出教育实践中存在的问题，并及时修正，从而减少对学生产生的不良影响，帮助学生更好地成长。此外，教师还应具备"育人效果反思能力"。"育人效果反思能力"是教师能够对自己育人行为举措产生的效果进行反观、思考的能力，是教师对自身行为结果的关注，但根本上是对学生个体成长的关注。教师需要反观自身的育人行为结果，审视是否达成了促进学生发展的育人目标。

在访谈过程中，一位教师针对育人反思讲述了这样一则故事：

> 小涛是我们班的"问题"儿童，个头不高，能量却十足。他贪玩，学习不用心，常不完成作业，上课爱讲话，影响班上正常秩序。他爱出风头，好打抱不平，自己又不肯吃亏一点点，我每天能收到班上其他同学关于他不少于十次的"投诉"。我也多次找他谈话，希望他能遵守学校的规章制度，以学习为重，按时完成作业，知错能改，争取进步。他总是口头上答应了，在下一秒就忘了，真的是"承认错误，坚决不改"。我真觉得心有余而力不足……我细心地找了一下对他教育失败的原因：一是我过于关注他，一旦有不好的行为出现，就马上反馈给家长，在自己潜意识里给他贴上了"坏孩子"的标签，所以对于自己的举动觉得习以为常，至于造成的后果，他已经漠视了。二是我在班级上很多时候都没有让他表现的机会，也很少表扬他，他在班级生活里找不到自信和学习的乐趣……于是，我停止了向家长打小报告，开始静静地等待，等待一个他能证明自

己的机会……

育人反思是教师对育人及反思的敏感与自觉，往往涉及对多方面的综合反思。在这一案例中，教师对自己的育人理念做了反思，一方面，教师认识到自己对小涛存在偏见与误解，为他贴上了"坏孩子"的标签，发现了教育理念的不足；另一方面，教师还对自身教育行为的适切性进行了反思，回顾经常向小涛家长报告、没有给予小涛应有的关注与表扬的做法，实际上对小涛造成了不良影响。此外，教师也对自己的行为效果进行了反思，即关注小涛在自己教育行为中的表现，小涛明显表现出许多不良行为且知错不改，而这又与教师自己的教育行为有关。从案例可以看出，育人反思是统合的结果，虽然为了清楚地表达和认知，可以把教师育人反思能力区分出对"育人理念""育人行为""育人效果"的反思，但在实际的育人实践反思中，教师的反思总是综合性、情境性的，育人理念、行为、效果又是相互影响、相互作用的。育人反思能力作为教师基础性育人能力的重要构成，在教师育人活动中发挥着独特作用，其助益于教师育人活动的不断开展、育人效果的持续改善。如何让育人反思成为习惯是教师教育、教师成长应该关注的问题。

第二节 育人能力的情境性彰显

教师的育人行动皆在具体教育教学情境中完成，所有的教师育人行动都是一种情境性行动。在教师育人能力要素之中，存在与情境息息相关的能力要素群组，要素群组串联情境性育人能力表现的不同观测点，构成映射育人实践特色、凸显教师实践智慧的一维能力线索。这些能力的发挥受具体育人情境的制约，并展现情境特点。"情境性育人能力"即教师在真实教育教学情境中表现出来的动态化育人能力，基于教育实践智慧并统摄"即刻性、偶然性、即兴发挥的、全身心投入"的教育机智，是以教育机智为外在表现，以育人实践智慧为深层动力的行为能力。其在"预设之中"与"预设之外"寻求存在的张力，在育人活动的不断循环推进中生成发展并发挥育人作用，是教师育人能力的动态显性化呈现。

情境性育人能力具体表现为"育人情境创设""育人方式运用""育人效果评估""育人反馈调控"的能力，其皆指向情境中的教师智慧行动。

一 需要创设育人情境的能力

教师育人离不开具体的教育教学情境，教师既需要对可能的育人情境敏感，又需要有创设育人情境的能力。创设育人情境，需明晰何谓育人情境。育人情境是教师育人活动实际所处的场域，是一种包括情境要素与情境关系在内的实然物理空间与心理空间，既有静态的物理环境设置，亦包括动态的心理境遇变化以及各种情境要素相互作用所产生的具体氛围。"育人情境创设能力"是教师在不断产生、变化着的教育教学情境中进行育人的前提。育人情境的创设体现着教师对育人的敏感与自觉，敏于育人情境的创设、调和，充分利用具体情境中存在的各种要素建构良好的育人条件，有利于育人活动的展开。"育人情境创设能力"具体体现为教师对常态育人环境的营造以及对非常态偶发育人事件的处理两方面。

环境是育人的基础性条件之一，教育环境对于人的成长发展而言十分关键。中国著名教育家李吉林曾对教育环境的重要作用有过论述：

> 我想，儿童成长的环境比起五六十平方米的教室要宽阔多了。无论是活生生的现实，还是现代的教育论说，都表明儿童的发展需要一个广阔的空间。由于"场论"的学习，我懂得儿童的生活空间是他们的成长环境。每一个儿童都是在一个十分具体的环境中成长起来的……我特别考虑到儿童成长空间的优化，有情有境，富有美感，把各科教学目标统一在促进儿童整体发展的目标上。将儿童活动空间中的每一个区域从课堂、校园各个活动场所，以至家庭，力求构成一个连续的、目标一致的和谐整体，以充分利用环境、控制环境，最终使儿童生活的各个区域以统一的目标求得和谐，进而获得教育的正效应。[①]

[①] 李吉林：《情境教育的诗篇》，高等教育出版社2004年版，第139—140页。

古有孟母三迁，为良好的教育环境而努力奔走；亦有"染于苍则苍，染于黄则黄""居必择乡，游必就士"等传颂千古的名言，警示着教育环境之于人成长的关键作用。"环境的熏陶具有很强的教育感染力，良好的环境能使人在情感上产生共鸣，在理智上受到启发，在心灵上受到净化。"① 故而教师具备"常态育人环境营造能力"非常重要。常态育人环境是以文化为基础，包含物理条件、心理氛围等多项因素在内的多元现实空间。文化环境是育人情境中不可或缺的统领要素，以物质文化为核心的物理环境形态与以精神文化为核心的心理环境氛围共同构成常态化的育人环境。在物理育人环境创设方面，教师与同侪、校长一起，关注校园、班级的环境建设，可以为学生成长营造舒适、优美、书香四溢的校园环境，干净整洁、明亮温馨的班级学习空间；在心理文化环境方面，教师善于营造乐学善学、合作互助等积极向上的班级文化氛围，创建和谐友爱的师生关系，这些都是其能力的具体表现。"常态育人环境营造能力"的形成需要教师对学生具有真切的关心关注、对隐性课程具有敏锐的感知与洞察、对审美有自己的品位与追求，从而形成一种对教育环境状况的敏感性，以及创建与改造教育育人环境的能动性。根据学生成长发展的需要创设适合的教育育人环境，并在躬身实践中不断习得营造环境的能力。需要关注的是，在过去较长时期封闭式的学校教育运行模式下，教师常态育人环境营造能力的表现多指向学校内的校园绿化、行廊布置、桌椅摆放等空间安排，而对家庭教育环境及社会教育场馆等环境的营建方面表现出能力不足。虽然教师在学生家庭与社会环境建构或改造方面具有较少的权限与能动空间，但教师同样可以充分了解、利用学生所处的家庭以及社会教育空间，尽力营造和谐一致的教育环境氛围。

此外，由于育人情境兼具稳定性与可变性，变化情境中的意外事件往往是更有力、更鲜活的育人契机。育人契机渗透在教育生活、师生交往的方方面面。教育学是一种成人与正在成长发育的年轻人之间的某种际遇，某种"实际活动的关系"，教师在这种际遇中悟察学生的个性化需

---

① 黄建湖：《试析"滴灌式"教育方式在高校德育中的运用》，《学校党建与思想教育》2019 年第 8 期。

求,回应育人情境的呼唤,采取机智的育人行动以履行育人职责。如何把教育教学中的"事故"转化为正向的育人"故事",借力施力、生成促动,需要教师的"偶发育人契机把控能力"支持。"偶发育人契机把控能力"影响教师对育人情境的敏感度、驾驭能力及育人关系的调节。教育情境是动态多变的,并非总能保持一种意料之中的稳定状态,某些意外教育事件的发生需要教师运用自身智慧来及时处理。课堂上学生提出的"脑洞"问题、学生之间突发的矛盾冲突、教学设备突然出现故障等非常态育人事件考验着教师的临场应变能力。处理得当是育人契机,处理失当则可能会对学生的发展产生不利影响,如果放任不管则遗失了教育性。如何把教育教学中的"事故"转化为正向的育人事件,借以影响塑造学生的人生观、价值观考验着教师的"偶发育人契机把控能力"。教师对偶发育人契机的把控可在以下案例中体现。

在语文课上,老师让班里的学习委员小朱给大家演示生字"降"的写法。由于小朱的成绩较为优异,老师对其也比较放心。但意想不到的事情发生了,小朱在写最后一竖时没有写出头,出现了错误。此时,全班哗然,不少同学对着小朱喊:"写错了,那一竖要出头。"面对台下其他同学的指责,小朱的脸涨得通红。老师于是对全班同学说:"我们的小老师真有方法!她这样写其实是有目的的——第一,她想看看大家有没有认真看她写。这说明同学们都很认真嘛,立马就发现错误了。同学们认真的态度值得表扬!"顿时,同学们都安静了,用钦佩的目光看着小朱。老师接着说:"第二嘛,小老师是想用这样的方法提醒大家,写'降'字时,最后一竖要出头。"这下,同学们都认可了小老师,小朱的脸上也出现了笑容。①

面对学生的失误,教师并没有不顾后果地直接指出错误,而是巧妙地化解了危机,避免了小朱的尴尬与不自在,更让同学们对"降"字的

---

① 吴卉:《优秀教师教学决策影响因素的个案研究》,硕士学位论文,西南大学,2014年。

写法印象深刻起来。下面一则教师处理学生课堂犯规的故事同样显示了教师育人的理性与智慧。

　　课堂上，孔老师正在为学生有感情地朗读朱自清先生的名篇——《春》："……小草偷偷地从土里钻出来……嫩嫩的……绿绿的。园子里……田野里……瞧去……一大片一大片满是的……"孔老师以舒缓的语气、喜悦的表情传达着作者对春的喜爱。在朗诵的过程中，孔老师和着富含感情的语言，不时地用春一般温暖的眼光查看着学生的表情。突然，他的语气缓慢下来，眼神中也露出一丝惊讶，缓慢地朝一个学生的座位方向踱去，同时仍在继续着自己的朗读："坐着……躺着……打两个滚……踢几脚球……赛几趟跑……捉几回迷藏。风轻悄悄的……草软绵绵的……"慢慢地，他来到了一个女生的座位旁，停下，转身向她。那位女生神色慌张地从掩盖着耳朵的头发下取出什么，急忙塞在手里，试着往桌下藏。孔老师停止朗诵，伸出手，静静地等着。此时教室一片寂静。片刻，该女生慢慢地将自己连着耳麦的手机递给老师。然而，就在孔老师接过手机时，他没能拿住手机而是抓着了耳麦线，手机掉到地上，耳麦也从手机的插孔里被拔了出来。顿时，一曲优美的轻音乐打破了教室的宁静。与此相应的，还有全班学生的起哄声。

　　面对此景，孔老师盯着手机顿了片刻，继而满脸微笑地对全班同学说："太好了，这么美妙的一曲音乐，很吻合今天的主题——春！同学们，来，我们和着这位同学为我们提供的美妙音乐，继续体会春之美！"语毕，学生们也好似有了意外的收获般，发出了惊讶的赞许声。旋即，孔老师从地上捡起手机，用商量的语气微笑着对女生说："借你手机用用，行不？"那位女生脸上露出"转危为安"的复杂表情，并轻轻地点头表示允许。孔老师拿着手机，调大了音量，左手拿课本，右手拿手机，跟着音乐的节奏朗诵着："桃树……杏树……梨树……你不让我……我不让你……都开满了花赶趟儿……"学生们也被这一种情景交融的氛围所感染，细细地品味着春的味道。在飘荡着和美音乐的课堂上，每个学生似乎融进了充满生机的春天，静静地享受着春天的美。①

教师的偶发育人契机把控能力是教师教育机智最直接、最显在的表现形式。教育机智形成的内在依凭即为教师的教育智慧。故而，从根本上而言，教师偶发育人契机把控能力的形成发展离不开教师不断的教育育人实践及反思总结，亦离不开教师不断的教育理论学习与实践应用。即教师在教书育人经历中总结有益的教育教学方式方法，形成自我独特的育人风格；不断学习与运用科学的教育理论，反思教育理论学说的实践表达与育人价值，并将之内化为教书育人的实践智慧。教育智慧的形成非朝夕之功，教师育人契机把控能力的形成也需要长时间的积淀。

二 多样化育人方式的运用

在教育教学情境中，对育人方式方法的运用直接影响着育人效果。育人方式运用并非某种模式或程序的简单套用，而是以育人方法论为支撑，在现实具体的育人情境中灵活应用多种育人方法并达到良好育人效果的能力体现。教育情境中育人方式的运用基于教师对育人方式方法的实际理解，但理解并不一定能转换为实然的行动，教师行动依旧受到情境中其他因素的制约。教师在具体情境中对育人方式的实际运用及获得效果凸显了教师的"育人方式运用能力"。其包括动态情境中的"育人方式选择""育人方式践行"及更为高阶的"育人方式创新"能力。育人方式运用不是简单地应用某种固化"技术"，其以育人的方法论作为支撑，以诸多育人的技能性方法为具体应用，指向更好地育人。教师所秉持的育人理念在一定程度上影响教师对育人方式的选择与应用，信奉"严师出高徒"的教师多会采取严格的管理、控制性育人方式；信奉民主自然教育理念的教师则多采用温和民主的育人方式。故此，育人方式的选择受到教师本人所信奉教育理念的影响，但在具体的教育教学情境中，育人方式的具体选择运用还受到情境本身的制约。

"育人方式选择能力"是指教师在具体情境中，能够识别存在的问题

---

① 胡绪：《智慧让音乐更美妙》，《教育科学研究》2012年第4期。

并根据问题的具体表征选择适切的育人处理方式的能力。这一选择基于教师对诸多育人方式方法的正确认知、对多种育人方式的了解掌握、对育人方式的具体实施境况及其可能产生的育人效果了然于心。在此基础上，教师才能够识别即刻教育情境中的育人问题，选择恰当的方式。育人方式的选择是教师综合对具体教育情境中问题的认知、对育人方法的认知、对学生个体的认知等诸方面做出合理判断的过程。

"育人方式践行能力"体现的是教师对具体育人方式的熟练使用以及在现实中达成良好育人效果的相关能力，具体表现在教师对启发引导、沉默教育、顺势助推等技巧性育人方法的应用和效果方面。如果育人方式选择是一种判断的过程，育人方式践行则是教师在具体育人情境中行动的过程。行动的合理与否与教师对具体方式方法的了解掌握程度有关。

"育人方式创新能力"是教师育人方式中的更高层级能力。面对复杂多变的育人情境，即便有着众多的育人事件处理案例可以借鉴，有众多的育人方式方法可以选择，也不一定十分适切于当时的育人问题。教师凭借自己的教育初心、创造性思维以及育人理解，不拘一格，创新方式以育人是教师情境性育人能力的最好表现。教育家陶行知"四颗糖的故事"是育人方式创新的有力说明。面对犯错误的男同学，陶行知先生不仅没有严厉呵斥，反而通过表扬并奖励男学生的方式引导其认识到自己的错误所在，达到"自我教育"的育人效果。陶行知先生创新处理问题的方式源于其对教育的深刻理解、对育人的深度认知以及育人之睿智慧心。美国教育家马文·柯林斯老师在其教育教学实践中也常创新育人方式，当她对待调皮捣蛋的学生詹姆士时，采用了这样的方式：

> 詹姆士从幼儿园到一年级一直都调皮捣蛋，大多数老师都无法忍受他。当詹姆士在开学第一周的课上表现不好时，马文把他叫了过来。
> "詹姆士，你认识你的名字吗？"她问。
> 那个孩子点了点头。
> "那好，"马文说，"你去档案柜那儿，拉开抽屉，看能不能找到你的日常记录卡，然后，看看上面的内容。"

詹姆士拿出卡片，瞥了一眼，满脸困惑地把卡片递给马文。这学期刚刚开始，而马文已经给他的课堂表现一项打了"优秀"。

"你认为自己应该得到这样的成绩吗？"马文问道。

"不应该。"他回答道。

"你想要这个成绩吗？"

"嗯，嗯。"他低声说。

"那你回到座位上，靠自己努力赢得这个成绩。"

之后，在那一年剩下的日子里，詹姆士没再制造过任何麻烦，各方面的表现也有所改善。①

其实，从育人实践的情境性、即时反应及个性化的角度而言，所有教师的育人方式都带有一定的创造成分。没有全然一致的育人方式，只存在普遍的育人原则性要求。故而，教育情境中育人方式的选择、运用、创新最终取决于教师本人对育人本质的理解、对育人问题及其规律的正确把握，以及对育人情境的敏感洞察。

三 情境中及时动态地评估

教师在常态或突发的育人过程之中都需要经常性地反观自身的行为及行为的效果，关注并评定学生的行为表现。评估应是贯穿于育人实践始终的活动。一方面，通过评估可以获取育人效果信息，关注学生的整体状态，监控育人目标的具体落实；另一方面，评估为教师改进及进一步采取育人行动提供了向导。育人是在育人实践中产生的，是在动态演进的育人过程中完成的。教师的情境性育人效果评估能力是一种动态的即时判断、反思与评价能力，其同样基于教师育人的智慧、敏感、自觉，基于教师对现实教育情境中学生即时的感受、体验、学习状态的洞察。育人效果的评估能力支持教师根据育人的最终目标指向对学生现时的行为表现进行评估，通过对效果的评估判断自身育人行动的合理性与有效

---

① ［美］马文·柯林斯、［美］希维娅·塔玛金：《马文柯林斯的教育之道：通往卓越教育的路径》，刘琳红译，中国青年出版社2019年版，第34—35页。

性，并进一步改善育人行动。

在具体教育情境中，教师要关心学生多方面的表现，包括思维和思想状态表现及情绪和情感状态表现。无论是学生的思维和思想状态，还是情绪和情感状态，都是育人活动需要关注的重要方面，也影响着教师育人活动的开展。

教师对学生思维思想状态的评估无疑对于育人过程的有效性以及育人目标的具体落实具有意义，同时是对教师能力的考验。思维和思想状态是流动着的学生学习与认知过程，对其评估意味着教师对学生内部学习与认知过程的认识与评估。行为与认知心理学家对学生的认知与学习发生做了诸多研究，在瑞士著名儿童心理学家让·皮亚杰看来，学习发生必然经历"同化""顺应""平衡"的过程，"同化"是指在所学新知识与已有认知并不矛盾的情况下，学生将新知识纳入原有认知结构的过程；"顺应"指代在新知与学生已有认知相互冲突矛盾的情况下，学生调整已有认知结构形成新的认知的过程；"平衡"则是指通过"同化"与"顺应"达成一种新的相对稳定的认知水平。美国认知教育心理学家戴维·保罗·奥苏贝尔提出的有意义学习理论同样指出，学习的本质特征在于学生已有的知识经验与有意义的学习内容之间相互作用从而改进学生自我认知。学生的学习与认知过程是学生积极主动思考，不断获得意义与改进认知的过程，是一种发生于学生心灵与思维之中的过程。从学习的结果而言，著名教育心理学家罗伯特·加涅将学习区分为言语信息、智慧技能、认知策略、动作技能及态度的学习。言语信息是指能够用语言或言语表达的知识，如定义、概念、规则等；智慧技能是指运用概念及规则办事的相关能力，侧重于具体运用；认知策略的学习是指获得用于调节、控制学习者自我内部注意、学习、记忆与思维活动相关技能的过程；动作技能的学习是通过练习以获得按一定规则而协调自身运动的能力；态度的学习即习得对人、对事的某种心理反应倾向。心理学家、教育家本杰明·布鲁姆亦以认知、情感与动作技能三分学习结果。学习的过程是分外复杂的，教师在情境中育人的过程是影响学生认知、道德、情感态度等多个方面发展的过程，而这一过程需要促使学生真正学习。仅从学习发生的过程与结果考量，学生学习呈现一种积极的思维状态与一种充实而有意义的思想状态（无论是对于知识、方法、策略还是对于道德、情感、态度、价值观的学习），并能够在教育教学情境中以一些显见的行为举止表现出来，如专注地听讲、积极地提问与回答问题、持续地进行探究、遇到问题所表现出的困顿与苦恼、解决问题的开心与成就感以及为解决问题而不断调节的学习方法等，学生细微的行为表现都为教师评估其思维思想状态提供了可见的"依凭"。

对学生思维思想状态的评估侧重于关注学生学习与认知发生的过程与结果，对学生情绪和情感状态的评估则侧重于学生的情绪感受、情感状态以及学习成长体验。教师"评估学生情绪情感状态的能力"即教师在情境中观察、判断学生的情绪和情感状态及感受体验的能力，这一能力与教师个人的师爱与共情能力有着天然联系。对学生的情绪和情感评估通常源于以下两点事实：其一，知与情是统一体，学生的情绪和情感无时无刻不出现于师生交互的场域，影响着育人活动，教师对学生情绪情感状态的监控评估有利于即时调节自己的行为，使之适应个体需要。其二，随着情感教育、回归生活教育理念的倡行，情感体验也成为教师在育人活动中所关注的内容。学生的情绪和情感是育人关注的重要结果，学生的情绪掌控，爱、同情等情感等亦是学生人生发展的关键因素。教育回归生活的理念使得教育教学开始关注学生在教育生活中的体验与感受；情感教育则强调"在学校教育、教学中关注学生的情绪、情感状态，对那些关涉学生身体、智力、道德、审美、精神成长的情绪与情感品质予以正向的引导和培育"①。对学生情绪和情感体验的关注与评估，一方面有助于促进学生学校生活幸福感的提升，另一方面可以诊断育人之情感目标的达成情况。

四　对自身言行与育人计划的调控

教师的"育人反馈调控能力"同样作为情境性育人能力之一，对育人活动具有调节与修正的意义。教师育人实践的过程是一个不断发现问

---

① 朱小蔓、丁锦宏：《情感教育的理论发展与实践历程——朱小蔓教授专访》，《苏州大学学报》（教育科学版）2015年第4期。

题以改进行动的过程,是一个螺旋式上升发展的过程,在育人行为目标得到更好落实的同时,教师个人的育人能力亦得以成长,这要求教师不断反观自身行动并加以调控。系统本身的工作效果反过来作为信息以调节该系统工作的过程叫作"反馈调控",将教师个体的育人行为视为一个微系统,其行为结果会反作用于系统本身,为系统提供修订改善的信息,即教师调控自己的行为以便于实现更好的育人效果。

教师对自身言行与目标进行动态调控,有助于防止不当育人行为可能产生的持续性恶劣影响。

> 课间十分钟,我埋着头赶批作业,一路打钩,批到吴瑞东的作业时卡壳了,我叫同学把他"请"到我的身边站着面批,他的作业本上有两个错别字,我用红笔重重地圈了出来,一脸严肃地说:"千叮咛,万嘱托,不要写错别字!要仔细检查!"声音不高,分量却很重。说完,我抬头冷冷地看了他一眼,想从他脸上找到悔过的表情。他没有说什么,眼睛睁得大大的,眼神好特别,我蓦然发现一种从心底流淌的渴望、一种对学习的热情正在悄悄地消逝,他的整个表情变得木然,我的心为之一颤。
>
> 等他走后,我又重新审视这份作业:字的"个子"缩小了许多,在横格里的章节排得很匀称;一笔一画写得重重的,十分清晰有力。我着实吃惊不小,不觉翻看起他前阵子的作业,他的作业整洁了,字迹端正了,每天的默写总是别人的两倍,而等来等去却看不到一个"优"。记得前两天我发作业的时候,他老是悄悄地翻看优秀作业的名单,而我当时还曾不屑一顾地阻止他。噢,我对他做了什么?猛然间,我仿佛看到了他那带着期盼的眼神,仿佛一下子明白那眼神的所有含义。这份作业好沉,这是一个孩子用"心"写的,一个简单的对错符号只能来判断作业的正误,而面对一份真正有质量的、蕴含着特别价值的作业,必须以自己的一颗真诚的"心"去发现、去触摸、去呵护。于是,我在他的作业本上工工整整写上了一个"优",还特意画上一张迟到的笑脸。

教师的育人反馈调控基于育人效果评估，是育人效果评估之后的一种及时调控行动的行为。教师的"育人反馈调控能力"主要指向教师对自身育人行为的调节，包括教师对当下育人行为的调节和对育人行动计划的改善两方面，相应地区别为"即时调控育人言行的能力"以及"继时调控育人计划的能力"。

即时调控育人行为是教师在自我言行有所不当时，能敏感洞察、立即做出正确判断并及时变换教育教学方式的举动，从而在最大限度上避免对学生产生恶性影响。在真实的育人情境中，教师对育人行为的调控几乎与教师评估学生的发展和成长状态接续发生。但其并不同于教师的"育人效果评估能力"。"育人效果"评估基于教师对学生个体的认知以及对学生发展应然状态的认知，"反馈调控"则基于教师的临场反应能力、育人行为技巧的娴熟程度等，这更接近于范梅南所讲的教育机智。"继时调控育人计划能力"则是教师经过一系列的育人事件，在对事件中的育人过程、对象、条件、效果等各种情境性因素做出整体反思后，将其内化为行为经验和自己的育人认知，并用于持续性改进自身育人实践的能力。"继时调控育人计划"的"情境性"体现为：教师是通过鲜活现实的育人情境去思考、去感悟，而非脱离具体情境的抽象化、理论性的思考。根据丰富具体的育人情境及情境关系，教师对育人实践有了更多样而深刻的认知，不仅助益于调控自己的育人设计，也增长了教师育人的实践智慧。在鲜活的育人活动之后，教师反思与修正自己的认知与育人计划，体现出教师"继时调控育人计划的能力"。

"育人反馈调控"是教师改进情境性育人实践的必要环节，因需要进行自我的行为监控而与教师的育人反思能力关联，但具有更明确的指向与更具体的情境作为支撑，与教师的育人反思能力所关注的重点有所不同。教师育人反思能力更基础，育人反馈调控能力则更具及时性和针对性。

第三节 教师"师范"与"示范"

"学高为师，身正为范。"教师之所以为师，需要在道德、学识等方面以"模范"的形象出现于学生面前。教师育人的过程是教育引导的过程，更是不断以自身的素质学养潜移默化地影响学生素养养成的过程。模仿是人的天性，师生交往的过程中充满着学生对教师言行举止、态度价值、思维方式等有意或无意的模仿。在这一过程中，教师"示范"的力量是不容小觑的。一位全国优秀教师曾经谈道："教学30多年来，我的体会是：一个教师要想在事业上取得成功，首先要热爱自己的职业、爱学生，一定要正确对待学生的优点和缺点，特别要对后进生有正确的看法。要爱所有学生，要尊重他们的人格，要关心他们的困难和疾苦，要做他们的知心朋友。我教过的学生比较多，许多学生日后谈到在他们的成长道路上我对他们的影响较大，甚至当时一些学生模仿我写字、模仿我走路。……有些当年的学生现在也做了教师，他们的思想、工作作风以及教学风格在不同程度上受到我的影响。"[1] 教师的示范影响渗透在师生交往的方方面面，以比"说教"更强大的力量潜移默化学生的思想品行、学识学养的发展。教师"积极的心态、高尚的境界会在日常生活的细节处、在孩子们生活的最切近处对孩子们产生影响"[2]。在教师育人能力指标体系中，教师"示范性育人能力"作为重要一维，有其存在必要与价值。

一 理想价值的示范与传承

教师作为社会核心价值的传递者，承担着理想价值引领的职责，通过教育教导和自身理想价值的展现以促使学生形成正确的观念。教师的"理想价值引领能力"是教师通过自身所表现出来的高尚理想价值追求，在潜移默化中影响学生理想价值追求的榜样示范力量。"理想价值"作为一个概念，有时会略显抽象空泛，但它却能统领人的思想、行为并真切展现于个人的言行举止之中，可以通过个人的人生理想信念、对待公平正义的态度以及是否积极承担社会责任等方面表现出来。根据理想价值的行为表现，教师"理想价值引领能力"可划分为"展现人生理想信念

---

[1] 赵昌木编著：《教师专业发展》，山东人民出版社2011年版，第87—88页。
[2] 郭华：《教学的模样》，教育科学出版社2022年版，第309页。

的能力""不懈追求公平正义的能力""积极承担社会责任的能力"。

"人生理想信念"是教师对人生的观点态度及个人价值追求的展现。教师的人生观、价值观会自觉或不自觉地渗透在师生交互时的言行举止之间，成为影响学生认知与行为的重要隐性课程。教师的人生理想信念既体现为教师关于人生的价值定位与目标追求，亦体现为对社会与职业的看法与观点。具体而言：教师认同与传扬社会主义核心价值观并传播真、善、美的永恒理念；具备教育性的信念与操守，如对"教育的本真追求在于发展人""每一个孩子都具备发展潜能"等教育观念的认同。显然这些理想信念会指引教师的育人活动，同时对学生的成长具有正向的示范作用。再者，相信人生充满意义，自如且自在地生活，同时努力追寻自己人生的意义与价值……这些都是教师理想信念的投射。在师生交互的过程中，教师的人生理想信念表现于教师一言一行之间，并以无形的方式传递给学生。人生理想信念的展现必须以教师具备积极正向的价值观为前提，而这一育人能力应以教师对自我人生理想信念的锤炼为基础。

教师"不懈追求公平正义的能力"指向教师对公平正义的践行与示范、传达追求公正的价值观以及为人处世的公正原则。"公平正义"是人类文明的重要标志，是促进社会发展的重要价值观，公平正义需要每一个人来维护，可以通过行动得以传扬光大。教师追求公平正义的行为示范主要通过教育生活、师生交往的点滴呈现出来，多表现为一种微观的教育公正。教育现实与许多教育研究都表明，教师对待学生是否一视同仁、公平公正，为人处世是否以公平正义为先等，都会在学生的心灵中留下印记。学生是否能得到教师的公平对待，对学生的学习态度与其成长发展都颇有影响。微观教育公正的表现可能是细微且多样化的，其以教师对学生的态度为表象，呈现于教师课堂教学、师生交往的各个方面。如教师在班级管理中如何对待同样犯错的优等生与潜能生，在课堂教学过程中如何将关心与注意力分配给每个有需要的学生，在师生交往中不带偏见地看待与关怀发展水平不同、性格各异的孩子等。除却平等意义上的公正，教育公正还表现在教师能够做到因材施教，努力发现与发展学生的个性特长等方面。教师在日常教育教学生活中，在微小的事件中所展现出来公平正义的态度、公平处事的行为是为学生做出的良好示范，这种能力即为教师"不懈追求公平正义的能力"。

教师"积极承担社会责任的能力"是"理想价值引领能力"的重要组成，亦成为教师社会理想价值的某种示范。在中国古代，教师作为知识分子，多数情况下其自我认同与定位的社会形象是先于职业角色的。大多数教师不只限于传道、授业之职，亦保有济世之志，如强调礼乐教化的孔子、劝勉为学的荀子、复兴师道的韩愈等，用自己的知识能力积极地参与社会活动，展现"入世"的社会责任感。在教育及教学专业化发展的背景下，对教师直接参与社会事务、服务社会的要求隐却于教育职责之后。然则，积极奉献社会、履行社会责任、贡献聪明才智始终是教师的基本职业素养之一。[①] 当代社会重新关注教师的社会角色，并非提倡变更或增加教师职能，而是借由教师社会责任意识的重塑以更好地实现育人。人具有社会属性，在社会生活中实现自身的生存与发展。教育亦被赋予促进学生社会化的践行目标，学生作为未来的社会公民，理应具备社会责任感。社会责任感是在特定社会里，每个人对他人、社会、自然的伦理关怀与义务感，基于社会责任感的驱使，个人积极承担社会责任与义务。教师表现出积极承担社会责任的言行有助于影响学生形成社会责任感，在一定程度上可以帮助学生认识到参与社会生活的必要性，并积极融入社会生活，成长为一位合格的社会公民。教师"积极承担社会责任的能力"表现为教师关注社会发展、参与社会公益、履行诸如爱护公物、保护环境等个人社会责任的能力。在教师作为一名合格的社会公民而行动的时候，学生会在耳濡目染中习得承担社会责任的态度及方法。教师以自身言行举止引领学生理想价值的形成发展，助益于学生成长为拥有高尚志趣与追求的社会公民。

二　道德品质的潜濡与培育

"道德品质潜濡能力"深植于教师个人的师德伦理修养。"教师必须

---

① 赵小丽、蔡国庆：《"师道尊严"式微的时代根源与创造性转化》，《江苏高教》2020年第10期。

提高对学校德育及教师道德示范重要性的认识"①，因为教师的道德修养在无形中会影响学生道德品行的养成。教师的"道德品质潜濡能力"体现为教师本人具备良好道德品性并表现出道德行为，从而为学生做出示范的能力。中国对师德师风问题极为重视，多次从国家层面发布政策文件对教师的基本职业道德作出明确规范，这是教师必须遵循的言行铁律。2018年发布的《新时代中小学教师职业行为十项准则》提出，教师应遵守坚定政治方向、自觉爱国守法、传播优秀文化、潜心教书育人、关心爱护学生、加强安全防范、坚持言行雅正、秉持公平诚信、坚守廉洁自律、规范从教行为十项基本准则。2019年《关于加强和改进新时代师德师风建设的意见》亦提出，要大力提升教师职业道德素养，使教师"将立德树人放在首要位置，融入并渗透到教育教学全过程，以心育心、以德育德、以人格育人格"。学生道德品质的培养离不开教师德性的熏陶与感染，在良好的道德氛围中，学生更容易习得良好德行。需要注意的是，教师职业道德规范所提出的是一种底线伦理，是对教师职业行为的刚性规约。在教育教学实践中，教师在遵循底线伦理的基础上更应表现出一种内在德性，一种内化为自己行为习惯的善。

从具体内容划分，"道德品质潜濡能力"包含了国家层面的"展现民族自信与爱国情怀的能力"、社会层面的"展现明礼守纪的社会公德的能力"、职业层面的"展现爱岗敬业的职业道德的能力"以及个人层面的"展现优秀独特的个人品格的能力"。

爱国主义是一种道德要求，亦是一种情怀感召。与爱国主义情怀相伴而生的是对自己家乡、民族和文化的热爱与自信、归属与认同。从各类教师职业道德守则中可以看到，热爱祖国是对教师的基本要求，爱国主义教育也是学校教育的重要内容。在学生心目中厚植爱国主义情怀需要教师的言传，更需要身教。爱国主义教育可以渗透于教学内容之中，也可以展现于教师的言行举止之间。教师社会公德的呈现同样如此。尊老爱幼、爱护公物、保护环境等在道德与法治教材中出现的品德教育内容，以教师行为示范的方式传达往往能收到事半功倍的效果。此外，教

---

① 邵光华：《发挥教师道德示范作用》，《教育研究》2014年第5期。

师的职业态度、个人品性更是以师生交往中言行示范的方式对学生发展产生多方面的影响。教师热爱自己的岗位，以饱满的精神风貌对待教学、以认真严谨的态度履行职责，在无形中给予学生立体、生动的职业态度与行为示范，从而可能影响学生生发出积极向上的人生态度、认真对待工作的职业情感；教师正直、自信、自律、善良、宽容、情绪稳定、有责任心等个人的美好品格也会直接影响师生交往并引发学生为人的品格德行追求。"染于苍则苍，染于黄则黄，所入者变，其色亦变。"[①] 教师优秀的个人品格往往成为育人的重要资源，滋养着学生的成长与发展。

教师德行具有内在卓越的要求，因为教师之德具有引领示范功效，而学生的道德品质往往在耳濡目染中习得。教师以自身言行为学生发展树立道德品质楷模，容易为学生所追求仿效。教师所展现的爱国情怀、社会公德、职业道德及个人品格于无形中塑造着学生对于社会道德规则的具体认知与情感态度，进而影响学生的道德行为方式。育人的重要任务之一在于对学生道德品质的塑造与培养，而"身教"无疑是道德教育的重要方式。

"道德品质潜濡能力"的形成基于教师个人的道德修养，即教师个人内在德性是首要因素。德性的培养不同于师德规范的学习，道德认知作为道德行为的基础却不一定导向道德行为。遵循道德规约的行为亦不一定等同于内在德性。虽然德性与德行殊途同归，但迫于规则的行动与自发的行动是有高下之分的，遵循底线伦理与进行美德追求之间亦存在优劣之别。教师德性的培养需要关注师德伦理建设，亦要关注教师内在的道德意识与良善之心。不可否认，师德伦理是一个颇受关注的议题。在教师发展中，师德培养是受到关注的，一线教育教学中教师的师德表现也会受到评估。然而，由于德性本身向内的特质，教师德性的养成在师德伦理规范的学习之外，还需向内求索与修炼。师德修养应是一种自发而不自觉的状态，是一种可以让教师获得幸福感与自由的状态，这种发自内在的道德品质示范具有真正的育人效力。

---

① 《墨子》，李小龙译注，中华书局2007年版，第15页。

三 学识学养的展现与濡染

教师的学识学养不仅直接作用于教师的教育教学活动，还可能会作为学习的示范引发学生的崇敬之感，为学生所追求效仿。教师的"学识学养影响能力"即教师通过自身内在学识学养的展现以影响学生发展的能力，具体指向学生对知识的态度、认知以及学习能力等。从内部出发，这一能力要求教师具备渊博的学识涵养以及不懈求知的态度；从外部视角，则要求教师能够展现出知识本身的整体性、连通性特质，从而影响学生对知识的认知、激发学生的学习兴趣与探究知识的欲望。

就教师个人的学识学养而言，主要表现于以下几个方面：其一，深厚扎实的知识积累与储备；其二，孜孜不倦为学求学的态度与精神；其三，掌握学习的必要方法与探索过程。教师具备深厚扎实的知识积累与储备，是指教师掌握体系化的学科内容知识、学科教学知识、教育教学知识、关于学生心理发展的知识、关于教育背景的知识、技术性知识、通识性知识等。丰富多样的知识储备，是教师游刃有余地开发课程、组织教学、创新教学的基础，也能让学生感受到知识本身的作用、魅力和引人入胜之处。教师在自身职业生涯中，能够紧随时代发展的步伐，了解学科发展的前沿与动向，不断学习新知、更新自身认知结构，葆有对新事物、新知识探索的欲望与热情，并能享受学习带来的充实与乐趣，这都是教师为学、求学积极态度的展现。教师为学的态度与精神是无言的力量，能够影响学生良好学习态度的形成。此外，掌握学习方法、勇于探索深耕亦是教师学识学养的重要组成部分。格物致知，知其然，亦知其所以然；了解知识，亦了解知识得以产生发展的内在逻辑，了解知识在学科中的位置作用，了解知识在不同学科领域的内在关联，了解知识可能的探索空间，能发掘知识的生活意义与价值都是教师学识学养的重要表现。教师的学识学养、知识观在课堂教学过程中总是在无形中表露、渗透着的，在课程教学的知识内容之外，教师同样亲身示范着对待知识的态度与学习方法。扎实的知识积累、乐学的精神态度以及学习过程与方法相互作用、相互影响、相互调和，构成教师学识学养示范的重要内容。

教师个人的学识学养能够通过多种途径展现出来，在潜移默化中影响学生发展。教师"学识学养影响能力"主要表现在课堂教学场域之中，与知识探究以及学生学习指导的活动密不可分。从知识本体论视角出发，知识本身是有逻辑与规律的，不同知识之间并非割裂分离，而是存在各种显性或隐性的联系。同类知识自身亦具有独特的内部结构。教师掌握知识逻辑，将其内化为自身的知识结构并能在师生交互中将其展现出来是教师"学识学养影响能力"的前提。同时，知识的产生与发展是存在一个历史过程的，对知识深刻意义的理解既不能脱离对其产生过程的理解，亦不能脱离使知识得以活化的社会文化背景的理解。从这一视角，教师"学识学养影响能力"区分为"展现知识丰富性与关联性的能力"以及"展现学科知识精深与魅力的能力"，一个体现知识的横向关联，一个体现知识的纵深意蕴，两种能力都隐含着教师的学习态度以及学习方式方法的示范与影响。具体到育人情境之中，"展现知识丰富性与关联性的能力"在课程实施过程中的相关表现有：教师能开展学科与跨学科主题教学、进行大单元统整设计等，在知识讲演中可以做到旁征博引、融会贯通。教师"展现学科知识精深与魅力的能力"是指教师将自己所教学科知识通过多种途径变得生动、有趣，能引导学生深入理解、引发学生进一步探究的能力。譬如，教师通过讲述三角函数产生的历史故事，数学家对三角函数的发现与论证过程帮助学生深入理解三角函数；教师通过联系学生的生活体验使数学知识"活化"，进而引发学生学习数学的兴趣；通过引导学生反思与总结来自主建构知识谱系等。

优秀教师的"学识学养影响能力"可以化为照亮学生知识航海中的一束光。

> 通过二年级读本中的斯芬克斯之谜，孩子们可以接触索夫科勒斯的《俄狄浦斯王》，了解希腊话剧以及其他古希腊的英雄和传说。在提到罗马神话中的天空神和光明之神朱比特时，介绍了有关太阳系的科学知识，进而又介绍了地理学家和天文学家托勒密、哥白尼、艾萨克·阿西莫夫、卡尔·萨根和美国太空计划。在讲到阿基米德发现物体在液体中所获得的浮力等于它所排出液体的重量时，将其

与艾萨克·牛顿对重力和光学的研究联系起来，进而引出了爱因斯坦的相对论。当我讲伏尔泰的《赣第德》时，我又引入了蒲柏的《人论》和莱布尼兹的"乐观主义"哲学。如果讲乔叟，我会介绍薄伽丘，我会告诉孩子们乔叟是如何基于薄伽丘的"顺从而有耐心的格丽塞尔"的故事创作出"学员的故事"的。

其中，最不可思议的学习进程是，我曾经从讲三角形开始，不断关联，最终以谈论印度教结束。孩子们了解到，毕达哥拉斯想出了如何测量一个三角形的边，还知道毕达哥拉斯是一个哲学家，他相信人的灵魂是永生的，他的灵魂转世的思想就是印度教的组成部分。……虽然我用大量事实冲击孩子们的大脑，但我不会细说每一个话题。多数情况下，我都是以概括的方式来启发他们。我想让学生看见知识的流动。①

"教师的学识学养影响能力"对学生成长发展有着重要影响，这一影响最直接体现于学生的知识学习方面，间接影响学生的知识观、价值观甚至世界观。总括而言，教师通过学识学养的示范可以培养学生探索知识的兴趣、善学的方法与乐学的态度。教师通过展现知识之丰富性与关联性有助于学生建立对知识的整体性认知与厘清知识间关系，逐渐形成正确的知识观念；同时，有助于学生构建网状的知识结构，从而为其进一步探索世界打下基础。教师展现学科知识的精深与魅力，有助于学生更深入地理解知识、活化知识、并灵活应用知识于现实生活的真实问题解决之中。教师将自己所教学科的知识变得生动有趣、结构化，可以激发学生深入挖掘、探索知识的兴趣。在教师学识示范的过程中，呈现知识的丰富与关联在某种程度上展现了知识本身的魅力所在，而呈现知识的精深与魅力也少不了对多元知识的综合运用。两种能力要素往往相互协同，综合作用于教师育人行动。

---

① ［美］马文·柯林斯、［美］希维娅·塔玛金：《马文·柯林斯的教育之道：通往卓越教育的路径》，刘琳红译，中国青年出版社2019年版，第200—201页。

第四节 促进学生"内发"的力量

学生的成长发展归根结底是学生自我内部主动自发的过程,教师只是促进学生自我发展的必要性力量。育人的过程是不断唤醒学生自主性的过程,是引导学生获得主导性人格的过程。教育的永恒目的在于"引导人发展其进化的能动性,经由这一过程,他将自身塑造成具有人性的人——以知识、判断力和美德武装起来的人"[①]。"激励性育人能力"就是一种促进学生"内发"的力量,其可以在育人实践的师生关系层面得到解释,即教师在充分尊重学生主体地位与激发学生主动性的同时,积极发挥主导教育教学进程之作用。呈现教师特色化育人方式的两条能力线索——教师"示范性育人能力"与"激励性育人能力"同样关注师生之间的关系以及师生之间的某种互动样态。但"示范性育人能力"更多指向教师自身内部素质,在"身教"中影响学生;"激励性育人能力"则是教师在充分尊重学生主体、认识学生发展规律的基础上,调动学生的主观能动性以促进学生发展的能力,亦是遵循教师育人实践主体关系逻辑的体现。

教师育人实践基于师生主体间关系,学生是教育的对象与发展的主体,教师是引导学生发展的助力者,需要积极履行自己"主导"的职责。发展成长是学生内部不断突破自我的过程,需要学生自己在动机、思想、认知等方面有所准备。"激励"含有激发动机、鼓励行为、形成动力的意义。教师通过情感、方法策略等激发学生自主发展的内部动机,并为学生做好自主发展之思想认知方面的准备。根据激励途径的不同性质,教师的"激励性育人能力"划分为"精神情感激励能力"以及"技巧策略激励能力"两项能力要素。以精神情感、技巧策略激励学生的自主发展动机、启迪学生自主发展是从根本上把握育人规律以育人的举动。

---

① [法]雅克·马里坦:《教育在十字路口》,高旭平译,首都师范大学出版社2010年版,第12—13页。

一 精神情感的力量

师生之间的精神情感交互是一种有效的育人资源，教师对待学生的情感态度能够成为学生成长的动力抑或阻碍。教师以爱与关怀等诚挚的情感对待学生，往往能产生意想不到的教育效果。"精神情感激励能力"是从具备"情感"性质的激励途径方面所提炼出的"激励性育人能力"，指教师通过展现某种情感态度而激励学生自主发展动力的精神情感力量，"精神情感激励能力"划分为三项颇具特色的观测点，分别为"期待导向的育人能力""表现赏识与信任态度的能力""鼓励创新并且容错的能力"。

"期待导向的育人能力"是教师对学生的成长发展表现出适当且积极正向的期待，从而引导激励学生朝着所期待方向发展的能力，其发挥作用的底层逻辑是引导人发展的"期望效应"。期望效应源自一个著名的社会心理与行为效果实验，亦称作罗森塔尔效应或皮格马利翁效应。皮革马利翁是希腊神话中塞浦路斯的国王，非常喜欢雕刻。他不喜欢塞浦路斯的凡人女子，就按照自己心目中的期望雕刻了一座美丽的象牙少女像。他夜以继日地雕刻，把所有的精力、全部的热情、全身心的爱恋都给了这座雕像。他像对待自己妻子一般对待它，并请求神灵让它成为自己的妻子。最后，爱神阿芙洛狄忒被国王打动，赋予了雕塑生命，美丽的象牙少女像变成了活生生的美丽女子。这是一个神话，神话中真诚的期待获得了回报。真诚期待是否会产生神奇效应，美国心理学家罗森塔尔以实验的方式做了检验。罗森塔尔和 L. 雅各布森在 1968 年做了一项实验，他们来到一所小学，从一至六年级各选了 3 个班，对这 18 个班的学生进行了"未来发展趋势测验"。之后，罗森塔尔以赞许的口吻将一份"最有发展前途者"的名单交给了校长和相关老师，并叮嘱他们务必要保密，以免影响实验的正确性。其实，罗森塔尔只是随机挑选了一些学生加入名单之中。然而，8 个月后，罗森塔尔和助手们对那 18 个班级的学生进行复试时，奇迹出现了：凡是上了名单的学生，每个成绩有了较大的进步，且性格活泼开朗，自信心强，求知欲旺盛，更乐于和别人打交道。实验的解释是这样的：由于教师受到实验暗示，对名单上的学生尤为关注，且会抱有更高的期望，并通过自身的态度、行为等将隐含的期望传递给学生。由此，这些名单上的学生便获得了更好的发展。

教师的期待是一种神奇的教育力量，这在美国女教师的经历中也有展现：

> 埃里卡是一个调皮不听管教的小女孩，从原来的学校退学后来到了马文老师创办的学校里。并从一个什么都不会的孩子成为班级里第一名。"我发现埃里卡想取悦别人，她会去做别人期待她做的事，成为别人期待她成为的样子。据她妈妈说，之前的老师曾经告诉埃里卡，她是个笨蛋，所以那正是埃里卡之前一直努力要变成的样子。她并没有试图证明那位老师是错的。而我对她的期待是截然不同的。而且埃里卡也有了回应。"大量研究表明，孩子们会努力达到老师为他们设定的标准。①

罗森塔尔效应是一种期待效应，教师对学生的成长发展充满积极乐观的期待会收到学生积极正向的反馈。因为教师对学生发展有了积极期待后，会持续地关注学生，也许会对学生给予更多的提问、赞许、帮助等；学生也会不自觉地朝向所预期的好的方向发展，会付出更多的时间、精力，更努力地学习、成长。教师对学生的期待在很大程度上导向学生的发展方向，教师以多种方式表现出对于学生成长发展的积极期待，对学生的未来给予肯定是教师"期待导向育人能力"的体现。

在"精神情感激励能力"中，教师的赏识与信任也很重要。教师对学生表现出赏识与信任态度能够为学生发展注入动力，教师通过口头表扬、给学生派发独立性任务等方式表现对学生的认可是教师"表现赏识与信任态度的能力"。教师对学生的赏识、信任同样基于理解与爱，能够增强学生的自信心与自我认同感，用信任、赏识培植自尊自信将更有利于学生未来无惧地探索和成长发展。

---

① ［美］马文·柯林斯、［美］希维娅·塔玛金：《马文·柯林斯的教育之道：通往卓越教育的路径》，刘琳红译，中国青年出版社2019年版，第148—149页。

著名教师李吉林曾讲述过这样的故事：

> 我记得实验班二年级的时候，来了一个叫王许成的留级生。虽说是二年级，但是对他来讲，已是读过三年了，因为他留过两次级。他长得个儿瘦长，脸显得有些黑黄，父母住在乡下，平时跟着奶奶，看上去是一个与集体有距离感的孩子。在班级里，学生应该是平等的，像这样的孩子更要注意培养他们的自尊心和自信心。因为稍不留意，就很容易忽略他们的情感，给他们的心理乃至人格的形成造成负面影响。所以在他到我们班前一天，我首先就对学生说："明天来我们班上的王许成比我们大两岁，他来到我们二（1）班，就是我们的大哥哥，不允许谁说他是留级生！"但更重要的是想方设法把他的学习成绩提上去，让他感觉"我也行"。我把功夫放在课上，上课的时候，容易的问题我就请他发言，他就容易答对。他答对了，我就好好表扬他。每次听到我的表扬，他都显得很高兴，从此他慢慢地就开始主动举手，要求发言了。而他一举手，我必定请他。①

在"期待导向"与"赏识与信任"之外，"鼓励创新并且容错的能力"也是教师"精神情感激励能力"的重要构成。当今时代是一个日新月异的时代，社会发展依靠创新驱动，学生的创造力培养也备受关注。培植创新需要一个开放宽容的环境，需要勇于试错的精神。学生创新品质的培养不仅需要创新的教育与课程，更需要教师不断地认可与鼓励。鼓励创新并容错是从细微之中激发学生创新动力与思维的应有之举，亦是教师所应具备的一项育人能力。"鼓励创新并容错的能力"具体表现于教师能够积极鼓励、支持学生对课程内容的创新性解读、对实际问题的创新性解决等创新活动，并能够宽容学生在尝试创新时所犯的错误。教师"鼓励创新并且容错的能力"需要教师具备创新思维，对创新本身有一定的理解与认识，并明晰如何引导与鼓励学生进行创新创造，培养学生的创新思维。教师须理解学习与创新过程中必经的困难，以宽容与鼓

---

① 李吉林：《情境教育的诗篇》，高等教育出版社2004年版，第67页。

励的态度对待学生的失误,并引导学生理性看待失误、不惧怕失误,从失误中学习。

二 技巧策略的力量

"技巧策略激励能力"是教师巧妙使用某些方法、策略帮助学生获得自我认知与自我发展动力的育人能力。同样是在师生主体间关系之中,尊重学生主体地位与发展本质,调动学生主观能动的行为能力。在具体实践中存在许多有效的策略方法。这些方法的运用需要教师的"技巧策略激励能力"。以激励手段为依据,"技巧策略激励能力"下划分为"以全面评价激励学生的能力""以适切目标激励学生的能力""借成就动机激励学生的能力"三项能力观测点。

教育评价不仅具有选拔、筛选功能,还具有导向与促进发展功能,也由此可以作为重要的育人途径。正确的教育评价观是要发挥评价的教育性功能,促进学生的自主发展。正确评价观的建立基于对学生的正确认识与理解。学生发展是个性化发展与全面发展的统一,个性发展要求教师对其做出个性化的独特评价,全面发展则要求教师能对学生做出公正的、多方面的完整评价,而非关注某项单一指标。评价的激励性育人作用能否发挥取决于教师是否具备以评价激励学生发展的能力。"以全面评价激励学生的能力"是教师持有正确的教育评价理念、能够关注学生个体多方面的发展、选择多元的教育评价内容、重视并开展过程性评价与表现性评价的能力,从而给学生发展以导向,并增强学生对自我的认识与了解。

目标作为对预期结果的主观设想,同样对人的活动具有一定的调节与激励作用。"以适切目标激励学生的能力"在于能使用"经过努力可达到的发展性目标"来激励学生发展提升。在为学生制定目标时,目标不宜过于高远,过于高远的目标既不便于评价所达成的效果,也容易令学生望而生畏、无处着手,难以起到督促激励的作用;目标亦不能过于简单,简单的目标容易让学生轻视而无法引发积极行动。目标必须基于学生自我的内部需求,是学生通过一定的努力,在一定时间内可以实现的具体规划。用适切目标激励学生,可以为学生的自主发展指明方向。同时，"以适切目标激励学生"还在于对目标的灵活运用，将大目标分解成易于实现而又相互连接顺承的小目标，用一个个"小目标"充分发挥目标的引导作用。"用适切目标激励学生的能力"以教师对国家的教育方针理念、课程教学目标、学生群体及个体的具体发展需求、育人方式方法等的综合性理解为前提，亦需要教师实践经验的支撑。

此外，"借成就动机激励学生的能力"亦是教师技巧策略激励能力的重要观测点。成就动机是个体追求自认为重要的、有价值的工作，并使之趋于完美状态的动机，是一种以高标准要求自己并力求取得成功的心理状态。成就动机源于把事情做到最好，争取成功的内在需要。成就动机的获得是以成就感体验为基础的，学生只有获得过成功的喜悦才会愈加期待并努力去追求获得更多成就。由此，在教育教学过程中，教师要为每个学生创造成功的机会，帮助学生获得成功体验。例如：根据潜能生学习特点设置合理的、具有挑战性的任务，让学生在完成任务的过程中体验战胜困难、获得成功的成就感；允许内向的学生作为"合法的边缘性参与者"参与活动，再逐步给予主体参与的责任，及时鼓励学生使其发生的微小变化；安排最不愿遵守规则的学生做"监督员"，以其自身成就动机约束自己并影响他人；等等。这些任务的设置都需要教师的精心设计。"借成就动机激励学生的能力"即教师通过为学生创设成功的机会使学生具备成就需要、激发其成就动机，调动学生主观能动性进而完成自主发展的能力。

总体而言，"技巧策略激励能力"是教师巧用教育教学技巧来激发学生自主发展动力的能力，以教师对于学生主体地位及其主观能动性的认识为前提，对相关技巧策略的熟练掌握与运用为根本，体现教师对学生主体的引导、尊重与关怀。

第五节 小结

本章节对教师育人能力的构成要素进行了分解式探赜，阐释了教师育人能力各构成要素的具体内涵及其实践表现。其中，基础性育人能力是教师育人能力的根柢，亦是贯穿教师育人能力架构的主线。其由教师对育人主体、目标及对象的认知能力，以爱育人、换位思考、情感共鸣的共情理解能力，言语沟通、倾听悟察以及交流方式顺变的沟通交流能力，育人理念、行为、效果的反思能力这些观测点所构成。情境性育人能力是教师在育人情境中即时行动的智慧性能力，是教师育人能力架构中凸显教师实践智慧与育人实践特点的一条线索。其表现为教师对育人情境的创设、对育人方式的运用、对育人效果评估以及育人反馈调控。这四项能力要素可以相互联结并再次返回最初的行动，由此在新的水平重新开始，从而形成一种螺旋式行动闭环。教师示范性育人能力统合教师"师范"与"示范"之力量，表现为教师理想价值的示范与传承、道德品质的潜濡与培育、学识学养的展现与濡染；教师激励性育人能力则是以对学生的主体性关怀为核心、以调动学生自主发展能动性为根本的能力要素群，其表现为教师以自身情感力量感染、激励学生，及使用适当教育策略以激发学生的自主发展。这两维教师育人能力呈现教师特色化育人方式之线索。由此，各个教师育人能力要素聚类串联，最终构成统整的教师育人能力网状结构。

第四章

教师育人能力评估工具：开发与使用

"立德树人"的教育导向与教育高质量发展的时代诉求既对教师育人能力的发展与提升提出了明确期待，又对科学化的教育评估方式有所要求。为了切实促进教师育人能力发展，需要判断、了解其现实样态，即对教师育人能力状况进行准确诊断和评估。无论是教师对自我育人能力进行审视，还是上级教育主管部门对群体教师育人能力状况做调查，都离不开科学的评估工具。评估工作的开展与评估工具的设计都渗透着一定的价值导向，在这一意义上，评估工具都是导向式的。教师育人能力要素与结构的探索和确立不仅细化了对育人能力的理性认识，也为导向式评估工具的开发与研究提供了必要依据。

第一节 导向式评估工具设计

导向式评估工具的开发基于教师育人能力的评估与发展需要。设计教师育人能力评估工具需要先回答"为什么要评估？"以及"导向式评估的具体作用是什么？"这两个前提性问题。

一 为什么要评估

评估是管理与决策的重要手段。若想切实了解中小学教师育人能力水平并促进其发展,评估是必不可少的环节。对教师育人能力的评估是在教师质量评估的大背景下展开的。近年来,为进一步提高教育质量,国家非常关注高素质教师培养与教师质量的全面监测评估问题。2018年教育部发布的《中国义务教育质量监测报告》表明,教育质量的提升应该"加强教师队伍建设,促进教师素质和水平提升"[①]。教师队伍的质量是教育质量保证的前提,教师质量的评估应该脱离传统意义上的"分数至上"。《国务院关于加强教师队伍建设的意见》提出,不应简单用升学率和考试成绩来评价中小学教师,应该健全教师考核评价制度,以重师德、重能力、重业绩、重贡献作为教师的考核评价标准。[②]《国家教育事业发展"十三五"规划》更加明确,教师队伍素质和结构不能适应提升质量与促进公平的新要求,为了实现更高质量、更加公平、更有效率、更可持续的发展,须"把立德树人作为教育的根本任务"[③],要求教师能够创新育人模式,培养全面发展的人。2019年,《中共中央 国务院关于深化教育教学改革全面提高义务教育质量的意见》,其中再次强调"落实立德树人根本任务",教师教育教学能力的提升得到关注。[④] 2023年,教育部教师工作司印发的《教育部教师工作司2023年工作要点》依然强调"夯实教师发展之基,培养高素质教师队伍"[⑤]。从新时代国家教育政策的导向可以看出,教师能力素养评估已成为教育质量监测的一个重要部分。教师评估工作的开展不仅有利于从整体上了解教师队伍的能力素养状态,有利于教师队伍的建设和教育教学质量提升,也有助于教师的个体发展。在教师评估体系中,教师育人能力应成为评估的重要考量内容,因为育

---

① 教育部基础教育质量监测中心:《中国义务教育质量监测报告》(http://www.moe.gov.cn/jyb_xwfb/moe_1946/fj_2018/201807/P020180724685827455405.pdf)。

② 《国务院关于加强教师队伍建设的意见》(http://www.gov.cn/zhengce/content/2012-09/07/content_5390.htm)。

③ 《国务院关于印发国家教育事业发展"十三五"规划的通知》(http://www.moe.gov.cn/jyb_xxgk/moe_1777/moe_1778/201701/t20170119_295319.html)。

④ 《中共中央 国务院关于深化教育教学改革全面提高义务教育质量的意见》(http://www.gov.cn/zhengce/2019-07/08/content_5407361.htm)。

⑤ 《教育部教师工作司关于印发〈教育部教师工作司2023年工作要点〉的通知》(http://www.moe.gov.cn/s78/A10/tongzhi/202304/t20230427_1057568.html?eqid=c60732a10008928700000004647d7c01)。

人能力是师之为师的根本,是影响教师专业发展、学生全面成长、教育质量提升的重要因素。

除却政策导向原因,教育教学实践的发展与改进需求也是引发教师育人能力评估的重要因素。在现实的教育实践中不乏只关注学生知识技能培养而忽视学生全人发展的教师,由此伴随的是成绩至上的应试教育倾向。实现教育的高质量发展,需要克服教育实践中出现的弊端,修正教师观念与错误的实践倾向。"立德树人"导向下的教师育人能力评估有利于将教育实践引入关注学生全面发展的轨道,促使教师关注自身育人能力的发展与提升。以评估促发展,教师育人能力评估既是高质量教育发展、高素质教师培养的必要导向,也是全面评估与总结教师质量状况、回应教育实践问题的重要环节。

二 导向性评估的作用

导向性评估的作用体现于对教师育人能力发展的引流、反馈与调控。首先,教师育人能力评估本身即体现一种指向教师发展、教育实践发展的价值导向,评估涉及的目标、领域、范围、重点都在提醒、引导、敦促教育实践者关注学生的全面发展,关注教师影响学生长远发展的能力。其次,教师育人能力评估结果具有反馈调控意义,通过评估,可以发现教师育人能力中存在的问题。将问题及时反馈至教师自身或教育主管部门,有助于明晰问题进而有针对性地改进教育实践,提升育人能力和育人效果。

开发教师育人能力评估工具进行导向式评估,对于教师个体而言,可以将该工具作为评估自身育人能力水平的途径,通过建立个人档案袋,及时了解自己育人能力的水平和变化情况,根据评价结果有意识地调整育人认知、行为和方式等;对于学校和教育管理部门而言,这一评估工具可用于学校和教师培养机构对教师进行质量监测和评估工作。学校和教师培养机构通过工具评估教师和未来教师的育人能力水平,进行基础的教师质量检测,发现存在问题和可以改进的方面,从而合理规划相应的培养和提升方案,助力教师育人能力的科学发展。

三 评估工具的开发设计

能力评估的目的在于了解被评估者执行与岗位相关任务时的能力。能力评估工具主要有自评与他评工具，评估数据的获取会涉及问卷调查与观察的方法。观察可以在实地或在某种模拟场景中进行，需要使用调查表或观察表作为评估工具。使用观察法评估教师育人能力的优点是可以更多关注细节和具体问题，贴近真实，可避免教师自陈中的社会期许效应影响。但缺点也很明显：其一，因育人能力的综合性、多元性、情境性、场域泛在以至即刻发挥的特性，观察表类的他评工具只适宜在小范围内使用，且必须满足一定的时长要求，由熟悉教育特点和育人要求的上级领导或同侪进行评估；其二，观察的结果可能受到观察者主观偏见及个人解释的影响，针对同一行为，不同观察者可能有不同的判断和理解，且受观察效应影响，教师在观察者在场时可能表现出不同于平常的行为；其三，只能观察和记录可见的行为，无法获取被观察教师内在的思想和感受，操作复杂、周期长且不宜用于表现群体全貌；等等。由此，在对教师育人能力评估的探索阶段，为获得对教师群体育人能力全貌的了解，开发自评量表式的评估工具比较合适。自评工具的优点在于适用范围广泛，方便获取大批量信息并进行群体间的比较，个人独立填写带来的隐匿性有利于受评估教师表现自己真实的想法，这些特点都有助于对现实的教师育人能力水平进行全景式检视。当然，自评量表工具也有其自身缺陷，如教师对测评选项理解的差异和对评估分数感受程度的不同都会影响评估的准确性，填写中可能存在社会期许的影响等，因此，使用时需要有较大量的数据来稀释和消减由此带来的干扰。

基于对评估工具适用性及特点的分析，考虑到获取中小学教师育人能力水平一般特征的需要，本书选择开发自评量表作为教师育人能力的评估工具。教师自评量表以"立德树人"作为导向式目标，以育人能力水平作为评估重点，开发基础是前期研究中提取的教师育人能力指标要素与结构体系。为提高工具的信效度，评估工具的开发与教师育人能力要素结构构成交叉互证的关系。具体而言，教师育人能力评估工具的开发分为两大模块：第一模块是评估模型的确定，具体包括对构成评估基础的教师育人能力要素及其框架的交叉检验以及评估要素权重的确定；第二模块是教师育人能力评估工具的开发与评估工具自身合理性的检验，包括教师自评量表的编制、量表质量检测与修正、评估常模的确定等环节。

教师育人能力评估工具开发流程如图4-1所示。

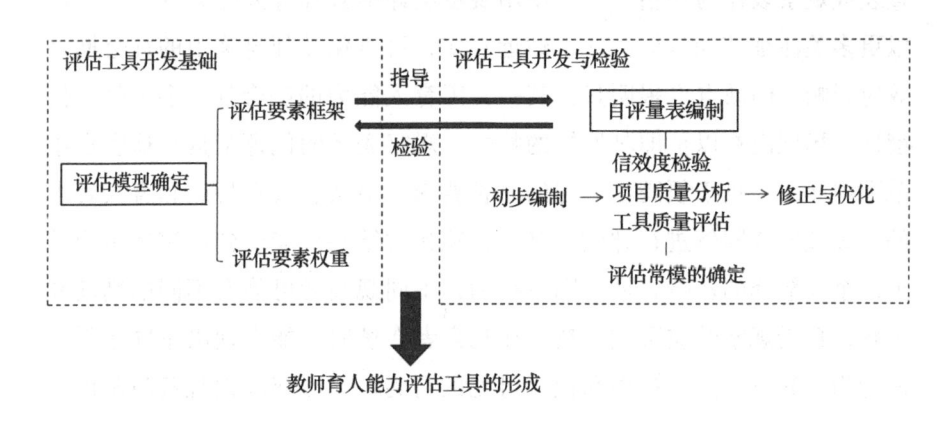

图4-1 教师育人能力评估工具开发流程

开发的具体工作包括：①量表的初步编制。借由前期教师育人能力相关文献资料及对教师的访谈资料，以教师育人能力要素为参照，初步编制能力评估量表题项，构成初始教师育人能力自评量表。②量表项目的修正与优化。根据初始教师育人能力自评量表进行小范围预调查，对回收数据进行统计分析，初步考察量表题项的质量状况，对存在问题的项目进行删减、修改，优化量表结构与表达。③量表的质量检验。具体包括信效度检验及 Rasch 模型分析。使用修订后的量表进行较大范围的数据调查，通过验证性因素分析对教师育人能力量表的结构效度进行检验。对量表结构效度的检验同时是对前期获得的教师育人能力要素和结构的检验，可以验证评估要素本身结构、内容的合理性；对量表总体信度与分量表信度进行检验，考察量表的可靠性；基于 Rasch 模型考察测评工具难度与教师育人能力水平之间是否具有一致的对应关系，检验自评量表题项与选项设计的合理性。④分量表权重确定（评估要素的赋权）。以德尔菲专家调查所得数据为基础，采用层次分析法确定教师育人能力各评估要素的权重,并相对应地计算各分量表所占权重。⑤教师育人能力常模的研制。为使能力得分具有更为清晰的评估意义,研制育人能力常模作为教师育人能力得分的解释性参照,可用于了解某个个体或教师群体的育人能力水平在全国范围的相对位置,便于做出相对评价。

第二节　评估工具的开发

教师育人能力评估工具的开发主要包括评估量表的初始编制、质量检验与修正、指标权重的确立以及能力常模的制定等。其中,量表项目的初步编制与汇集是评估工具开发的第一步。

一　评估工具的编制与修正

根据前期所得到的教师育人能力三级指标要素和结构体系,结合已有的教师育人能力访谈以及一线教师的随笔资料,进一步细化、具化教师育人能力各观测点所代表的行为表现,编制教师育人能力评估题项,形成教师育人能力初始评估工具——教师育人能力自评量表。与教师育人能力结构中四个主维度对应,自评量表相应地区分为四个分量表,分别为:教师基础性育人能力量表、情境性育人能力量表、示范性育人能力量表以及激励性育人能力量表。

在四个主维度下设计题项时,主要考虑对各个能力观测点的外显行为表述。为增强代入感,题项表达多采用自陈语句的形式,如"我能找到适宜的方法解决学生间的冲突和矛盾"。题项设计时考虑测量内容的单一性原则,但不完全遵从。因为题项呈现的外显行为是为了评估内隐能力,在某些情况下外显行为是否单一对能力评价并无实质性影响,过度强调单一反而会减弱行为表现力和可能性。为表达准确,每一条题项的表述都经过研究小组成员的认真审定,并修改其中可能存在歧义的地方,最终确定了教师育人能力自评量表的77个题项。四个能力分量表分别包括28个、18个、19个、12个题项。各维度题项及能力群组—题项对应的具体内容如下。

表 4-1　　　　　　　　　教师基础性育人能力量表题项

能力群组	对应题项内容
育人认知能力	我的言行在潜移默化中影响着学生 每一位教师都应该承担育人责任 学生全面和谐且个性化的发展是我的教育追求 比起学生的成绩，我更关注他们未来的人生发展 我通过多种途径了解每个学生的独特个性和优势特长 我善于发现学生的发展潜能并给予适当引导 学生的主要任务是高效学习、掌握知识和取得好成绩
共情理解能力	我用关爱的态度引导学生正视自己的问题 我用爱心与耐心引导学生感受和习得爱 我能根据学生心理发展和个性特征理解他们遇到的问题和困惑 我能从学生的成长环境与文化背景去认识和理解他们 我能准确地了解和体会学生的情绪情感表达 我善于营造情感氛围感染影响学生
沟通交流能力	我会注意语言表达方式，学生们都乐意与我交流 我善于组织语言并准确而友善地表达出来 我善于借助眼神、动作及表情让学生更好地理解我 学生交流时，我总能耐心地倾听学生的想法 我善于观察和理解学生的动作、语言和表情 我擅长运用学生喜欢的沟通方式与他们交往 我能使用新生代常用的语言、动作、符号拉近与学生的距离 理解新生代学生惯常使用的表达方式与习惯是困难的
育人反思能力	我能认识到自己育人观念中的不足之处 我会在教育实践中不断反思、改进自己的育人观念 我会反思与学生相处过程中是否存在不当行为 我能通过反思改进自己与学生相处的行为方式 我能就学生在知识与技能方面的收获进行反思 我能就学生在学习方法上的改进进行反思 我关注并反思学生是否在情感、态度、价值观方面有所获益

表4-2　　　　　　　　教师情境性育人能力量表题项

能力群组	对应题项内容
育人情境创设能力	我能为学生营造井然有序、干净整洁的学习环境 我能为学生创设积极向上、和谐友爱的成长氛围 在课堂教学中，我能根据学生的即时反应予以针对性指导 在班级管理中，我能利用矛盾冲突事件对学生进行正面引导
育人方式运用能力	我能找到适宜的方法解决学生间的冲突和矛盾 我能根据学生的个性和特点采用相适配的教育和引导方式 我能通过教育教学方法的使用获得良好的育人效果 我能够熟练地使用启发诱导、赏识教育等方法 我能根据具体情况创造或及时变通教育方式方法 我善于打破常规尝试新的教育教学方式
育人效果评估能力	我能对学生的思维能力和水平做出评估 我能敏锐觉察并评估学生的所思所想 我能敏锐觉察并评估学生情绪情感上的变化 我能对学生情感能力（感受与表达情感的能力）的发展做出评估
育人反馈调控能力	我会根据学生的反应及时调整自己的表达和行为方式 学生的情绪反应很难改变我对事情的处理方式 我总是忠实地执行设计好的教学活动 我会在活动完成后根据学生的表现调整下一阶段的规划

表4-3　　　　　　　　教师示范性育人能力量表题项

能力群组	对应题项内容
理想价值引领能力	我一直保持并呈现积极向上的人生态度和价值信念 我通过展现自身的理想追求引领学生探寻有价值的人生 我会注意在无形中将公平正义的价值观渗透于教育活动中 我能公平公正地处理学生之间的冲突和矛盾 我会注意自身社会行为对学生社会责任感的影响 我通过参加各类社会公益活动调动了学生参与的积极性

续表

能力群组	对应题项内容
道德品质潜濡能力	我能挖掘教材中的爱国主义教育内容并在教学中适当延伸 我能将祖国科技发展前沿引入课堂以激发学生的民族自信 有礼有节、诚实守信、尊重包容一直是我的行为准则 我自觉遵守公共秩序和学校规章制度 我严谨负责的工作状态影响了学生的做事方式和态度 我很少在教育教学工作中感受到乐趣 学生们因为我的独特个性和教学风格更喜欢我 我用宽容与信任拉近与学生的距离 教学活动需要精心设计，我会忠实地执行
学识学养影响能力	我能打破学科界限让学生感受知识的关联与多样性 我能通过知识的多场景、生活化运用唤起学生对知识的切身体验 我能驾驭并展现学科的结构逻辑，帮助学生逐步形成学科理解 我能通过展现学科的历史与发展过程激发学生对问题的探究

表4-4　　　　　　　　　教师激励性育人能力量表题项

能力群组	对应题项内容
精神情感激励能力	我通过言语行动表现出对每个学生发展的积极期望 我善于用表扬和鼓励的方式激发学生的自信心 我对学生的点滴进步总是给予充分的信任和肯定 学生能够感受到我对他们的信心并得到鼓舞、积极行动 我能引导学生从错误中汲取经验并鼓励探索和创新 我能理解包容学生在问题探索和解决过程中所犯的错误
技巧策略激励能力	我能使用多元评价方式激发学生的自主能动性 我能以全面发展的眼光对每个学生做出有针对性的评价 我能根据学生特征为其长远发展做出适当规划 我能用分阶段的小目标激励学生逐步发展 我时常制造获得成功的机会，帮助学生建立自信心 我在帮学生解决困难时，会注意培养其独立应对挑战的能力

教师育人能力量表采取自评五点式计分方式，需要教师根据自身情况进行自主评分。各分量表题项加上评分方式共同组成教师育人能力自评初始量表。为减少同一分量表中反映相似能力要素的各题项在呈现时接续出现所带来的应答疲劳，以及规避应答顺序效应对答题质量的影响，对于实际完成的量表，各分量表和题项打乱顺序后排列，各题项编号以备后期的归类分析使用。

为了保证自评量表基本的科学规范性，研究团队对初步完成的教师育人能力自评量表进行了小范围试测，目的在于检验项目质量并对题项进行基础修正。以中小学教师为对象，采用方便抽样法，在充分考虑受测教师参与积极性的基础上，在量表试测阶段共采集了119个样本数据。回收数据中，有3个样本因完整性不足被判定为无效，最终试测样本有效率为97.48%。根据回收样本数据，计算量表KMO值为0.839，大于0.8，说明所编制量表题项之间相关关系较高，共同表达了所测量的教师育人能力具体内容；总体克隆巴赫Alpha值为0.939，表明量表测量结果具有较好的一致性和可靠性。

根据试测结果可以粗略获知，初步形成的教师育人能力自评量表总体具有较好的信效度。但在项目分析中也发现，综合各题项的信度以及被试的信息反馈，有些题项仍需作进一步删改优化，需删改题项如表4-5所示。其中，"校正的项总计相关性"这一指标表示同一维度对应题项之间的相关关系情况，若此值大于0.4，则说明该题项与另外的题项间有着较高的相关性，与其他题项共同反映着同一目标测量特质。而"删除项后的克隆巴赫Alpha"系数则表示将该题项删除之后量表整体的信度数值。

表4-5　　　　　　　　　　　需删改题项示例

题项	校正的项总计相关性	删除项后的克隆巴赫Alpha
19. 教学活动需要精心设计，我会忠实地执行	0.546	0.975
44. 理解新生代学生惯常使用的表达方式与习惯是困难的	0.371	0.975
66. 学生的主要任务是高效学习、掌握知识和取得好成绩	0.290	0.979

由表 4-5 可知，第 44 题和第 66 题的"校正的项总计相关性"皆低于 0.4。结合被试信息反馈，第 44 题与第 20 题"我擅长运用学生喜欢的沟通方式与他们交往"的表述方式虽然不同，但所测量的基本信息相似，为精简凝练，选择删除这一题项。第 66 题设计初衷为反向题，用于考察受测教师的积极性和信度，减少习惯反应。但测试结果中该题项的填答严重两极分化，提示该题表述不够明晰，容易造成误解，项目本身的信度低，也作删除处理。第 19 题"校正的项总计相关性"系数较高，但在表述上的复合倾向可产生多重理解，提示需要进一步修改。考虑到这一题项所表达的两层含义在其他题项中已有涉及，且若删除该项后量表总体的克隆巴赫 Alpha 系数为 0.975，较之前的 0.939 有所提升，故而对该题项做删除处理。此外，根据被调查者的信息反馈，大多数教师反映第 3 题"我会注意语言表达方式，学生们都乐意与我交流"与第 60 题"我能使用新生代常用的语言、动作、符号拉近与学生的距离"所表达的含义相近，经研究小组讨论后，删除相对不明晰的第 3 题。由此，根据试测结果完成了教师育人能力自评量表的修改与优化，获得修正后的教师育人能力评估工具。

二 各分量表的权重确定

确立权重分配是准确、客观地了解研究对象的关键，可使评估指标体系成为一个有机整体，也是突出评估重点、引导评估对象的需要。教师育人能力评估指标由多层级多要素构成，各个指标对于育人能力的评估与发展是否具有均等的重要性，需要进一步探析，对各级评估指标的权重分析则基于这一考量。研究基于 18 位德尔菲专家（前期参与指标要素审议的同一专家群体）对教师育人能力指标体系的重要性判断及赋分情况，采用层次分析法将专家判断转化为两两数据间相互比较的数量化描述，最终计算得到各指标要素的权重系数。

根据自身判断，18 位专家独立为教师育人能力体系中的各级指标进行 1—5 分的重要性赋值（1 分代表"非常不重要"，2 分代表"不太重要"，3 分表示"一般重要"，4 分为"比较重要"，5 分表示"非常重要"），取专家赋分的算术平均数作为教师育人能力各评估要素的初始重要性数值。取值结果见表 4-6。

表 4-6　教师育人能力各层级指标要素的重要性赋值均数（部分呈现）

维度	指标	重要性均值
一级指标	基础性育人能力	3.333
	情境性育人能力	3.278
	示范性育人能力	3.111
	激励性育人能力	3.056
二级指标	1.1 育人认知能力	3.722
	1.4 育人反思能力	3.167
	2.2 育人方式运用能力	3.500
	2.3 育人效果评估能力	2.944
	3.2 道德品质潜濡能力	3.500
	3.3 学识学养影响能力	3.556
	4.1 精神情感激励能力	3.833
	4.2 技巧策略激励能力	3.500
三级指标	1.2.1 以爱育人的能力	3.500
	1.3.2 倾听悟察能力	3.722
	2.1.1 常态育人环境营造能力	3.500
	2.4.2 继时调控育人计划的能力	3.333
	3.1.3 积极承担社会责任的能力	3.722
	4.2.2 用适切目标激励学生的能力	3.611

层次分析法（Analytic Hierarchy Process，AHP）是美国匹兹堡大学教授 T. L. Satty 等人提出的一种评估方法，主要通过将复杂问题作为一个系统，将系统目标分解为多个目标或准则，进而构建成有序的递阶层次结构，再由决策者对层次因素间的重要性按照一定比例的标度进行两两比较和判断，以此来确定每一层次中各个因素相对于其上一层因素的重要性（即权重值），最后在递阶层次结构中对权重值进行合成，从而得到最

低层因素相对于最高层的综合指标权重值。① 层次分析法的步骤通常包括：①层次结构模型的建构；②构造判断矩阵；③层次单排序及其一致性检验；④层次总排序及其一致性检验。在教师育人能力指标权重的判断和确立过程中，层次分析法具有方法上的适切性。

（一）教师育人能力评估指标权重的形成

在教师育人能力指标要素体系中，将教师育人能力作为总目标层，4项一级指标作为准则层，13项二级指标作为要素层，36项三级指标作为因子层。形成的层次结构模型如图4-2所示。

在建立的层次结构模型中，总目标层被分解为三个层次，下层次隶属于上层次。构建判断矩阵就是将同一层次中各个指标因素与上一层次中各个指标因素之间的相对重要程度用矩阵的形式进行表示，即进行数量化处理。假设 Zij、Zik 为某一层次 i 内的任意2个指标 j 和 k 的重要性分值，ΔZ 值为 Zij 与 Zik 指标的差值，采用 Satty 提出的 1—9 标度法（具体见表4-7），对同层中各指标专家重要性赋值均数进行两两比较，确定 Satty 标度，以此建立判断矩阵。

表4-7　　　　　　　　　　Satty 标度取值说明

ΔZ 值	Satty 标度	相对重要性程度	说明
$\Delta Z = 0$	1	同等重要	两者对目标贡献相同
$0.25 < \Delta Z \leq 0.50$	3	稍微重要	根据经验 Zij 比 Zik 评价稍有利
$0.75 < \Delta Z \leq 1.0$	5	明显重要	根据经验 Zij 比 Zik 评价明显有利
$1.25 < \Delta Z \leq 1.50$	7	非常重要	根据经验 Zij 比 Zik 评价非常有利
$1.75 < \Delta Z$	9	绝对重要	根据经验 Zij 比 Zik 评价绝对有利
$-0.25 > \Delta Z \geq -0.50$	1/3	稍微不重要	
$-0.75 > \Delta Z \geq -1.0$	1/5	明显不重要	
$-1.25 > \Delta Z \geq -1.50$	1/7	非常不重要	
$-1.75 > \Delta Z$	1/9	绝对不重要	

注：假设 $\Delta Z = Zij - Zik$，2、4、6、8、1/2、1/4、1/6、1/8 为两相邻程度的中间值，需要折中时采用。

---

① 曾凡伟：《基于层次—熵权法的地质公园综合评价——以兴文、四姑娘山、剑门关地质公园为例》，博士学位论文，成都理工大学，2014年。

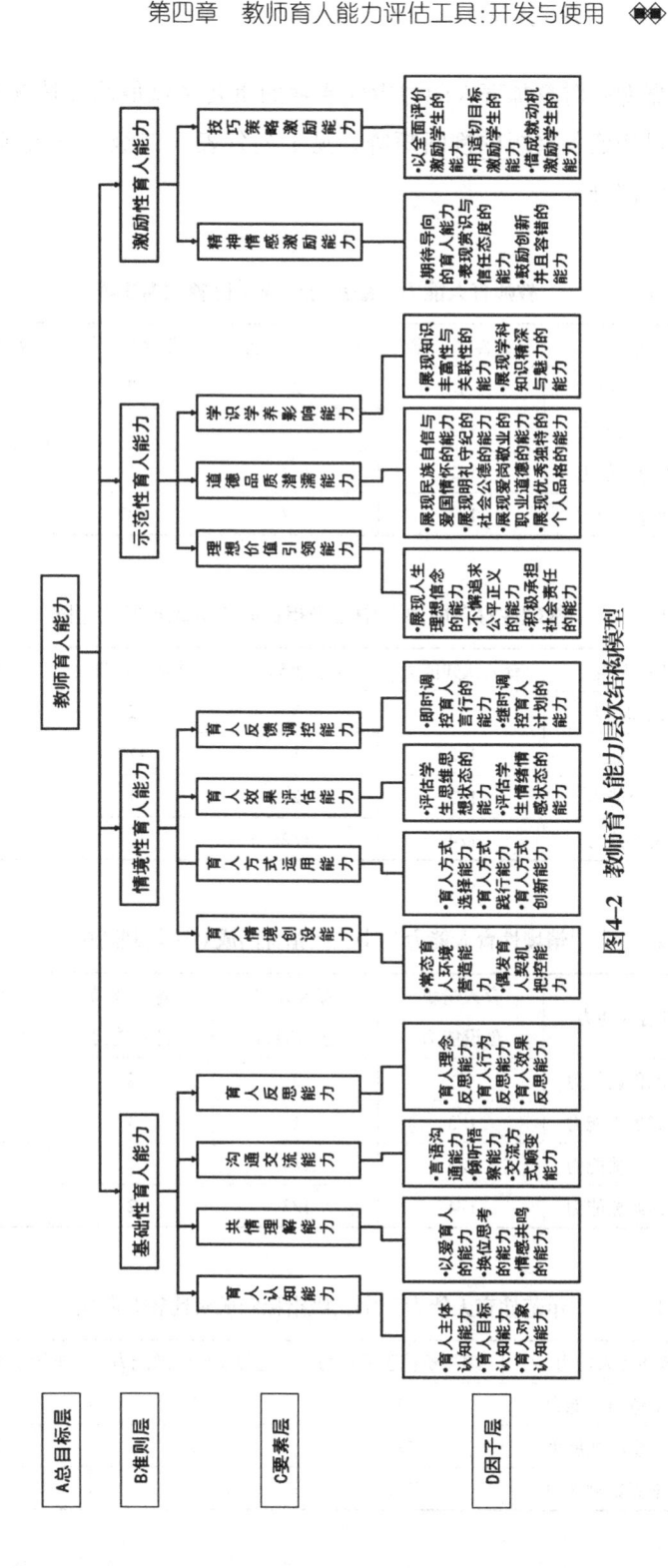

第四章 教师育人能力评估工具:开发与使用 153

图4-2 教师育人能力层次结构模型

- A.总目标层：教师育人能力

- B.准则层：
  - 基础性育人能力
  - 情境性育人能力
  - 示范性育人能力
  - 激励性育人能力

- C.要素层：
  - 基础性育人能力
    - 育人认知能力
    - 共情理解能力
    - 沟通交流能力
    - 育人反思能力
  - 情境性育人能力
    - 育人情境创设能力
    - 育人方式运用能力
    - 育人效果评估能力
    - 育人反馈调控能力
  - 示范性育人能力
    - 理想价值引领能力
    - 道德品质浸润能力
    - 学识学养影响能力
  - 激励性育人能力
    - 精神情感激励能力
    - 技巧策略激励能力

- D.因子层：
  - 育人认知能力
    - 育人主体认知的能力
    - 育人目标认知的能力
    - 育人对象认知的能力
  - 共情理解能力
    - 以爱育人的能力
    - 换位思考的能力
    - 情感共鸣的能力
  - 沟通交流能力
    - 言语沟通的能力
    - 倾听理解能力
    - 交流方式嬗变能力
  - 育人反思能力
    - 育人理念反思能力
    - 育人行为反思能力
    - 育人效果反思能力
  - 育人情境创设能力
    - 常态育人环境营造能力
    - 突发育人契机把控能力
  - 育人方式运用能力
    - 育人方式选择能力
    - 育人方式践行能力
    - 育人方式创新能力
  - 育人效果评估能力
    - 评估学生思想状态的能力
    - 评估学生情感状态的能力
  - 育人反馈调控能力
    - 即时调控育人言行的能力
    - 适时调控育人计划的能力
  - 理想价值引领能力
    - 展现人生理想信念的能力
    - 不懈追求公平正义的能力
    - 积极承担社会责任的能力
  - 道德品质浸润能力
    - 展现民族自信自强的能力
    - 展现爱国情怀守纪的能力
    - 展现社会公德的能力
    - 展现职业道德敬业的能力
    - 展现优秀独特的个人品格的能力
  - 学识学养影响能力
    - 展现知识丰富性的能力
    - 展现知识关联性的能力
    - 展现学科知识精深与魅力的能力
  - 精神情感激励能力
    - 期待导向的育人能力
    - 表现责任意识与情怀态度的能力
    - 鼓励创新并且容错的能力
  - 技巧策略激励能力
    - 以全面评价激励学生的能力
    - 用适切目标激励学生的能力
    - 借成就动机激励学生的能力

根据专家对教师育人能力指标要素的重要性赋值均数情况与1—9标度法，可构建各层级的判断矩阵，见下列各表（二级、三级指标判断矩阵只显示部分）。

表4-8　　　教师育人能力一级指标间成对比较判断矩阵

一级指标	基础性育人能力	情境性育人能力	示范性育人能力	激励性育人能力
基础性育人能力	1	2	2	3
情境性育人能力	1/2	1	2	2
示范性育人能力	1/2	1/2	1	2
激励性育人能力	1/3	1/2	1/2	1

表4-9　　　"基础性育人能力"中二级指标间成对比较判断矩阵

基础性育人能力	育人认知能力	共情理解能力	沟通交流能力	育人反思能力
育人认知能力	1	3	2	4
共情理解能力	1/3	1	1/2	2
沟通交流能力	1/2	2	1	3
育人反思能力	1/4	1/2	1/3	1

表4-10　　　"情境性育人能力"中二级指标间成对比较判断矩阵

情境性育人能力	育人情境创设能力	育人方式运用能力	育人效果评估能力	育人反馈调控能力
育人情境创设能力	1	3	5	4
育人方式运用能力	1/3	1	4	3
育人效果评估能力	1/5	1/4	1	1/2
育人反馈调控能力	1/4	1/3	2	1

表4-11　　　"示范性育人能力"中二级指标间成对比较判断矩阵

示范性育人能力	理想价值引领能力	道德品质潜濡能力	学识学养影响能力
理想价值引领能力	1	2	2
道德品质潜濡能力	1/2	1	1/2
学识学养影响能力	1/2	2	1

表4-12 "激励性育人能力"中二级指标间成对比较判断矩阵

激励性育人能力	精神情感激励能力	技巧策略激励能力
精神情感激励能力	1	3
技巧策略激励能力	1/3	1

表4-13 "1.4育人反思能力"中三级指标间成对比较判断矩阵

育人反思能力	育人理念反思能力	育人行为反思能力	育人效果反思能力
育人理念反思能力	1	1/2	1
育人行为反思能力	2	1	2
育人效果反思能力	1	1/2	1

表4-14 "2.2育人方式运用能力"中三级指标间成对比较判断矩阵

育人方式运用能力	育人方式选择能力	育人方式践行能力	育人方式创新能力
育人方式选择能力	1	1/2	1
育人方式践行能力	2	1	2
育人方式创新能力	1	1/2	1

表4-15 "3.2道德品质潜濡能力"中三级指标间成对比较判断矩阵

道德品质潜濡能力	展现民族自信与爱国情怀的能力	展现明礼守纪的社会公德的能力	展现爱岗敬业的职业道德的能力	展现优秀独特的个人品格的能力
展现民族自信与爱国情怀的能力	1	1/2	1/3	1/2
展现明礼守纪的社会公德的能力	2	1	1/3	2
展现爱岗敬业的职业道德的能力	3	3	1	3
展现优秀独特的个人品格的能力	2	1/2	1/3	1

表4-16 "4.1精神情感激励能力"中三级指标间成对比较判断矩阵

精神情感激励能力	期待导向的育人能力	表现赏识与信任态度的能力	鼓励创新并且容错的能力
期待导向的育人能力	1	1/3	1/2
表现赏识与信任态度的能力	3	1	2
鼓励创新并且容错的能力	2	1/2	1

在构造判断矩阵之后需要进行教师育人能力评价要素的层次单排序。上一层次中某一个因素所支配的下一层次中因素的重要性次序的权重值可以用层次单排序来计算。首先要计算判断矩阵的特征向量 W 以及特征根，常用计算特征向量和特征根的方法有：和积法、方根法和幂法等。研究采用方根法计算各层次结构中指标的权重，以一级指标为例，计算一级指标相对于总目标层的主观权重值。计算过程如下：

首先计算初始权重系数 W'_i（即特征向量）：

$$W'_i = \sqrt[m]{a_{i1} \times a_{i2} \cdots a_{i3}}$$

（其中，m 为受检验层次的子目标总数，如一级指标有四个要素，共同指向总目标层"教师育人能力"，所构建的判断矩阵也是通过这四个要素的两两比较所获得的，其子目标总数相应为 4。a_{i1} 代表成对比较判断矩阵中第 i 行、第 1 列所示相对重要性数值，其他依次类推。）

得 $W'_1 = \sqrt[4]{a_{11} \times a_{12} \times a_{13} \times a_{14}} = \sqrt[4]{1 \times 2 \times 2 \times 3} = 1.861$，同理 $W'_2 = 1.189$，$W'_3 = 0.841$，$W'_4 = 0.537$；

按公式计算归一化权重系数 W_i：

$$W_i = W'_i \Big/ \sum_{i=1}^{m} W'_I$$

得 $W_1 = 1.861/(1.861 + 1.189 + 0.841 + 0.537) \approx 0.420$，同理 $W_2 \approx 0.269$，$W_3 \approx 0.190$，$W_4 \approx 0.121$。

在得到归一化权重系数后，还需对权重系数进行逻辑性检验，可采用一致性指标 CI 来表示。当 CI 值越趋近于 0，说明判断矩阵具有完全一致性，且无逻辑混乱，相反如果 CI 值越大，则说明判断矩阵的一致性越差。一般采用 CI<0.1 作为检验判断矩阵一致性的标准，计算公式如下：

$$CI = \frac{\lambda_{max} - m}{m - 1}$$

$$\lambda_{max} = \frac{\sum_{i=1}^{m} \lambda_i}{m}$$

$$\lambda_i = \frac{\sum_{j=1}^{m} a_{ij} W_j}{W_i}$$

（以上公式中 m 为受检验层次的子目标数，a_{ij} 表示判断矩阵因素的取值，i 为矩阵的行数，j 为矩阵的列数，λ_{max} 为最大特征根，λ_i 为该目标成对比较判断优选矩阵的特征根。）

此外，还需要计算判断矩阵的随机一致性比率 CR。CR = CI/RI，用来判断矩阵是否具有满意的一致性参考标准，RI 为平均随机一致性指标。如果随机一致性比率 CR < 0.1，则认为判断矩阵具有满意的一致性参考标准，否则需要调整判断矩阵因素的取值。平均随机一致性指标 RI 取值如表 4-17 所示。

表 4-17　　　　　　　　　　RI 的取值

受检验层次子目标数（m）	1	2	3	4	5	6	7	8	9
RI 取值	0.00	0.00	0.58	0.90	0.90	1.24	1.32	1.41	1.41

研究对一级指标逻辑性的检验过程如下：

① $\lambda_1 = (a_{11}W_1 + a_{12}W_2 + a_{13}W_3 + a_{14}W_4) / W_1 = (1 \times 0.420 + 2 \times 0.269 + 2 \times 0.190 + 3 \times 0.121) / 0.420 = 4.050$，同理 $\lambda_2 = 4.093$ $\lambda_3 = 4.087$ $\lambda_4 \approx 4.054$

② $\lambda_{max} = (\lambda_1 + \lambda_2 + \lambda_3 + \lambda_4) / 4 \approx 4.071$

③ CI = (4.071 - 4) / (4 - 1) ≈ 0.024 < 0.1

④ CR = 0.024/0.90 ≈ 0.026 < 0.1

根据上述数据，教师育人能力一级指标的判断矩阵具有一致性，归一化权重系数可作为指标的权重，因而确定了指标体系中一级指标基础性育人能力的权重为 0.420，情境性育人能力的权重为 0.269，示范性育人能力的权重为 0.190，激励性育人能力的权重为 0.121。

除层次单排序的一致性检验，还需对教师育人能力评估要素进行层次总排序及其一致性检验。针对总层次下有多个子目标层，需要将同一层次中所有的因素与最高层次的因素进行比较，计算相对重要性的排序权重值。这是一种自上而下逐层次进行计算的过程，对于二、三级指标的权重值要放在整个层次结构中考虑,计算出它们相对于总目标层的权重值。首先计算出二、三级指标的归一化权重系数,与前面一级指标权重计算方法一致;然后采用 Satty 在层次分析法中提出的概率乘积法,将次级指标权重与各上层指标权重相乘得到组合权重。假如上一层级因素 A 的权重值为 ai,与因素 A 相对应的下一层级因素 B 的权重值为 bj,则因素 B 在层次总排序的权重值为 $ai \times bj$。同样的程序和方法,也需要对教师育人能力二、三级指标的权重值进行一致性检验,如果计算得到 CI < 0.1、CR < 0.1 的结果,则说明层次总排序的一致性结果较好。

(二) 教师育人能力评估分量表及各级指标的赋权结果

通过上述权重计算,得到教师育人能力各级指标的权重系数见表 4 – 18。

表 4 – 18　　教师育人能力一、二级指标的权重系数

一级指标	归一化权重系数	二级指标	归一化权重系数	组合权重	一致性检验(CI 或 CR)
基础性育人能力	0.420	1.1	0.467	0.196	CI≈0.010<0.1 CR≈0.011<0.1
		1.2	0.160	0.067	
		1.3	0.278	0.117	
		1.4	0.095	0.040	
情境性育人能力	0.269	2.1	0.532	0.143	CI≈0.038<0.1 CR≈0.042<0.1
		2.2	0.270	0.073	
		2.3	0.076	0.020	
		2.4	0.122	0.033	
示范性育人能力	0.190	3.1	0.453	0.086	CI≈0.027<0.1 CR≈0.046<0.1
		3.2	0.227	0.043	
		3.3	0.320	0.061	
激励性育人能力	0.121	4.1	0.634	0.077	CI≈0<0.1
		4.2	0.366	0.044	

注：①1.1 育人认知能力;1.2 共情理解能力;1.3 沟通交流能力;1.4 育人反思能力;2.1 育人情境创设能力;2.2 育人方式运用能力;2.3 育人效果评估能力;2.4 育人反馈调控能力;3.1 理想价值引领能力;3.2 道德品质潜濡能力;3.3 学识学养影响能力;4.1 精神情感激励能力;4.2 技巧策略激励能力。②通常受检验层次子目标数为 2 时,RI 值为 0,不予计算 CR 值。

表 4-19　　　　　　　　教师育人能力三级指标的权重系数

编号	三级指标	组合权重	一致性检验（CI 或 CR）	编号	三级指标	组合权重	一致性检验（CI 或 CR）
1	1.1.1	0.078	CI≈0<0.1 CR≈0<0.1	20	2.4.1	0.025	CI≈0<0.1
2	1.1.2	0.039		21	2.4.2	0.008	
3	1.1.3	0.078		22	3.1.1	0.023	CI≈0<0.1 CR≈0<0.1
4	1.2.1	0.034	CI≈0<0.1 CR≈0<0.1	23	3.1.2	0.023	
5	1.2.2	0.017		24	3.1.3	0.047	
6	1.2.3	0.017		25	3.2.1	0.005	CI≈0.040<0.1 CR≈0.045<0.1
7	1.3.1	0.039	CI≈0.027<0.1 CR≈0.046<0.1	26	3.2.2	0.010	
8	1.3.2	0.062		27	3.2.3	0.021	
9	1.3.3	0.016		28	3.2.4	0.007	
10	1.4.1	0.011	CI≈0.045<0.1 CR≈0.076<0.1	29	3.3.1	0.039	CI≈0<0.1
11	1.4.2	0.018		30	3.3.2	0.020	
12	1.4.3	0.011		31	4.1.1	0.015	CI≈0.027<0.1 CR≈0.046<0.1
13	2.1.1	0.071	CI≈0<0.1	32	4.1.2	0.038	
14	2.1.2	0.071		33	4.1.3	0.024	
15	2.2.1	0.020	CI≈0.045<0.1 CR≈0.076<0.1	34	4.2.1	0.009	CI≈0.027<0.1 CR≈0.046<0.1
16	2.2.2	0.033		35	4.2.2	0.015	
17	2.2.3	0.020		36	4.2.3	0.006	
18	2.3.1	0.007	CI=0<0.1				
19	2.3.2	0.014					

注：①1.1.1 育人主体认知能力；1.1.2 育人目标认知能力；1.1.3 育人对象认知能力；1.2.1 以爱育人的能力；1.2.2 换位思考的能力；1.2.3 情感共鸣的能力；1.3.1 言语沟通能力；1.3.2 倾听悟察能力；1.3.3 交流方式顺变能力；1.4.1 育人理念反思能力；1.4.2 育人行为反思能力；1.4.3 育人效果反思能力；2.1.1 常态育人环境营造能力；2.1.2 偶发育人契机把控能力；2.2.1 育人方式选择能力；2.2.2 育人方式践行能力；2.2.3 育人方式创新能力；2.3.1 评估学生思维思想状态的能力；2.3.2 评估学生情绪情感状态的能力；2.4.1 即时调控育人言行的能力；2.4.2 继时调控育人计划的能力；3.1.1 展现人生理想信念的能力；3.1.2 不懈追求公平正义的能力；3.1.3 积极承担社会责任的能力；3.2.1 展现民族自信与爱国情怀的能力；3.2.2 展现明礼守纪的社会公德的能力；3.2.3 展现爱岗敬业的职业道德的能力；3.2.4 展现优秀独特的个人品格的能力；3.3.1 展现知识丰富性与关联性的能力；3.3.2 展现学科知识精深与魅力的能力；4.1.1 期待导向的育人能力；4.1.2 表现赏识与信任态度的能力；4.1.3 鼓励创新并且容错的能力；4.2.2 以全面评价激励学生的能力；4.2.2 用适切目标激励学生的能力；4.2.3 借成就动机激励学生的能力。②2.1 情境创设能力、2.3 育人效果评估能力、2.4 育人反馈调控能力、3.3 学识学养影响能力的下层指标数为 2，即受检验层次子目标数为 2，所对应的 RI 取值为 0，故不计算 CR 值。

据表 4-18，教师育人能力四个一级指标的权重从大到小依次为：基础性育人能力（$W_1 \approx 0.420$）、情境性育人能力（$W_2 \approx 0.269$）、示范性育人能力（$W_3 \approx 0.190$）、激励性育人能力（$W_4 \approx 0.121$）。其中"基础性育人能力"所占的权重最大，超过了 40%。基础性育人能力体现教师对育人的基本认知、情感、态度、经验技能等心理特征，是开展育人活动的一般性能力，同时为其他维度的能力发展提供支持。因此，专家一致重视教师"基础性育人能力"，其所得权重系数符合教师开展育人实践的现实需要。情境性育人能力权重占比 26.9%，表明其也是较为重要的一项能力指标，这一维度集中考察教师在具体教育情境中的机智性行动能力。面对真实教育情境的多样性、复杂性与不确定性，情境性育人能力对于教师对教育性事件的处理具有重要的作用。另外，示范性育人能力（$W_3 \approx 0.190$）和激励性育人能力（$W_4 \approx 0.121$）在教师育人实践的细微之处也有其特殊的地位和功用。

在 13 项二级指标中，教师育人认知能力、育人情境创设能力、沟通交流能力三项能力要素的组合权重值大于 10%，组合权重值最大的为"育人认知能力"，提示该项能力要素在 13 项二级指标要素中被视为最重要的一项，说明正确的育人认知对于教师育人实践具有重要作用。组合权重值次之的为"育人情境创设能力"，提示该项能力对于学生成长发展具有关键作用，也印证着情境本身所具备的育人功能。组合权重值位于第三位的为"沟通交流能力"，教师育人活动基于师生之间顺畅的沟通交流，该项能力要素受重视程度高具有合理性。二级指标下，教师育人能力指标体系中还包含 36 个三级指标，根据表 4-19，组合权重值大的二级指标要素"育人认知能力""育人情境创设能力""沟通交流能力"所对应的三级指标要素"育人主体认知能力""育人对象认知能力""常态育人环境营造能力""偶发育人契机把控能力""倾听悟察能力"也被分别赋予了更多的权重。

在教师育人能力指标整体权重为 1 的情况下，计算出来的二级指标和三级指标组合权重较小。考虑到自评量表题量大以及实际调查的复杂性等现实状况，为了方便计算数据，将教师育人能力工具按各一级指标进行维度划分，采取各一级指标的权重计算教师育人能力分量表的得分及总分。各一级指标权重对应的即为各分量表的权重。

至此，获得教师育人能力四个分量表的权重。在计算教师育人能力自评得分时需要注意，各维度的题项评分在加权后才构成能力自评的最终结果。

第三节 评估工具的评估

有效的评估需要借助高质量的评估工具，而一个好的评估工具应满足信度、效度、难度、区分度等各项测量要求。为准确检验教师育人能力评估工具的有效性和科学性、对教师育人能力自评量表做大样本支持下的分量表信度检验，使用 AMOS 分析软件对教师育人能力结构模型（即分量表）做结构效度检验，使用 Rasch 模型对量表测量能力、题项与选项合理性设定进行分析。

一 评估工具的信效度检验

信效度是评估量表质量的基本统计量，表明量表可信、可靠和有效的程度。在自评量表初始形成阶段，曾使用少量数据粗略检验了初建工具的整体信度，以保证量表满足基本的一致性要求。效度方面，使用专家研判形成的教师育人能力框架支持结构效度，使用小组研讨法以支持内容效度。虽然初始阶段对自评量表的信效度均有所考虑，但整体都较为粗糙。为确保最终完成的评估工具本身质量达到标准，研究设计在量表整体调试完成后，采用修正后的自评量表进行二次调查，用所得数据作为正式评估工具信度和效度检验的数据来源。

根据研究规范，量表检测的样本量选取标准是题项数量的 5—10 倍。经初步试测修正后的教师育人能力自评量表共有 73 个题项，样本量选择在 365—730 的区间为合理。本书在全国范围内选取中小学教师作为调查对象填答自评量表，调查对象选择时考虑了对不同区域、教龄、任教学科、学段等教师人群的覆盖，以确保抽样合理性。在初始样本选择的基础上，采用滚雪球方式扩大调查量，兼顾了抽样的随机性和非随机性。两种取样方式综合运用，研究最终获得了 492 个有效样本，满足量表检测的样本数量要求。基于这些样本数据，进行教师育人能力评估工具的信效度分析。

（一）评估工具的信度检验

基于调查数据，对教师育人能力各分量表进行信度检验。结果表明：教师育人能力各分量表内部一致性高，信度符合要求。检验结果见表4-20。

表4-20　　　　　　　各分量表的 Cornbach's α 值

分量表	α值
基础性育人能力	0.950
情境性育人能力	0.951
示范性育人能力	0.941
激励性育人能力	0.948

（二）评估工具的结构效度检验

教师育人能力评估工具依据育人能力指标的整体架构进行编制，教师育人能力指标结构的科学合理性与自评工具的结构效度之间存在相互印证的关系，对教师育人能力自评量表结构效度的评判也是对育人能力指标结构框架合理性的验证。这是经德尔菲专家咨询后对教师育人能力要素结构的一次量化检验，从另一不同的路径检验育人能力构成要素是否具有独立性，同时检验能力自评量表的结构合理性。

评估工具的结构效度检验采用了 AMOS 分析软件。AMOS（Analysis of Moment Structures）由 James L. Arbuckle 所发展，适合进行协方差结构分析，是一种处理结构方程模型（Structural Equation Modeling，SEM）的软件。[①] AMOS 作为一款专业的验证性因素分析工具，通过路径图的视觉化，呈现变量之间的载荷系数、相关系数，利用相关的拟合度指标帮助

[①] 方绮雯等：《结构方程模型的构建及 AMOS 软件实现》，《中国卫生统计》2018年第6期。

检验数据是否拟合所建立的模型，从而验证结构模型的合理性。主要涉及的判定指标包括标准化因子载荷系数、组合信度、平均变异萃取量（Average Variance Extracted，AVE）以及 CFI、GFI、CMIN/DF（χ^2/df）等模型拟合度指数等。其中，标准化因子载荷系数用于确定每个变量对于潜在因子的解释程度：当其绝对值大于等于 0.5 时，表示变量具有较强的解释力；大于 0.4 时，表明这一变量的存在是合理的。为考察模型结果中估计出的参数是否具有统计意义，通常需要采用 P 值对载荷系数进行显著性检验，本书取相应的 P 值小于 0.01 时满足要求。CR 用于判断题项所构成的测验真实测得目标特质的强度，其取值达到 0.7 时说明题项的测量是稳定的，取值不低于 0.5 都可以接受。AVE 指的是观测变量与潜在变量之间的聚敛程度，当 AVE 值大于 0.5 时，表明观测变量能够有效估计潜在变量，聚敛能力十分理想，具有良好的操作性定义。[①] CFI、GFI、CMIN/DF 等模型拟合度指数各有其相对的取值范围，当所得拟合度指数数值位于合理范围则说明模型拟合良好。

教师育人能力评估工具中的要素体系由 4 个一级指标、13 个二级指标和 36 个三级指标共同构成。由于能力评估指标要素多，指标层级划分细，不宜采用 AMOS 一次性验证三阶指标。为便于操作，研究按照教师育人能力一级指标的划分，对育人能力 4 个分量表分别进行结构效度检验。根据两轮专家咨询后形成的能力要素结构，具体分为"基础性育人能力"下的二阶 4 因子一阶 12 因子假设模型、"情境性育人能力"下的二阶 4 因子一阶 9 因子假设模型、"示范性育人能力"下的二阶 3 因子一阶 9 因子假设模型和"激励性育人能力"下的二阶 2 因子一阶 6 因子假设模型。其中，13 个因子中的育人认知能力（因子 1）、共情理解能力（因子 2）、沟通交流能力（因子 3）、育人反思能力（因子 4）因子组成"基础性育人能力"；育人情境创设能力（因子 5）、育人方式运用能力（因子 6）、育人效果评估能力（因子 7）、育人反馈调控能力（因子 8）等因子组成"情境性育人能力"；理想价值引领能力（因子 9）、道德品

---

① 邱皓政、林碧芳：《结构方程模型的原理与应用》，中国轻工业出版社 2019 年版，第 91—94 页。

质潜濡能力（因子 10）、学识学养影响能力（因子 11）等因子组成"示范性育人能力"；精神情感激励能力（因子 12）、技巧策略激励能力（因子 13）等因子组成"激励性育人能力"。

"基础性育人能力"分量表的结构效度检验如下。

1. 观测变量在一阶因子载荷系数的显著性

教师"基础性育人能力"模型包含 25 个观测变量（题项），是一个二阶 4 因子一阶 12 因子模型，参数估计结果如表 4-21 所示。表中数据表明：所有的参数值均达显著，观测变量在一阶因子上的载荷量均达到 0.4 以上，最低载荷为 0.576，最高载荷为 0.902；各一阶因子的组合信度 CR 大部分达到 0.7 以上；平均变异萃取量 AVE 大部分达到 0.5 以上。这些数值在统计意义上可以接受，表明 25 个观测变量可以作为测量潜在因子的有效题项存在。

表 4-21　二阶 4 因子一阶 12 因子模型的一阶因子完全标准化因子载荷系数（基础性育人能力）

潜在因子	题项	标准化因子载荷系数	标准误 S.E.	临界比 C.R.(Z)	P	CR	AVE
1.1.1	1	0.711	0.154	11.772	***	0.594	0.425
	2	0.586					
1.1.2	3	0.750	0.059	16.216	***	0.718	0.560
	4	0.746					
1.1.3	5	0.804	0.044	21.788	***	0.815	0.687
	6	0.853					
1.2.1	7	0.902	0.033	28.211	***	0.900	0.810
	8	0.898					
1.2.2	9	0.848	0.053	20.338	***	0.793	0.657
	10	0.771					
1.2.3	11	0.764	0.048	19.451	***	0.760	0.614
	12	0.802					

续表

潜在因子	题项	标准化因子载荷系数	标准误 S.E.	临界比 C.R.(Z)	P	CR	AVE
1.3.1	13	0.747	0.055	18.711		0.747	0.597
	14	0.797			***		
1.3.2	15	0.608	0.044	15.114	***	0.700	0.545
	16	0.849					
1.3.3	17	0.761	0.064	16.481	***	0.707	0.547
	18	0.717					
1.4.1	19	0.607	0.062	13.625	***	0.664	0.502
	20	0.797					
1.4.2	21	0.724	0.051	18.209	***	0.754	0.606
	22	0.829					
1.4.3	23	0.765	0.091	13.514	***	0.754	0.510
	24	0.576			***		
	25	0.782	0.095	13.698			

注：①一阶12因子分别为：1.1.1 育人主体认知能力；1.1.2 育人目标认知能力；1.1.3 育人对象认知能力；1.2.1 以爱育人能力；1.2.2 换位思考能力；1.2.3 情感共鸣能力；1.3.1 言语沟通能力；1.3.2 倾听悟察能力；1.3.3 交流方式顺变能力；1.4.1 育人理念反思能力；1.4.2 育人行为反思能力；1.4.3 育人效果反思能力（表4-22同）。

② *** 表示 p 值小于 0.001。

2. 一阶因子在二阶因子的载荷系数及二阶因子间的独立性检验

根据表4-22，在二阶因子的载荷方面，一阶因子在二阶因子上的载荷量均达到0.4以上，载荷量范围在0.822—0.989，提示所有一阶因子的存在具有合理性。从一阶因子被二阶因子解释后的残差变异量来看，可以分别解释4个二阶因子"育人认知能力""共情理解能力""沟通交流能力""育人反思能力"总变异的77.2%—99.3%，提示12个一阶因子均能够有效解释二阶因子。

表 4-22　12 个一阶因子在 4 个二阶因子上的载荷系数
（基础性育人能力）

二阶因子	一阶因子	标准化因子载荷系数	解释力 SMC	CR	AVE
育人认知能力	1.1.1	0.909	0.960	0.950	0.863
	1.1.2	0.926	0.959		
	1.1.3	0.952	0.900		
共情理解能力	1.2.1	0.879	0.972	0.937	0.832
	1.2.2	0.959	0.927		
	1.2.3	0.897	0.929		
沟通交流能力	1.3.1	0.914	0.993	0.957	0.880
	1.3.2	0.913	0.919		
	1.3.3	0.986	0.772		
育人反思能力	1.4.1	0.949	0.905	0.967	0.908
	1.4.2	0.979	0.857		
	1.4.3	0.93	0.826		

在模型中，二阶因子间既要有独立性又要有关联性。由表 4-23 可知，教师"育人认知能力""共情理解能力""沟通交流能力""育人反思能力"四者间均呈现较高程度的相关性，相关系数分别为 0.77—0.91。其中"育人认知能力"与"育人反思能力"、"共情理解能力"与"育人反思能力"、"共情理解能力"与"沟通交流能力"之间的相关性达到 0.9 以上，表明理论假设的二阶 4 因子—一阶 12 因子模型中各因子虽然相对独立地测试了教师"基础性育人能力"的不同方面，但又可能有所重叠，两两可以合并为一项能力因子。故此需要对"基础性育人能力"的假设模型进行进一步的核查与验证。

表 4-23　　"基础性育人能力"二阶因子相关系数

	育人认知能力	共情理解能力	沟通交流能力	育人反思能力
育人认知能力	1.00	0.83	0.69	0.90
共情理解能力		1.00	0.90	0.91
沟通交流能力			1.00	0.77
育人反思能力				1.00

3. 验证性因素分析模型及拟合度检验

采用极大似然法对教师"基础性育人能力"模型进行验证性因素分析，图 4-3 为标准化解的路径图。

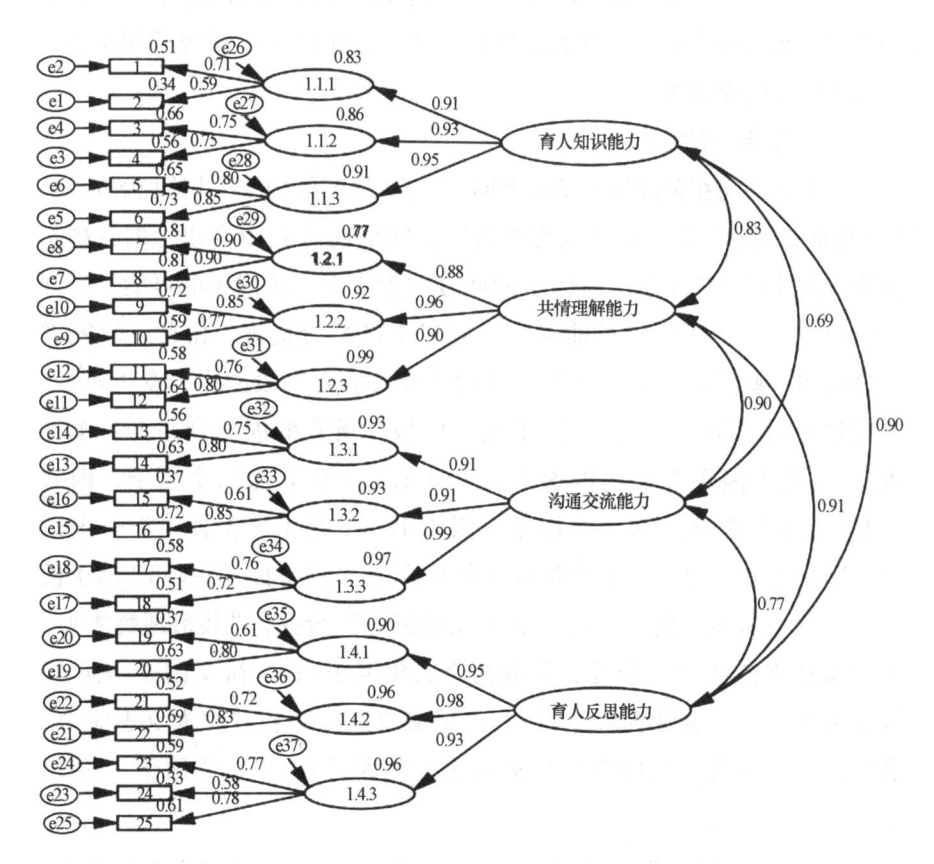

图 4-3　"基础性育人能力"二阶因子标准化解路径

采用验证性指数对模型进行拟合度检验，检验结果见表4-24。

表4-24 "基础性育人能力"二阶4因子一阶12因子模型拟合指数

指标	CMIN/DF	GFI	AGFI	TLI	CFI	RMSEA
数值	2.825	0.886	0.856	0.939	0.948	0.061

由上述数据可知，拟合优度的卡方检验CMIN/DF为2.825，比较适合度指标CFI、TLI皆大于0.9，虽然GFI、AGFI值略低于良好拟合标准[①]，但0.886、0.856数值趋近于0.9，且平均平方误差平方根小于0.08，各分析指数均在合理的范围内。因此，研究认为该模型对数据拟合较好，暂且接受教师"基础性育人能力"是由12个一阶因子和4个二阶因子组成的模型假设。

4. 竞争模型的比较

二阶因子间相关性检验结果表明，"育人认知能力""共情理解能力""沟通交流能力"和"育人反思能力"之间呈现0.8、0.9以上的较高相关度，因此存在将4个二阶因子两两合并为3个二阶因子的可能性。同时，12个一阶因子也有可能需要合并以提高拟合优度。由此，研究者尝试提出一些其他可能的教师"基础性育人能力"模型作为竞争模型。研究设想的拟合模型有：一阶单因子模型（所有的因子合并为一个维度）；一阶4因子模型（因素1.1.1至1.1.3合并为一个因子，因素1.2.1至1.2.3合并为一个因子，因素1.3.1至1.3.3合并为一个因子，因素1.4.1至1.4.3合并为一个因子）；二阶2因子一阶12因子模型一（"育人认知能力"与"育人反思能力"合并，"共情理解能力"与"沟通交流能力"合并，形成两个二阶因子）；二阶2因子一阶12因子模型二（"共情理解能力""沟通交流能力"和"育人反思能力"合并，与"育人认知能力"形成两个二阶因子）；二阶3因子一阶12

---

① *各拟合度指标的取值范围：CFI≥0.9，TLI≥0.9，GFI＞0.9，AGFI＞0.9表示模型适配优良；1≤CMIN/DF（χ^2/df）＜3表示良好；RMSEA＜0.05表示适配极好，0.05≤RMSEA＜0.08表示适配合理，0.08≤RMSEA＜0.10可以接受，RMSEA＞0.10表示适配差。

因子模型（"共情理解能力"和"育人反思能力"合并，与"育人认知能力""沟通交流能力"形成3个二阶因子）。可能模型的拟合指数如表4-25所示。

表4-25　　"基础性育人能力"竞争模型拟合指数比较

编号	竞争模型	χ^2/df	GFI	AGFI	TLI	CFI	RMSEA	模型比较检验		
								比较	$\triangle\chi^2$	$\triangle df$
1	原模型	2.825	0.886	0.856	0.939	0.948	0.061			
2	一阶单因子	3.310	0.857	0.831	0.923	0.929	0.069	2与1	184.174***	18
3	一阶4因子	3.330	0.859	0.830	0.922	0.930	0.069	3与1	169.700***	12
4	二阶2因子一阶12因子（一）	3.045	0.874	0.844	0.931	0.940	0.065	4与1	71.713***	5
5	二阶2因子一阶12因子（二）	3.038	0.875	0.845	0.931	0.931	0.064	5与1	69.709***	5
6	二阶3因子一阶12因子	3.028	0.877	0.846	0.932	0.931	0.068	6与1	61.020***	3

由表中数据可知，各种可能模型中拟合指数最差的是一阶单因子模型和一阶4因子模型，这一数据明确表明教师"基础性育人能力"模型应该具有二阶因子。其他几个可能模型与原模型相比较，二阶3因子一阶12因子模型的拟合指数也都在适配范围内，但在该模型中，一阶因子1.4.3"育人效果反思能力"在二阶因子上的载荷为1.03，这是不合理的。二阶2因子一阶12因子模型一和模型二也没有明显的优势，其RMSEA值都高于原模型，由此说明原模型相较竞争模型是相对优解模型。因此，综合竞争结果，二阶4因子一阶12因子模型（原模型）为教师"基础性育人能力"的最佳拟合模型。

以同样的方法对教师"情境性育人能力""示范性育人能力""激励性育人能力"三个分量表评估要素进行验证性因素分析，发现这三个分量表的结构效度虽各自表现不同，但同样基本符合了统计学要求。图4-4至图4-6为各维度验证性因素分析后的标准化解路径。

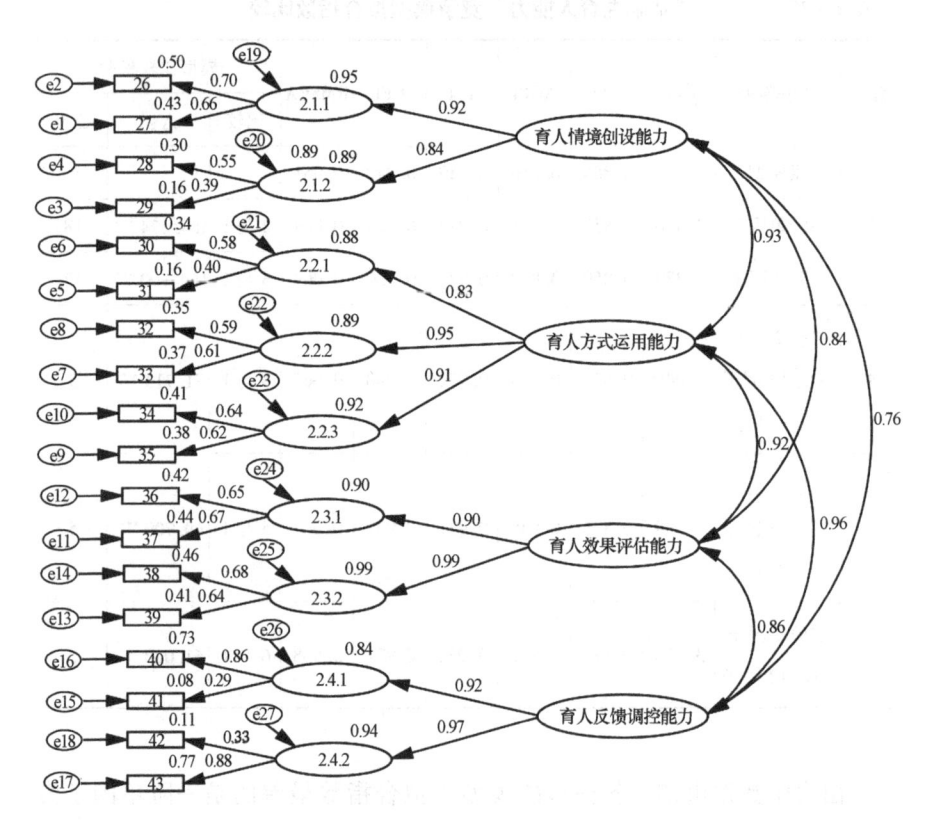

图4-4　"情境性育人能力"二阶因子标准化解路径

在图4-4至图4-6中，同样有出现个别二阶因子间相关系数大于0.9的情况，情境性育人能力中"育人方式运用能力"与"育人反馈调控能力"、示范性育人能力中"道德品质潜濡能力"与"学识学养影响能力"间相关系数达到0.96，这一数据统计结果表明，相关性极高的两个能力因子在理论上可以合并成一个因子。为了检验两两相关性颇高的能力因子是否可以合并，以形成更好的能力模型，研究开展了竞争模型比较。四个维度教师育人能力原模型与竞争模型的比较结果都显示原模型

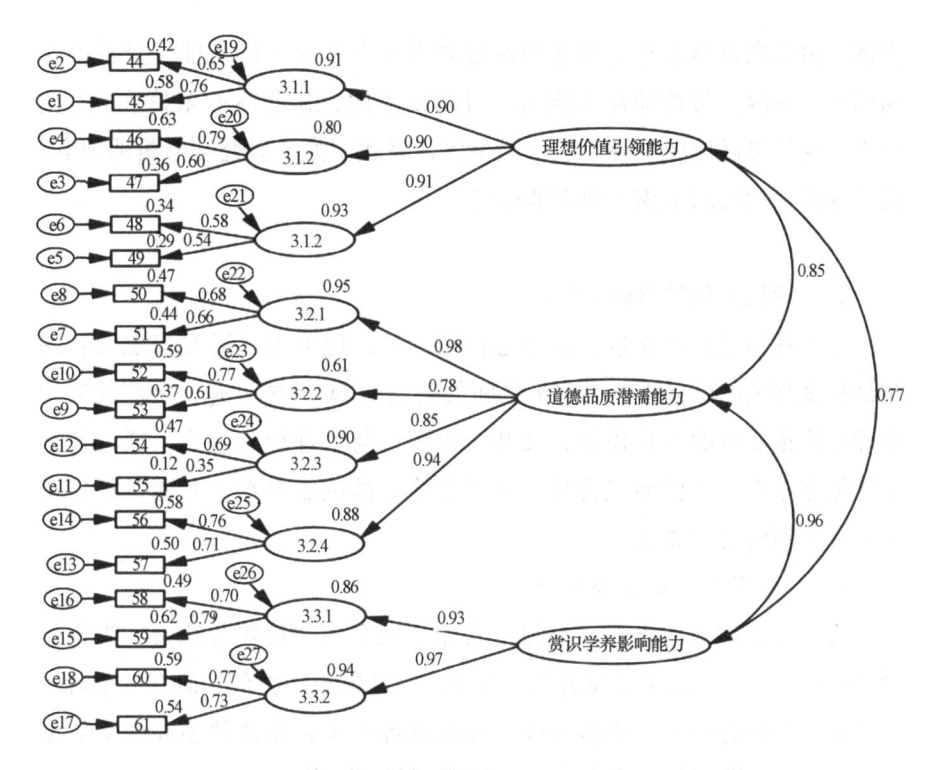

图4-5 "示范性育人能力"二阶因子标准化解路径

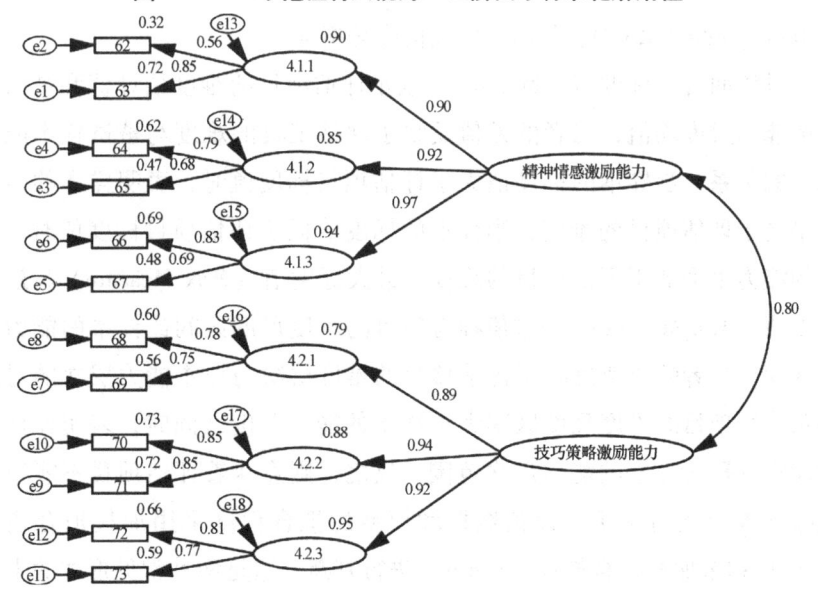

图4-6 "激励性育人能力"二阶因子标准化解路径

更优，由此在模型架构上排除两两能力因子合并为一的可能。分析因子高相关的原因，与教师育人能力本身的整体性、综合性不无关系。分离要素是为了更好地凸显特点、认识整体，因此，为了研究与分析的便利，仍旧选择保持两因子相互独立地存在。

二 评估工具的 Rasch 分析

考察评估工具的质量，除考虑信效度外，理论上还需要考虑项目的难易程度与被测试样本能力水平之间的关系。Rasch 模型是一种广泛应用于教育测量领域的统计模型，其基于概率论与数理统计理论，通过考察统计数据是否与该模型拟合从而可用于检验被试能力水平与测量项目难度水平之间的对应关系。

（一）各子量表的拟合分析

为了解评估工具能否对教师育人能力做全面的覆盖与测量，需要借助 Rasch 模型进行量表质量分析。与效度检验的思路类似，研究分别对各子量表进行拟合分析，用拟合度指标考察各子量表评估题项和样本数据与预期 Rasch 模型的吻合程度。分析采用了标度值、Infit（Outfit）MNSQ 和 Infit（Outfit）ZSTD、分离度以及信度等指标。

具体而言，标度值（Measure）表示评估项目的难度估计值和被试样本的能力尺度均值，二者的差值反映了评估工具的难度与被试样本能力水平的关系。当样本的标度值大于评估项目标度值时，表明样本的能力水平高于评估项目的难度；当样本的标度值低于评估项目标度值时，样本的能力水平低于评估项目的难度。最大标度值（Max Measure）与最小标度值（Min Measure）的差值称为项目的难度尺度区间或样本的能力尺度区间，二者的差值反映了评估项目的难度层次与样本能力层次的对应关系。当项目的难度尺度区间大于样本的能力尺度区间时，表明评估项目能很好覆盖样本的能力层次范围；反之，则意味着评估项目不能很好覆盖样本的能力水平。评估数据和模型的拟合程度采用加权拟合指标（Infit）和未加权拟合指标（Outfit）进行判断，这是两种常见形式的卡方拟合指标。其中，加权拟合指标表示项目对样本的反应情况，未加权拟合指标（Outfit）表示项目偏离样本数据的情况。Infit MNSQ 和 Outfit

MNSQ 表示均方残差，Infit MNSQ 指标对影响个人测量水平附近项目反应的意外行为较为敏感，Outfit MNSQ 指标对远离被试测量水平的项目上的意外行为较为敏感。根据 Linacre（2013）的标准，Infit MNSQ 和 Outfit MNSQ 的理想取值范围为 0.5—1.5，数值越接近 1，说明数据与 Rasch 模型的拟合越理想。Infit ZSTD 和 Outfit ZSTD 表示标准均方残差，用来说明某一特征值与均值之间标准偏差的数量，代表实测结果和模型预期结果之间的偏离显著性，理想取值范围为 -2—2，数值越接近 0，表明项目与 Rasch 模型的拟合越理想。分离度（Separation）是指项目或被试在测评变量上的相互分离程度，数值大于 2 代表区分效果较好。信度（Reliability）表示题项或被试的可靠度，一般认为数值在 0.8—0.9 属于理想信度，大于 0.9 属于信度非常理想。

研究使用 Winsteps 5.5.1 版本软件进行 Rasch 分析，子量表项目和样本的拟合参数统计结果如表 4-26、表 4-27 所示。

表 4-26　　各子量表项目的总体拟合度参数

	Mean Measure	Min Measure	Max Measure	Infit		Outfit		Separation	Reliability
				MNSQ	ZSTD	MNSQ	ZSTD		
基础性育人能力	0.00	-1.05	1.68	1.02	0.00	0.97	-0.2	12.69	0.99
情境性育人能力	0.00	-1.31	1.68	1.02	0.00	1.02	-0.3	9.06	0.99
示范性育人能力	0.00	-1.22	1.18	1.03	0.10	0.94	-0.20	6.83	0.98
激励性育人能力	0.00	-1.38	0.90	1.00	0.00	0.90	-0.30	7.78	0.98

表 4-27　　　　　　　　各子量表中样本的拟合度参数

	Mean Measure	Min Measure	Max Measure	Infit		Outfit		Separation	Reliability
				MNSQ	ZSTD	MNSQ	ZSTD		
基础性育人能力	3.15	-1.39	6.73	0.95	-0.40	0.97	-0.10	3.99	0.94
情境性育人能力	3.03	-1.45	6.57	0.90	-0.10	0.94	-0.10	3.33	0.92
示范性育人能力	3.73	0.12	8.66	0.96	-0.10	0.94	-0.10	3.18	0.91
激励性育人能力	3.39	-0.85	8.07	0.94	-0.20	0.90	-0.20	2.65	0.88

由表中数值可知，在标度值指标上，各子量表样本的标度值均高于项目的标度值，表明被试教师的能力总体高于评估工具的难度。与之关联，各子量表样本的能力尺度区间均大于项目的难度尺度区间，表明项目在覆盖被试的能力方面有所欠缺。在 Infit（Outfit）MNSQ 和 Infit（Outfit）ZSTD 拟合度指标上，所有子量表中项目和样本的 Infit（Outfit）MNSQ 数值在 0.90—1.03，均非常接近 1，符合 0.5—1.5 的标准范围；所有子量表中项目和样本的 Infit（Outfit）ZSTD 数值介于标准范围 -2—2，数值全部接近 0，表明所有子量表的项目以及被试样本与 Rasch 模型适配度很高，拟合度非常理想。统计结果显示各子量表项目和样本的分离度介于 2.65—12.69，数值皆大于 2，表明各子量表项目具有较好的难度分层，样本也具有很好的能力分层。各子量表的项目和样本信度参数中除"激励性育人能力"子量表中样本的信度为 0.88，其余都高于 0.90，表明所有子量表的信度均非常理想。

拟合度统计结果表明，除标度值和能力尺度区间指标外，其余各项拟合指标皆在合理范围，教师育人能力各子量表的拟合参数基本符合 Rasch 模型。对于各子量表样本的标度值和能力尺度区间皆高于评估项目的问题，究其原因，可能是因为教师育人能力评估工具是以自评的方式进行评估，教师在基本职业素养、准入要求以及社会期许效应等多方影响之下，更倾向于选择代表更高能力的 4 级或 5 级选项，这就造成了被试教师的育人能力高于测评工具预期难度的结果。要解决这一问题,需要探索更多的评估方式,例如,通过对被试教师的深度访谈或实际课堂观察,来更加全面、客观地洞察一线教师的育人能力状况。

(二)各子量表中每个项目的拟合度分析

对各子量表的每个项目进行拟合度分析,除采用前面用到的标度值、Infit (Outfit) MNSQ 和 Infit (Outfit) ZSTD 拟合指标外,还采用了标准误差(Model S. E.)以及点值相关系数(PT – Measure Corr)等指标。其中标准误差表示样本数据与理论模型值之间的差异,项目和样本的误差值越接近于0,表明题项与 Rasch 模型拟合时的稳定程度越好。点值相关系数体现了每个项目的回答与 Rasch 模型的相关性,一般大于0.6即可。模型拟合程度与点值相关系数大小呈正相关。如果系数小于0,说明数据与模型拟合程度完全不相关,项目所测量的潜在构念不是预计要测量的能力,甚至相反,这一情况下需要对该项目进行修改或剔除。对四个子量表各项目的拟合度分析如下:

1. "基础性育人能力"子量表各项目的拟合度分析

表4-28为"基础性育人能力"子量表各项目的参数统计结果。其中难度估计值(Measure)表示每个项目的难度值,得分越高,则项目越难。该子量表共有25个题项,其中,项目3的难度值为1.68,是该量表中难度最大的题项;项目7、8、15和19的项目难度值最低,为-1.05。表中显示,各题项的标准误差在0.24—0.32,说明项目在估计被试能力水平时比较稳定。子量表中第1项与第25项的 Infit MNSQ、Outfit MNSQ 及 Infit ZSTD、Outfit ZSTD 值稍有偏差。项目1的 Infit MNSQ 和 Outfit MNSQ 值分别为1.56和1.69,且标准化的 Z 值也略高于阈值,表明该项目的实际观察值和模型预测值之间拟合度不够好,且项目存在显著的干扰方差,说明该项目中存在着异常值。项目25标准化的 Z 值稍低于阈值,表明该项目同样存在异常值。考察点值相关系数的结果显示,PT – Measure Corr 值都大于0.6,可见每一个项目的回答与 Rasch 模型均具有较好的相关性。其中,项目1和项目25的相关系数分别为0.73和0.63,都在可接受的范围,综合各项数据的统计结果,接受项目1与项目25,模型整体拟合较好。

表 4-28　　　"基础性育人能力"子量表各项目拟合度

项目编号	Measure	Model E.	Infit		Outfit		PT-Measure Corr
			MNSQ	ZSTD	MNSQ	ZSTD	
1	-0.38	0.30	1.56	2.2	1.69	2.3	0.73
2	1.57	0.24	0.84	-1.0	0.72	-1.4	0.66
3	1.68	0.24	0.99	0.00	1.06	0.4	0.66
4	-0.04	0.29	1.43	1.9	1.41	1.5	0.69
5	-0.04	0.29	1.12	0.6	1.20	0.9	0.82
6	0.90	0.25	0.73	-1.7	0.69	-1.5	0.65
7	-1.05	0.32	1.02	0.2	0.94	-0.1	0.78
8	-1.05	0.32	0.94	-0.2	0.68	-1.2	0.75
9	-0.04	0.29	1.17	0.9	1.08	0.4	0.81
10	-0.04	0.29	0.89	-0.50	0.80	-0.80	0.84
11	-0.20	0.29	0.90	-0.40	0.89	-0.4	0.85
12	0.12	0.28	1.11	0.6	0.89	-0.4	0.75
13	-0.20	0.29	1.21	1.0	0.98	0.00	0.78
14	-0.66	0.31	0.77	-1.00	0.63	-1.50	0.80
15	-1.05	0.32	1.12	0.6	1.11	0.5	0.72
16	-0.29	0.30	1.36	1.6	1.38	1.4	0.77
17	-0.38	0.30	1.10	0.5	1.18	0.7	0.73
18	-0.29	0.30	0.62	-2.0	0.56	-1.9	0.82
19	-1.05	0.32	1.36	1.5	1.35	1.2	0.68
20	0.28	0.27	0.86	-0.7	0.82	-0.7	0.69
21	-0.56	0.31	1.15	0.7	1.10	0.5	0.78
22	0.43	0.27	0.71	-1.7	0.61	-1.8	0.69
23	0.05	0.28	0.76	-1.2	0.63	-1.6	0.69
24	1.22	0.25	1.16	1.0	1.18	0.9	0.66
25	1.09	0.25	0.63	-2.5	0.60	-2.1	0.63

2. "情境性育人能力"子量表各项目的拟合度分析

如表4-29所示,"情境性育人能力"子量表中的难度极值为1.68和-1.31,分别指向项目7与项目15,表明该量表中最难的题项为7,最容易的题项为15。各项目的标准误差在0.24—0.33,表明项目在估测被试能力水平时比较稳定。第4列到第7列的统计指标数据显示,Infit MNSQ的数值范围在0.72—1.4,Outfit MNSQ的数值范围在0.54—1.55,Infit ZSTD和Outfit ZSTD的数值范围分别为-1.8—1.7和-2.4—1.8,表明数据整体表现良好,但也有部分数值超出可接受的范围。其中需要重点关注的项目有两个:项目8标准化的Z值(Outfit ZSTD)为-2.4,项目16未加权的均方拟合统计量(Outfit MNSQ)为1.55,处于标准区间之外。但进一步考察,这两个项目与Rasch模型的相关系数均大于0.6,所以依然可以表明这两个项目的实际观察值和模型之间的拟合度较好。相关系数指标上,项目的数值范围在0.51—0.87,表明大部分项目的相关系数在可接受的范围内,只有项目2和项目3低于阈值。项目2的相关系数只有0.51,说明该项目的回答与模型之间有偏差,表明在后续量表修订时应考虑该题项的修改。项目3的相关系数为0.59,接近于0.6,基本属于合理范畴,故不做特殊处理。综合考虑表中各项参数结果,研究认为"情境性育人能力"量表测量数据与模型之间的拟合度总体达到要求。

表4-29 "情境性育人能力"子量表各项目拟合度

项目编号	Measure	Model S. E.	Infit		Outfit		PT - Measure Corr.
			MNSQ	ZSTD	MNSQ	ZSTD	
1	0.39	0.27	0.97	-0.1	0.85	-0.50	0.68
2	0.24	0.28	0.88	-0.60	0.76	-0.90	0.51
3	-0.42	0.30	1.24	1.1	1.14	0.6	0.59
4	-0.51	0.30	1.28	1.3	1.22	0.9	0.84
5	-0.33	0.30	1.01	0.1	0.99	0.10	0.87
6	0.67	0.26	0.73	-1.7	0.69	-1.3	0.66
7	1.68	0.24	0.96	-0.20	0.72	-1.40	0.65

续表

项目编号	Measure	Model S.E.	Infit MNSQ	Infit ZSTD	Outfit MNSQ	Outfit ZSTD	PT-Measure Corr.
8	1.38	0.25	0.72	−1.8	0.54	−2.4	0.65
9	−0.07	0.29	0.99	0.00	0.97	0.00	0.64
10	−0.33	0.30	0.93	−0.30	0.88	−0.40	0.86
11	0.32	0.27	0.77	−1.3	0.76	−0.90	0.75
12	−0.33	0.30	1.20	1.0	1.19	0.7	0.84
13	−0.51	0.30	1.21	1.0	0.82	−0.60	0.81
14	−0.24	0.29	1.01	0.1	0.85	−0.50	0.83
15	−1.31	0.33	0.83	−0.70	0.84	−0.50	0.79
16	−0.60	0.31	1.40	1.7	1.55	1.8	0.79
17	−0.70	0.31	1.30	1.3	1.42	1.5	0.69
18	0.67	0.26	0.89	−0.60	0.79	−0.80	0.66

3. "示范性育人能力"子量表各项目的拟合度分析

如表4-30所示,"示范性育人能力"子量表共有18个项目,各项目的拟合统计指标大部分在可接受的范围内。最高难度估计值为1.18,对应第14题项;最低难度估计值为−1.22,对应第10题项,难度极值跨度较之前两个子量表均有所降低。各项目的标准误差在0.22—0.3,提示项目稳定性较好。点值相关系数的取值范围在0.62—0.84,说明该子量表中的所有题目具有相同的测量含义,变化趋势相同,所有题目的设计都指向同样的潜在变量。总览其他项目的各参数表现,除项目1外都在合理的范围。项目1的问题在于Infit MNSQ值和Infit ZSTD值均高于标准,分别为1.91和3.2。虽然项目1与Rasch模型的拟合不理想,但该题项的标准误差数值和点值相关系数均在合理范围内。对问题做进一步分析,该题目的表述是"我一直保持并呈现积极向上的人生态度和价值信念",考虑到调查涉及的被试者范围广、层次多样,每位教师的生活经历不同,总有消极失落的时刻,很难一直保持积极向上的人生态度。但该题项的设置可以总体上反映被试教师的人生信念和理想价值观,综合考虑后保留该题项。于总体而言,"示范性育人能力"子量表中的各项目与模型之间较为匹配，各项目的数据与模型拟合较为合理。

表4-30　"示范性育人能力"子量表各项目拟合度

项目编号	Measure	Model S.E.	Infit MNSQ	Infit ZSTD	Outfit MNSQ	Outfit ZSTD	PT-Measure Corr
1	-0.06	0.27	1.91	3.2	1.42	1.5	0.62
2	0.22	0.26	0.84	-0.70	0.69	-1.40	0.77
3	1.08	0.22	0.68	-1.80	0.87	-0.60	0.62
4	-0.06	0.27	0.61	-1.90	0.61	-1.70	0.79
5	-0.69	0.29	0.76	-1.1	0.57	-1.6	0.76
6	0.16	0.26	1.18	0.80	1.02	0.2	0.69
7	-0.13	0.27	1.24	1.0	1.21	0.90	0.71
8	-0.44	0.28	1.15	0.7	1.11	0.50	0.74
9	-0.95	0.30	0.96	-0.10	0.91	-0.10	0.69
10	-1.22	0.30	1.09	0.50	0.88	-0.20	0.69
11	0.35	0.25	0.86	-0.60	1.06	0.30	0.65
12	0.29	0.26	0.96	-0.10	0.73	-1.20	0.75
13	0.16	0.26	0.97	-0.10	0.85	-0.60	0.79
14	1.18	0.22	1.03	0.20	1.10	0.60	0.71
15	0.42	0.25	0.87	-0.50	0.78	-0.90	0.84
16	-0.21	0.28	0.99	0.1	0.80	-0.70	0.78
17	0.60	0.24	1.14	0.70	1.05	0.30	0.80
18	-0.69	0.29	1.24	1.1	1.26	0.90	0.63

4. "激励性育人能力"子量表各项目的拟合度分析

表4-31列出了"激励性育人能力"子量表各项目拟合指标的参数估计。由表可知，最难的项目为第1题，最简单的项目为第4题，难度值整体下移。各项目的标准误差在0.27—0.33，提示项目在估计被试能力水平时比较稳定。该子量表中 Infit MNSQ 的最低值为0.69，最高值为1.36；Outfit MNSQ 的最低值为0.63，最高值为1.36，Infit ZSTD 和 Outfit ZSTD 的取值范围在 -1.4—1.4 和 -1.4—1.5，均在合理的范围内，说明项目与模型拟合良好，项目难度与被试能力水平接近，能得到精确的估

计。点值相关系数除项目 1 外均达到合适的范围，项目 1 的相关系数为 0.53，略低于 0.6 的阈值，这可能与题目的难度有关。第 1 题是该子量表所有题项中难度最大的，被试者在应答时可能受到猜测效应的影响而导致该项目的相关系数稍低，但总体不影响子量表的整体拟合度。因此，判定"激励性育人能力"子量表的实测数据与 Rasch 模型的拟合度达到合理水平。

表 4-31　　"激励性育人能力"子量表各项目拟合度

项目编号	Measure	Model S.E.	Infit		Outfit		PT-Measure Corr
			MNSQ	ZSTD	MNSQ	ZSTD	
1	0.90	0.27	1.28	1.4	1.36	1.5	0.53
2	-0.20	0.31	0.87	-0.50	0.66	-1.20	0.80
3	-0.51	0.32	1.36	1.40	1.10	0.40	0.76
4	-1.38	0.33	0.82	-0.80	0.71	-0.60	0.78
5	0.18	0.30	1.09	0.50	0.93	-0.20	0.82
6	-0.30	0.32	1.14	0.60	0.99	0.10	0.77
7	-0.51	0.32	0.82	-0.70	0.87	-0.30	0.80
8	0.83	0.27	0.91	-0.40	0.89	-0.40	0.79
9	0.75	0.27	0.79	-1.0	0.76	-1.0	0.82
10	0.26	0.30	1.32	1.3	1.08	0.40	0.76
11	-0.01	0.31	0.69	-1.40	0.63	-1.40	0.85
12	-0.01	0.31	0.90	-0.30	0.79	-0.70	0.84

（三）各子量表的选项分类检验

选项的设定对量表质量好坏亦有影响。如果各选项之间相互排斥，且选项的意义明确，表明该量表的质量较好。教师育人能力量表为 5 级等级量表，为评价 5 级评分的质量，采用分步计分模型（Partial Credit Rating Scale）来检验 5 级评分等级能否区分被试教师的育人能力。分步计分模型中，Infit（Outfit）MNSQ 是拟合指标，其合理取值范围为 0.5—1.5；校正阈值（Structure Calibrant）的标准随评价级别的增加而增加，不可出现逆序，不同评分级别之间的阈值应相差均匀，且相邻级别的增幅在1.4—5logit；平均测量值（Category Measure）的标准随着评分级别的增加而增加，即高分选项的平均测量值会大于低分选项，表明能力越高，越选择高分选项；反之，能力越低，则越容易选择低分选项。

除了通过上述指标来检验选项设定的合理性外，还可通过概率类别曲线图来直观明了地分析5级选项设置的合理性。一般而言，概率类别曲线图包含了每个级别选项的概率曲线，反映了评分选项的区分能力。纵坐标表示被试选择不同等级选项的概率值，横坐标表示样本数据与项目难度估计值的差值。如果每个选项在图中都有一个没有被覆盖的峰值，则认为是最理想的状态。

1. "基础性育人能力"子量表的选项分类检验

如表4-32所示，"基础性育人能力"子量表中1级选项的Infit MNSQ和Outfit MNSQ数值分别为2.43、2.57，高于标准值1.5；其余评分等级的Infit MNSQ和Outfit MNSQ数值均介于0.5—1.5，提示除1级外的其余评分等级与Rasch模型的拟合是理想的。子量表中的校正阈值随评分级别递增，除4级的递增幅度为1.29logit，略小于标准值1.4logit外，其余递增幅度均介于1.4—5logit，表明5级评分的等级设定较为合理。子量表中从1级到5级的平均测量值分别为-3.54logit、-1.57logit、0.02logit、1.57logit、3.48logit，呈递增趋势，符合Rasch模型的预期假设，表明5级选项的存在是合理的。

表4-32 "基础性育人能力"子量表选项分类部分指标描述

选项分类标签	Observed Count	Observed Average	Infit MNSQ	Outfit MNSQ	Structure Calibrant	Category Measure
1	520	-0.90	2.43	2.57	None	-3.54
2	1744	-0.41	0.96	1.02	-2.32	-1.57
3	3402	0.14	0.67	0.75	-0.61	0.02
4	5392	1.85	0.79	0.87	0.68	1.57
5	6692	3.10	1.08	1.10	2.25	3.48

2. "情境性育人能力"子量表的选项分类检验

由表4-33可知,"情境性育人能力"子量表中除选项1外,其余选项的Infit(Outfit)MNSQ数值均介于0.5—1.5,表明除1级外的评分等级与Rasch模型的拟合是理想的。子量表中的校正阈值随评分级别递增,且递增幅度均介于1.4—5logit,表明5级评分的等级设定合理。子量表中从1级到5级的平均测量值呈递增趋势,表明能力越高越倾向于选择高分选项,反之,能力低则容易选择低分选项,符合Rasch模型的预期假设,表明5级选项的设置具有合理性。

表4-33 "情境性育人能力"子量表选项分类部分指标描述

选项分类标签	Observed Count	Observed Average	Infit MNSQ	Outfit MNSQ	Structure Measure	Category Measure
1	279	-1.74	1.68	1.94	None	-4.97
2	1792	-1.55	1.19	1.18	-3.83	-2.43
3	1645	-0.43	1.03	1.00	-0.96	-0.07
4	3802	3.03	0.67	0.73	0.80	2.43
5	5262	5.01	0.98	0.96	3.99	5.11

3. "示范性育人能力"子量表选项分类的检验

表4-34中列出的是"示范性育人能力"子量表各选项的分类以及各指标的数据情况。从拟合指标来看,除等级1外其余评分等级的Infit(Outfit)MNSQ数值与Rasch模型的拟合是理想的。子量表中的校正阈值随评分级别递增,3级、4级、5级选项的递增幅度分别为3.07logit、1.86logit、3.53logit,均介于标准范围1.4—5logit,表明5级评分的等级设定合理。子量表中从1级到5级的平均测量值呈递增趋势,符合Rasch模型的预期假设,表明5级选项对"示范性育人能力"子量表所测量能力的区分非常理想。

表4-34 "示范性育人能力"子量表选项分类部分指标描述

选项分类标签	Observed Count	Observed Average	Infit MNSQ	Outfit MNSQ	Structure Calibrant	Category Measure
1	133	-0.95	1.83	1.91	None	-5.23
2	1435	-0.75	1.19	1.24	-4.09	-2.64
3	1519	-0.41	0.97	0.96	-1.02	-0.13
4	3814	3.32	0.71	0.77	0.84	2.63
5	5879	5.39	1.02	0.97	4.37	5.49

4. "激励性育人能力"子量表的选项分类检验

同前述三个子量表的数据表现类似，表4-35显示，与前3个子量表类似，除选项1外的其余选项Infit（Outfit）MNSQ数值与Rasch模型的拟合理想。子量表中的校正阈值随评分级别递增，除4级的递增幅度为1.09logit，略小于标准值1.4logit外，其余递增幅度均介于1.4—5logit，表明5级评分的等级设定基本合理。子量表中从1级到5级的平均测量值呈递增趋势，符合Rasch模型的预期假设，说明该子量表评分选项的设置是比较理想的。

表4-35 "激励性育人能力"子量表选项分类部分指标描述

选项分类标签	Observed Count	Observed Average	Infit MNSQ	Outfit MNSQ	Structure Calibrant	Category Measure
1	33	-0.08	1.70	1.84	None	-4.48
2	557	-0.03	0.81	0.76	-3.34	-1.96
3	1277	0.69	0.74	0.71	-0.45	0.08
4	2908	2.30	0.72	0.80	0.64	1.98
5	3745	3.63	1.47	1.27	3.15	4.30

5. 各子量表的概率类别曲线图分析

图 4-7、图 4-8、图 4-9、图 4-10 分别是四个子量表的概率类别曲线图。由曲线图可知，所有子量表中，5 个等级的选项都有独立的峰值，且峰值覆盖的面积较为均匀，不同等级的峰值之间没有重叠。随着能力等级的递增，获得 1 分的概率逐渐降低，获得 2 分、3 分、4 分的概率依次呈现先增加后降低的趋势，获得 5 分的概率逐渐提高，与 Rasch 模型的预期假设较为吻合，表明 5 级评分选项的设置比较理想。

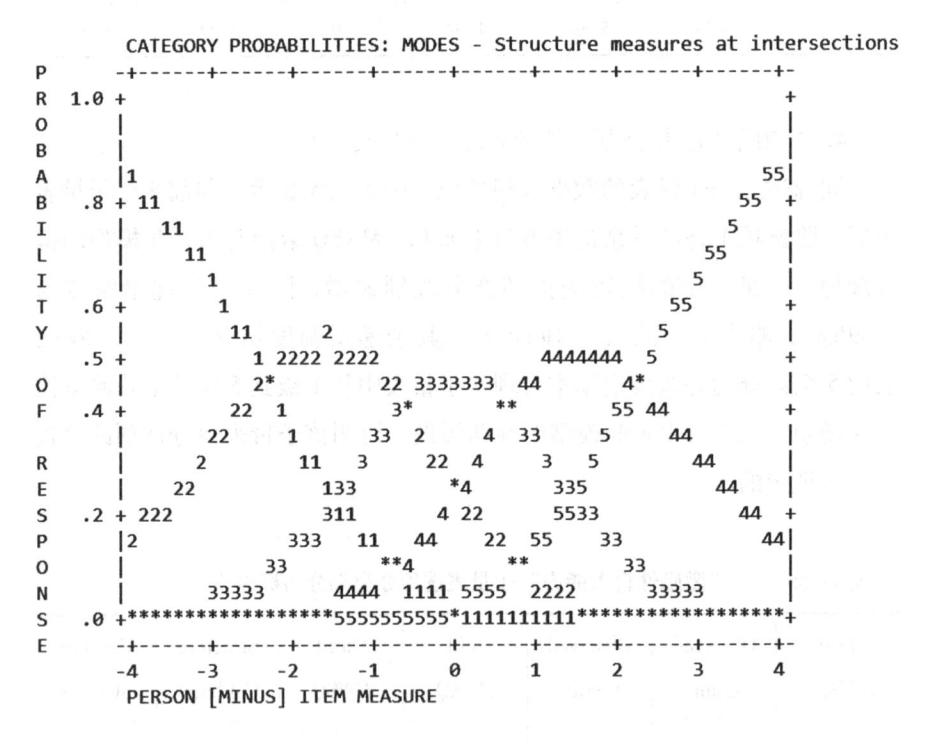

```
CATEGORY PROBABILITIES: MODES - Structure measures at intersections
P    -+------+------+------+------+------+------+------+------+-
R 1.0 +                                                          +
O     |                                                          |
B     |                                                          |
A     |1                                                      55 |
B  .8 + 11                                                    55 +
I     |  11                                                    5 |
L     |   11                                                 55  |
I     |    1                                                  5  |
T  .6 +     1                                                55  +
Y     |      11    2                                          5  |
   .5 +         1 2222 2222              4444444 5               +
O     |          2*         22 3333333  44      4*              |
F  .4 +        22  1         3*         **       55 44          +
      |       22    1         33  2    4  33    5    44         |
R     |      2      11   3      22  4     3  5       44         |
E     |     22       133        *4        335         44        |
S  .2 + 222          311        4 22      5533         44       +
P     |2             333   11   44   22   55  33       44|
O     |              33        **4       **        33          |
N     |             33333    4444  1111 5555  2222   33333     |
S  .0 +*****************5555555555*1111111111****************+
E    -+------+------+------+------+------+------+------+------+-
      -4    -3    -2    -1    0     1     2     3     4
     PERSON [MINUS] ITEM MEASURE
```

图 4-7 "基础性育人能力"子量表选项概率类别曲线

综合 4 个子量表的检验结果可知，教师育人能力自评量表的选项分类设置整体上较为合理，拟合度良好。所有子量表中 5 个等级的选项频数均大于 10，表明 5 级选项设置非常合理。除选项 1 在"基础性育人能力"子量表中与 Rasch 模型的拟合度不符合标准外，其余选项的 Infit MNSQ 和 Outfit MNSQ 数值在所有子量表中均与 Rasch 模型的拟合非常理

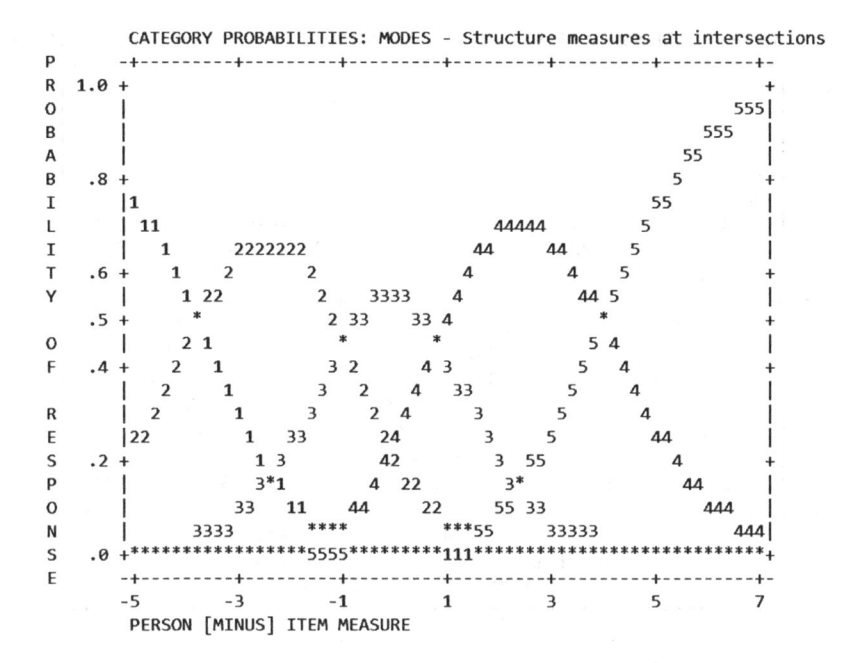

```
CATEGORY PROBABILITIES: MODES - Structure measures at intersections
P   -+---------+---------+---------+---------+---------+---------+-
R 1.0 +                                                          +
O    |                                                       555 |
B    |                                                    555    |
A    |                                                   55      |
B  .8+                                                  5        +
I    |1                                                55        |
L    |  11                              44444        5           |
I    |     1        2222222           44      44    5            |
T  .6+       1    2       2         4           4  5             +
Y    |        1 22         2     3333    4       44 5            |
   .5+         *           2 33    33 4            *             +
O    |         2 1            3 2     *         5 4              |
F  .4+         2 1             3 2    4 3        5  4            +
     |           2  1           3   2   4  33     5   4          |
R    |           2   1          3    2   4   33    5    4        |
E    |22          1   33          24      3      5       44      |
S  .2+             1 3            42       3  55          4      +
P    |              3*1           4  22    3*               44   |
O    |                33   11   44     22    55 33            444|
N    |                  3333     ****       ***55    33333     444|
S   .0+*****************5555*********111**************************+
E   -+---------+---------+---------+---------+---------+---------+-
     -5        -3        -1         1         3         5         7
           PERSON [MINUS] ITEM MEASURE
```

图 4-8 "情境性育人能力"子量表选项概率类别曲线

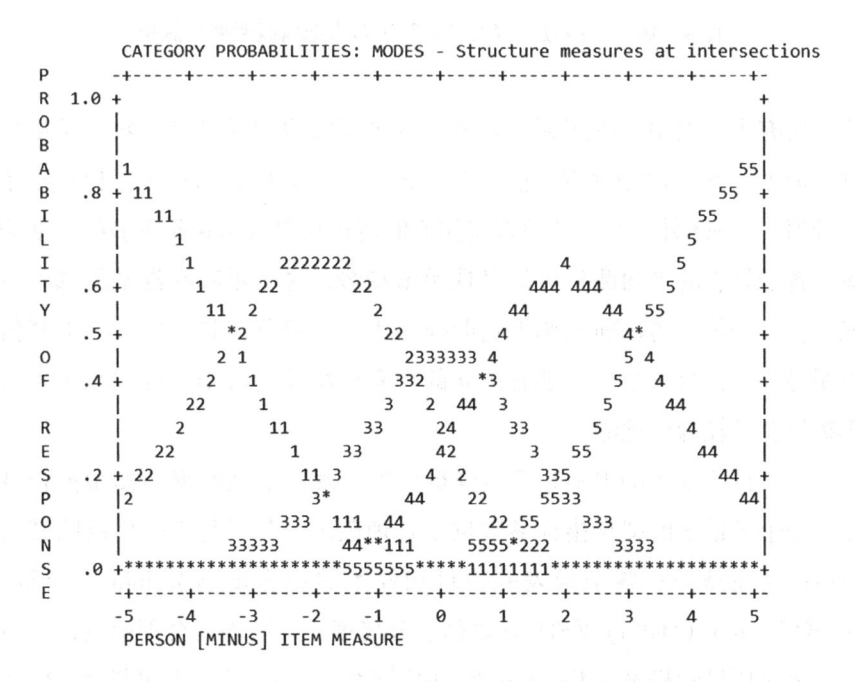

```
CATEGORY PROBABILITIES: MODES - Structure measures at intersections
P   -+-----+-----+-----+-----+-----+-----+-----+-----+-----+-----+-
R 1.0+                                                            +
O    |                                                            |
B    |                                                            |
A    |1                                                         55|
B  .8+ 11                                                     55  +
I    |   11                                                  55   |
L    |     1                                                5     |
I    |      1         2222222                    4        5       |
T  .6+       1      22       22               444  444   5        +
Y    |        11  2            2            44        44 55       |
   .5+          *2              22       4              4*        +
O    |          2 1              2333333    4          5 4        |
F  .4+           2 1              332      *3            5 44     +
     |            22  1            3    2  44   3         5   44  |
R    |             2   11          33      24   33      5      4  |
E    |              22    1         33       42    3  55       44 |
S  .2+22             11 3            4 2       335           44   +
P    |2               3*              44     22     5533       44 |
O    |                  333   111  44       22 55     333         |
N    |                    33333    44**111      5555*222    3333  |
S   .0+*******************5555555****11111111*******************+
E   -+-----+-----+-----+-----+-----+-----+-----+-----+-----+-----+-
     -5    -4    -3    -2    -1    0     1     2     3     4     5
           PERSON [MINUS] ITEM MEASURE
```

图 4-9 "示范性育人能力"子量表选项概率类别曲线

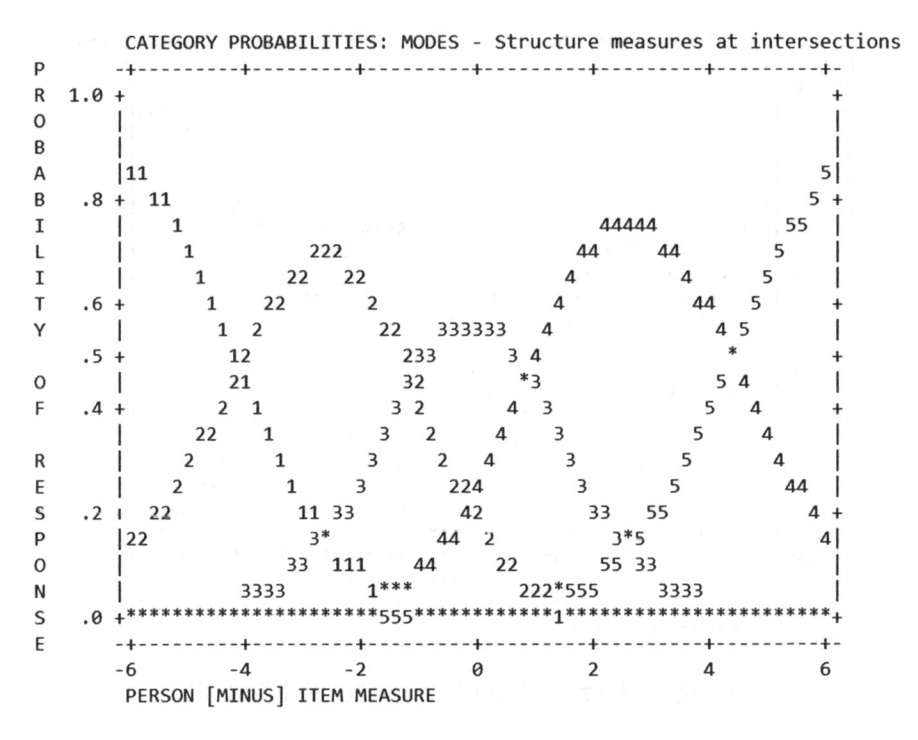

```
                CATEGORY PROBABILITIES: MODES - Structure measures at intersections
P      -+---------+---------+---------+---------+---------+---------+-
R   1.0 +                                                               +
O       |                                                               |
B       |                                                               |
A       |11                                                           5 |
B    .8 +  11                                                         5 +
I       |   1                              44444                55      |
L       |    1     222                   44      44          5          |
I       |     1   22  22                4          4        5           |
T    .6 +      1 22                    22            44    5            +
Y       |      1 2        22     333333 4               4 5             |
     .5 +       12           233       3 4                *             +
O       |       21           32        *3               5 4             |
     .4 +       2 1         3 2         4 3             5   4           +
F       |      22  1          3   2    4    3          5     4          |
R       |     2     1         3   2    4     3        5       4         |
E       |    2       1       3        224      3     5         44       |
S    .2 +   22       11 33         42        33  55           4 +
P       |  |22          3*         44  2         3*5            4|
O       |              33  111    44       22     55 33            |
N       |            3333       1***           222*555    3333      |
S    .0 +**********************555***********1*******************  +
E      -+---------+---------+---------+---------+---------+---------+-
        -6        -4        -2        0         2         4         6
        PERSON [MINUS] ITEM MEASURE
```

图 4 – 10 "激励性育人能力"子量表选项概率类别曲线

想。所有子量表中的校正阈值均随评分级别的增加而增加，除"基础性育人能力"和"激励性育人能力"子量表中，选项 3 的校正阈值略小于标准值 1.4logit 外，其余选项校正阈值的增幅均符合 Rasch 模型的预期假设。各子量表的平均测量值均呈现递增趋势，说明不存在混乱的选项定义。在各子量表的选项概率类别曲线图中，除部分子量表中选项 1 峰值不明显外，其余每个选项都有独立的没有被覆盖的峰值，说明该量表的等级设置是较为合理的。

  通过自评量表的 Rasch 模型分析可以发现：量表数据与模型拟合良好，四个子量表的拟合指标参数位于合理范围，各子量表分别反映其所对应的潜在特质；各子量表的项目和样本的拟合度指标 Infit（Outfit）MNSQ 和 Infit（Outfit）ZSTD 的数值、分离度、信度均在合理范围，表明各子量表项目和样本与 Rasch 模型的拟合度、区分能力以及可靠度是较为合理的。教师育人能力自评量表总体难度不高，难度尺度区间设置能在一定程度上覆盖被试教师的育人能力水平。分步计分模型的检验表明，该量表的 5 级选项符合 Rasch 模型的预期假设，说明 5 级评分选项的设置比较合理。总体而言，教师育人能力自评量表质量通过检验，可以测量出真实的教师育人能力水平。

第四节　评估工具的使用

完成对评估工具自身的质量评估后，最终形成的中小学教师育人能力自评量表由基础性育人能力、情境性育人能力、示范性育人能力、激励性育人能力四个评定子量表组成，适用于全国各地中小学教师人群的育人能力测量。它以定量方式采集信息，可以较为直观、全面、准确地反映教师群体或个体的育人能力水平。

一　评估工具的基本构成

教师育人能力自评量表由 13 个能力要素群组、73 个题项组成，涉及基础性育人能力、情境性育人能力、示范性育人能力、激励性育人能力 4 个分量表。其中，基础性育人能力自评分量表测评"育人认知能力"等 4 个能力群组，包含 25 个题项；情境性育人能力自评子量表测评"育人情境创设能力"等 4 个能力群组，包含 18 个题项；示范性育人能力自评子量表测评"理想价值引领能力"等 3 个能力群组，包含 18 个题项；激励性育人能力自评子量表测评"精神情感激励能力"等两个能力群组，包含 12 个题项。量表构成具体情况见表 4-36。

表 4-36　　　　　　　　量表维度及其题项分布

分量表	能力要素群组	题项数
基础性育人能力分量表	育人认知能力	6
	共情理解能力	6
	沟通交流能力	6
	育人反思能力	7

续表

分量表	能力要素群组	题项数
情境性育人能力分量表	育人情境创设能力	4
	育人方式运用能力	6
	育人效果评估能力	4
	育人反馈调控能力	4
示范性育人能力分量表	理想价值引领能力	6
	道德品质潜濡能力	8
	学识学养影响能力	4
激励性育人能力分量表	精神情感激励能力	6
	技巧策略激励能力	6

中小学教师育人能力自评量表评分采用李克特五级评分法，将每个题项的应答分为 5 个层级，分别为"完全不符合""基本不符合""不确定""基本符合""完全符合"，分别计 1 分、2 分、3 分、4 分、5 分。为了避免受测教师可能的习惯性应答导致量表结果信度降低的情况，还设置了反向评分的条目 3 项。反向条目的计分方式与正向条目的计分方式相反，例如，当选择"完全符合"时计 1 分。

二 评估工具的使用方法

开发完成的教师育人能力自评量表有其适用对象、具体的测试形式以及最终的计分方法，以下进行简要说明。

（一）评估工具的适用对象

教师育人能力自评量表的适用对象为中小学教师，不限制区域与科目。适用于教师群体育人能力水平测量或个体的能力水平自测。

（二）评估工具的测试形式

中小学教师育人能力评估工具作为一个自我评定的量表，由被试者自行完成填写，特殊情况下可以通过访问形式（面对面、电话、网络等）由调查员辅助完成测试。在测试之前，调查员可以对该量表进行简单说明，方便被试者了解作答方式和注意事项；测试过程中，如被试有难以理解的题项可以做适当的解释；测试之后，调查员应对量表的漏填情况进行检查，条件允许的情况下，可以询问漏填的理由。

（三）评分方法

测试所得原始数据需进行转换后进行最终评分。自评量表共有73个评分项目，存在3个反向评分项；量表总分为百分制，需根据子量表的权重分配进行转换后重新评分计算，具体计算方法见表4-37。

表4-37　量表的子量表得分和量表总分的计算方法

维度	题项数	子量表未加权得分	权重	测评总得分
育人认知能力	6	基础性育人能力子量表分 $A_1 = \sum_{i}^{n} k$ $i=1, n=25$ （前25题项得分和）	W_1 0.42	$S = \sum (A_i / B_j * W_i)$ ① A_i 为每个子量表的得分之和 ② B_j 为各子量表的理论最高值之和 ③ 将 A_i / B_j 计算后与各子量表的权重相乘，最后各子量表加权分数的总和
共情理解能力	6			
沟通交流能力	6			
育人反思能力	7			
育人情境创设能力	4	情境性育人能力子量表分 $A_2 = \sum_{i}^{n} k$ $i=26, n=43$ （26—43题项得分和）	W_2 0.269	
育人方式运用能力	6			
育人效果评估能力	4			
育人反馈调控能力	4			
理想价值引领能力	6	示范性育人能力子量表分 $A_3 = \sum_{i}^{n} k$ $i=44, n=61$ （44—61题项得分和）	W_3 0.19	
道德品质潜濡能力	8			
学识学养影响能力	4			
精神情感激励能力	6	激励性育人能力子量表分 $A_4 = \sum_{i}^{n} k$ $i=62, n=73$ （62—73题项得分和）	W_4 0.121	
技巧策略激励能力	6			

注：每个条目评分的理论最高值是5，最小值是1；基础性育人能力分量表、情境性育人能力分量表、示范性育人能力分量表和激励性育人能力分量表评分的理论最高值分别为125、90、90、60，理论最低值分别为25、18、18、12；经过加权后，教师育人能力自评量表总分的理论最高值为100。

需要注意的是，量表中有3个反向评分的条目，统计时应当给予标记；没有作出任何评价的条目（即未被填写的条目），应当作为缺损值标记；当出现缺损值时，如果某个能力维度下的条目超过一半被回答，那么可以计算该能力维度的得分情况,只需将该维度已填好的评分平均值代替未填写条目的评分值;反之,该量表作答无效。

三 评估结果的解释与理解

对群体或个体进行教师育人能力测评所获得的单一分数能够直接反映教师育人能力水平,但无法全面揭示分数本身的含义以及教师育人能力的高低与否。为全面解释分数意义,需要建立测验的常模。常模是一个与被试同类的团体在相同测验上得分的分布状况与结构模式,是解释测验分数的参照系。[①] 在常模研制中,通常将具有一定代表性的被测者的测试分数进行一般化、样本化和标尺化处理,用参照性分数反映某一群体的正常水平,这既是测评结果的分数标准,又是测评结果的根本依据,[②] 是根据标准化样本的测验结果构建起来的评价参照系统。对教师育人能力自评的测评得分进行解释并获得全面的理解,需要研制育人能力常模以提供评价参照系。由于教师育人能力自评量表是面向全国中小学教师的测评工具,因此需要研制全国性的教师育人能力测验常模。

以全国大范围调查数据为基础,进行教师育人能力的常模研制。调查总样本量为2074份,符合全国常模构建样本量的要求。(具体调查及调查对象情况见第五章第一节)抽样方法方面,研究主要采用分层抽样法,在全国范围内兼顾区域、学校类型、学段特征等因素进行抽样,在一定程度上保证了样本的代表性。同时限制时间,使用滚雪球方法补充数据,提高样本丰富性与随机性。数据的采集方式方面,数据获取以线上调查为主、线下为辅的形式进行,线上调查采用"问卷星"平台,所回收数据经过严格审核后进入统计,不合格的问卷数据不予采纳;线下调查采用纸质版量表,回收量表通过认真监督和检查后,获得的有效数据进入录入和统计环节;各种举措最大限度地保障了数据本身的质量。总体来看,无论是在采集数据的质与量方面,还是被测者的代表性方面,

---

① 黄光扬主编:《教育测量与评价》,华东师范大学出版社2012年版,第125—126页。
② 张进辅主编:《现代人才测评技术与应用策略》,重庆出版社2006年版,第190—198页。

都基本符合全国性常模构建的要求。

（一）教师育人能力的常模研制

常见的常模类型有均数常模、百分位数常模、分类常模等，以及基于这些常模的变种。基于教师育人能力测验的具体需求研制教师育人能力常模，为教师育人能力测评具体得分的解释理解提供参照。

◇ 教师育人能力的均数常模

均数常模是一种最常用、最简单的常模形式，反映的是正态分布数据的平均水平，可直观判断被试者得分是否处于正常范围。以教师育人能力的最终得分为原始分数计算得到教师育人能力的均数常模，见表4-38。

表4-38　　　　教师育人能力自评量表均数常模

项目	均数常模
总分	84.27
基础性育人能力	36.23
情境性育人能力	22.42
示范性育人能力	16.01
激励性育人能力	9.62

◇ 教师育人能力的百分位数常模

将量表总分及各分量表的得分按百分位数5%间隔，计算百分位数常模。表4-39显示教师育人能力的百分位数常模。

表4-39　　　　教师育人能力自评量表百分位数常模

百分位数	基础性育人能力	情境性育人能力	示范性育人能力	激励性育人能力	总分
5	32.59	18.83	13.30	8.47	75.73
10	33.60	19.83	13.30	8.47	77.40
15	33.60	19.73	13.30	8.47	78.34

续表

百分位数	基础性育人能力	情境性育人能力	示范性育人能力	激励性育人能力	总分
20	33.60	20.32	13.30	8.47	78.60
25	34.27	20.32	14.14	8.47	79.31
30	34.61	20.62	14.78	8.47	80.45
35	35.28	20.92	14.78	8.47	81.75
40	35.62	21.22	14.99	9.08	83.12
45	36.29	22.12	15.62	9.28	84.25
50	36.62	22.72	15.83	9.48	84.80
55	37.63	23.31	16.47	9.68	85.44
60	37.97	23.91	16.89	9.68	86.21
65	37.97	24.51	17.52	9.88	87.76
70	37.97	24.51	17.94	10.08	88.87
75	37.97	24.51	18.16	10.49	89.10
80	37.97	24.81	18.16	10.69	89.38
85	37.97	24.81	18.16	11.29	90.12
90	38.98	25.11	18.58	11.70	90.92
95	38.98	25.70	18.79	11.90	92.42

◇ 教师育人能力的划界常模

区分教师育人能力的优、良、中等、一般4个水平以帮助测评者迅速判断教师育人能力等级需要研制划界常模。这里将百分位数间距定为5%、10%、25%、50%、75%、90%、95%，教师育人能力得分在5%以下为很低水平，5%到10%为低水平，10%到25%为较低水平，25%到75%为中等水平，75%到90%为较高水平，90%到95%为高水平，百分位在95%以上为很高水平。研究依据上述百分位数间距划分，选取P_{10}、P_{50}、P_{90}作为等级分界点，P_{90}以上为优，P_{50}—P_{90}为良，P_{10}—

P_{50} 为中等，P_{10} 以下为一般，则教师育人能力自评量表的划界常模如表 4-40 所示。

表 4-40　　　　　　　教师育人能力自评量表划界常模

等级	划分标准	基础性育人能力	情境性育人能力	示范性育人能力	激励性育人能力	总分
优	P_{90} 以上	≥38.98	≥25.11	≥18.58	≥11.70	≥90.92
良	P_{50}—P_{90}	[36.62, 38.98)	[22.72, 25.11)	[15.83, 18.58)	[9.48, 11.70)	[84.80, 90.92)
中等	P_{10}—P_{50}	[33.60, 36.62)	[19.83, 22.72)	[13.30, 15.83)	[8.47, 9.48)	[77.40, 84.80)
一般	P_{10} 以下	<33.60	<19.83	<13.30	<8.47	<77.40

◇　教师育人能力的分类常模

当育人能力呈现组间差异，这一差异是由某些客观因素所造成的，其存在具有一定合理性，且短时间内无法改变，为了保证评价对不同群体而言是公正的，需要建立不同教师群体间的分类常模以供同一教师群体做测验分数的解释性参照。不同年龄和教龄的教师因个人经历、从教时长、教育教学经验的差别而可能具有育人能力的差异，可以建立不同年龄、教龄教师育人能力的分类常模以供新手、熟手、老中青不同阶段教师做比较参照。城市、城镇和乡村学校教师因办学条件、文化环境、生源质量等方面的差别可能存在育人能力差距，也需要做出不同属性学校的分类常模。据教师育人能力数据的差异检验结果（具体见第五章第一节），教师育人能力的确在不同年龄、教龄、不同属性学校分组上存在显著性差异，故而对教师育人能力水平在年龄、教龄、不同学校属性这三个变量上做出分类常模，具体见表 4-41。

表4-41　　　　　　教师育人能力自评量表的分类常模

组别	基础性育人能力	情境性育人能力	示范性育人能力	激励性育人能力	总分
年龄（岁）					
≤29	35.37±2.50	21.65±2.32	15.65±1.89	9.50±1.03	82.16±6.01
30—39	36.20±2.26	22.30±2.30	16.01±2.00	9.69±1.16	84.19±5.57
40—49	36.75±2.02	22.95±2.22	16.22±2.04	9.65±1.25	85.58±4.95
≥50	36.76±2.14	22.92±2.35	16.22±2.12	9.66±1.29	85.57±5.16
教龄（年）					
1—3	35.24±2.58	21.55±2.29	15.57±1.89	9.48±1.03	81.84±6.19
4—10	35.77±2.32	21.98±2.32	15.84±1.90	9.60±1.06	83.19±5.54
11—20	36.47±2.12	22.55±2.27	16.14±2.01	9.69±1.19	84.85±5.20
≥20	36.86±2.00	23.05±2.24	16.26±2.09	9.66±1.29	85.84±4.96
学校性质					
城市学校	36.02±2.38	22.25±2.36	15.97±2.00	9.62±1.14	83.86±5.81
乡镇学校	36.48±2.23	22.58±2.29	16.10±1.99	9.67±1.23	84.82±5.48
农村学校	36.55±2.07	22.78±2.38	15.91±2.09	9.50±1.20	84.75±4.92

（二）育人能力自评得分的解释与常模应用

通过制定全国中小学教师育人能力自评量表常模，确立了一种参照评分方法，为教师对自身育人能力自评得分结果的认识提供了一个可比较的标准和参考。均数常模描述的是全国中小学教师育人能力的平均水平，如果以均数常模作为参考，可以反映被试教师的育人能力水平是否高于或低于全国中小学教师的平均育人能力水平；百分位数常模反映了处于不同百分位教师的育人能力水平状况，以之作为参照可以获知某教师育人能力水平在全国的百分位数；划界常模确定了教师育人能力优、良、中等、一般四个等级的分数范围，与之对比可以直接获得教师育人能力的等级评判。分类常模是根据人口学变量进行的划分，通过划定所属类别，选定某项分类常模进行对比，能够更加公正、客观地判断不同特征教师的育人能力水平，以及其在特定群体中所处的位置。

第五节　小结

　　本章探讨教师育人能力评估工具相关问题。通过教师育人能力评估工具的具体题项设计、教师育人能力自评量表的试测与修正、对评估要素的交叉验证、评估要素具体权重的研究与确定、对教师育人能力自评量表的信效度及其质量的检验分析，最终研制出适用于全国范围中小学教师的育人能力评估工具。教师育人能力评估工具的具体应用以及评估结果的解释、理解离不开全国范围内教师育人能力常模的研制，故此，以全国大范围调查数据为基准，研制出教师育人能力的均数常模、百分位常模、划界常模与分类常模，为更为准确、合理地理解教师育人能力的测评得分及其所反映的育人能力水平提供了参照。教师育人能力评估工具既可用于教育管理等上级部门对教师育人能力总体水平的测试与评估，又可用于教师个人对自身育人能力水平的检视。

第 五 章

教师育人能力检视：
现实中教师育人能力何如

教师育人能力的现实与发展状况牵涉教育教学实践以及育人实效，教师群体的育人能力水平是实现高质量教育的重要关切。教育现实中，中国中小学教师育人能力的总体水平如何？不同群体间的能力水平是否存在差异？教师育人能力的实践表现、认知、结构及其发展方面显示什么样的特点？这些都是值得探究、检视的现实问题。为探究并回应上述问题，依靠所开发的教师育人能力评估工具对全国范围内教师育人能力进行大范围抽样调查，并辅之以部分观察与访谈资料，以此对教育实践中的教师育人能力展开全景式描摹，从而解读中国教师育人能力的现实样态。

第一节 数据告诉我们什么？

对教师育人能力现实状况的审视同样需要一条循证路径。使用已检验完成的教师育人能力自评量表进行全国范围内的抽样调查，调查所得数据可基本反映出中国中小学教师育人能力的总体性、普遍性情况，提供判断教师育人能力现实样态的量化证据。此外，对一线中小学教师关于其育人能力认识、表现的访谈与观察则可以从细微处反映教师育人能力的具象问题，为审视教师育人能力现实样态提供补充性的质性材料证据。

一 数据的来源

教师育人能力现实样态判断的量化证据主要来源于全国范围的抽样调查。以所编制并检验完成的教师育人能力自评量表作为评估工具,采用分层抽样法,在全国范围的东部、中部和西部地区进行区域抽样。考虑到可能存在的由经济、教育发展不均衡引致的教师能力差异问题,在东、中、西部三大区域抽样均考虑覆盖城市、乡镇和农村学校,以保证样本的代表性与多样性。自评量表的线上转发和线下发放在多位校长和各级教研员的支持下进行,在一定程度上保证了填写质量。同时,量表在一定时间区间内采用滚雪球方式推广,以提升样本的随机性与丰富性。

在最终完成的中小学教师育人能力调查评估工作中,共发放自评量表 2182 份,回收量表 2182 份,回收率为 100%。剔除因基本信息不完整、填写雷同等原因被判定为无效的问卷 108 份,共获得 2074 份有效问卷,问卷有效率为 95.1%。为更好地反映中小学教师育人能力表现的群体特征,测评中的人口统计学变量包括性别、年龄、角色、任教学段、任教学科、学校所属区域、职称等 10 项内容。调查对象具体情况见表 5-1。

表 5-1　　　调查对象的人口学变量统计（n = 2074）

项目	组别	频数（人）	占比（%）	项目	组别	频数（人）	占比（%）
性别	男	505	24.3	学校地区	中国东部地区	601	29.0
	女	1569	75.7		中国中部地区	299	14.4
年龄	<30 岁	579	27.9		中国西部地区	1174	56.6
	30—39 岁	527	25.4	学校属性	城市学校	1170	56.4
	40—49 岁	695	33.5		乡镇学校	656	31.6
	≥50 岁	273	13.2		农村学校	248	12.0

续表

项目	组别	频数（人）	占比（%）	项目	组别	频数（人）	占比（%）
教龄	1—3 年	446	21.5	教师职称	正高级教师	28	1.4
	4—10 年	379	18.3		高级教师	349	16.8
	11—20 年	469	22.6		一级教师	809	39.0
	20 年以上	780	37.6		二级教师	534	25.7
教师角色	任课教师	1846	—		三级教师	302	14.6
	班主任	867	—		无	38	1.8
	管理人员	274	—		其他	14	0.7
	其他	57	—				
任教学段	小学	1049	50.6	任教学科	语文	863	41.6
	初中	457	22.0		数学	620	29.9
	高中	568	27.4		英语	131	6.3
荣誉称号	全国教学名师	60	—		道德与法治/品德与社会/品德与生活/政治	80	3.9
	全国师德楷模	20	—				
	省市级教学名师	238	—		物理/化学/生物	113	5.4
	省市级师德楷模	99	—		地理/历史	53	2.6
	校级教学名师	561	—		体育/音乐/美术/信息技术	168	8.1
	校级师德楷模	300	—				
	无	959	—				
	其他	185	—		其他	46	2.2

注："教师角色"与"荣誉称号"一项为多项选择，其频数总数多于2074。

从所获得的数据看，调查对象中教师年龄跨度完整，分布较为均衡，包括初任、熟手、专家型等职业发展各个阶段的教师群体；教师角色多样，既有语文、数学、道德与法治等中小学各科目的任课教师，也包括班主任（兼任、专任）和少量教育管理人员（兼任）；教师群体的地域分布方面，有效样本符合设计要求，东部、中部和西部地区都有相当数量的教师样本，且总体覆盖了城市、乡镇、与农村各区域的学校。此外，调查对象还包括了全国教学名师、全国师德楷模，省市教学名师、省市师德楷模、获得校级荣誉称号的教师以及未获荣誉称号的普通教师，兼顾了各类教师群体。总体而言，数据采集中获得的多样化样本能较好地代表全国范围内的教师总体情况，数据质量满足后续统计与分析的需求。

教师育人能力现实样态判断的补充性质性证据主要来源于前期对一线中小学教师的育人能力访谈，以及后期在现状调查时对部分一线教师育人实践的非正式观察与访谈。

二 教师育人能力的水平分析

教师育人能力水平分析意在探讨教师育人能力的总体表现以及在4个主维度、主维度下各能力群组及能力观测点上的不同表现。由于不同层级的水平分析均不涉及教师个体或群体间的能力得分比较，故采用原始分数而非加权转换后的能力得分进行数据分析。

（一）教师育人能力总体水平分析

教师育人能力量表采用的是李克特5级评分制，要求参与调查的教师对每一题项所述能力表现做出符合程度的判断，"完全符合"计5分，以此类推，"完全不符合"计1分，反向表述题项则反向计分。

据表5-2对教师育人能力总体水平的数据统计可知，教师育人能力总体平均分为4.339，教师育人能力各维度的能力均值位于4.140—4.432之间，统计数据提示教师育人能力总体水平良好，教师对育人能力的自我评判位于"基本符合"至"完全符合"。这一结果反映了教师群体对自身育人及育人能力的总体性认知，具有一定合理性。虽然"育人能力"的概念很少被明确于教师培训与评估中，但教师却在教育教学过程中、在与学生的交往中不断参与着育人实践；育人成人作为深植教师血脉基因的价值认同，作为教师日常践履的具身实践，为教师所熟知与追求；再加上可能存在的社会期许效应影响，教师自评育人能力的总体水平良好可以得到解释。总体而言，教师育人能力依然存在一些问题以及可提升的空间。

表5-2　　　　　教师育人能力总体水平（n=2074）

测评项目	题项数	均值	标准差	排序
基础性育人能力	25	4.432	0.414	1
情境性育人能力	18	4.140	0.388	4
示范性育人能力	18	4.367	0.427	3
激励性育人能力	12	4.402	0.434	2
育人能力总体	73	4.339	0.400	

具体到教师育人各维度能力水平，基础性育人能力总体水平最高，之后依次是激励性育人能力与示范性育人能力，情境性育人能力表现最弱。从图5-1可知，基础性、激励性、示范性育人能力高于教师育人能力总体水平，只有情境性育人能力明显低于总体水平。基础性育人能力均分最高，表明该维度教师自评育人能力良好，这可能与该维度能力的一般性、基础性特点有关。基础性育人能力在教师各类育人活动中有着广泛表现，教师对该维度育人能力最为熟悉也最为重视。激励性与示范性育人能力的得分结果表明教师在激发学生精神情感和提振学生自主发展动力方面，以及在通过自身身教言行、学识学养对学生长远发展产生正向积极影响方面自评表现较好。在四维育人能力之中，情境性育人能力最弱，且得分均值远低于总体均值。

对教师育人能力总体与各维度得分的统计与对比分析从整体上呈现着育人能力水平概貌。对能力4个维度下属的13项二级指标进行统计分析并排序可以进一步了解能力的细部表现。

育人能力二级指标统计结果如表5-3所示。总体来看，二级指标得分位于3.389—4.490。13项二级指标中，12项能力要素得分均在4.2以上，表示教师自我评判在这些能力表现上均达到"基本符合"的程度，且两两间分值差别不大。得分最低的是2.4"育人反馈调控能力"，只有3.389，表明教师在该项能力上的自我评价处于"不确定"到"基本符合"之间，且偏向于"不确定"。育人反馈调控能力与教师的元认知相联系，是育人能力中有较高要求的部分，表现为教师对自我言行的时刻监察与调试，需要教师随时洞察学生状态，发现育人情境中的问题并加以

第五章 教师育人能力检视:现实中教师育人能力何如　　201

```
4.45
4.4
4.35
4.3
4.25
4.2
4.15
4.1
4.05
4
3.95
     基础性育人能力  情境性育人能力  示范性育人能力  激励性育人能力
          ——各维度得分        ——育人能力总体
```

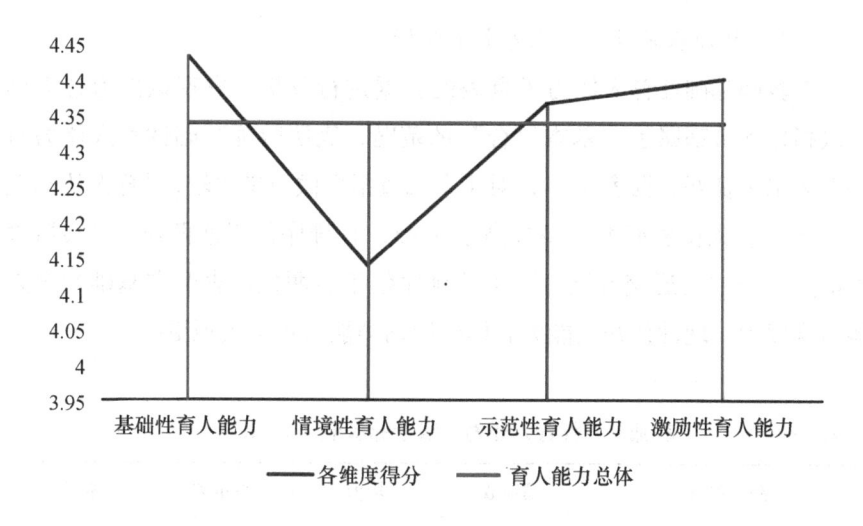

图 5-1　教师育人能力水平折线统计

调整，极为考验教师的育人敏锐性与实践智慧。该项能力的弱势表现可能与其对教师行动的高要求不无关系。

表 5-3　　　教师育人能力二级指标水平（n=2074）

测评项目	题项数	均值	标准差	排序
1.1 育人认知能力	6	4.483	0.445	2
1.2 共情理解能力	6	4.387	0.477	7
1.3 沟通交流能力	6	4.395	0.452	6
1.4 育人反思能力	7	4.459	0.432	4
2.1 育人情境创设能力	4	4.465	0.423	3
2.2 育人方式运用能力	6	4.340	0.492	9
2.3 育人效果评估能力	4	4.253	0.523	12
2.4 育人反馈调控能力	4	3.389	0.442	13
3.1 理想价值引领能力	6	4.408	0.475	5
3.2 道德品质潜濡能力	8	4.379	0.430	8
3.3 学识学养影响能力	4	4.282	0.521	11
4.1 精神情感激励能力	6	4.490	0.431	1
4.2 技巧策略激励能力	6	4.313	0.482	10

(二) 教师基础性育人能力水平分析

对教师基础性育人能力子量表的数据进行分析,发现该能力各下属二级指标评价都属于"基本符合"的范畴,表明教师基础性育人能力自评总体水平良好。据表5-4,对4个二级指标做简单比较,"育人认知能力"与"育人反思能力"得分高于4.45,且排序位于前两位;"共情理解能力"与"沟通交流能力"得分排序位于后两位,表明在基础性育人能力维度中,理性认知类能力总体较行动类能力水平表现更好。

表5-4　　教师基础性育人能力二级指标水平 (n=2074)

测评项目	题项数	均值	标准差	排序
1.1 育人认知能力	6	4.483	0.445	1
1.2 共情理解能力	6	4.387	0.477	4
1.3 沟通交流能力	6	4.395	0.452	3
1.4 育人反思能力	7	4.459	0.432	2
维度一总体	25	4.432	0.414	

对教师基础性育人能力维度的三级能力要素进行统计分析,结果如表5-5所示,从中可以更为直观地探视教师基础性育人能力的细微样态。

表5-5　　教师基础性育人能力三级指标得分排序表 (n=2074)

测评项目	均值	标准差	二级指标中排序	三级指标中排序
1.1.1 育人主体认知能力	4.586	0.453	1	1
1.1.2 育人目标认知能力	4.504	0.634	2	2
1.1.3 育人对象认知能力	4.359	0.573	3	9
1.2.1 以爱育人的能力	4.478	0.536	1	4
1.2.2 换位思考的能力	4.339	0.559	3	11

续表

测评项目	均值	标准差	二级指标中排序	三级指标中排序
1.2.3 情感共鸣的能力	4.344	0.552	2	10
1.3.1 言语沟通能力	4.411	0.526	2	8
1.3.2 倾听悟察能力	4.446	0.511	1	6
1.3.3 交流方式顺变能力	4.327	0.540	3	12
1.4.1 育人理念反思能力	4.486	0.505	1	3
1.4.2 育人行为反思能力	4.468	0.510	2	5
1.4.3 育人效果反思能力	4.434	0.485	3	7

在基础性育人能力 12 项三级指标中，能力均值在 4.5 分以上的为"育人主体认知能力"和"育人目标认知能力"，教师对这两项能力表现的自我评判都偏向"完全符合"，表明教师能很好地认识到所有教师都是育人主体，都应该承担育人职责，育人并非特定课程教师或某一类教师的专属职责，同时明确了解育人的价值导向与目标要求。能力均值位列第 3 位的是"育人理念反思能力"，表明教师总体上能够关注个人育人理念方面的问题，能较好地审视自身育人理念的不足。基础性育人能力维度中得分最高的前三项，其共性特点是指向教师认知和理念方面的表现，这一结果可以由教师教育因素加以解释。中国长期重视教师的专业培养，教师在职前职后接受培训的过程中会不断接触到教育的新思想、新理念，诸如国家教育政策关于"立德树人"的价值引领，素质教育、三维目标、中国学生发展核心素养以及 2022 年颁布的义务教育新课程方案与标准中所提倡的相关育人思想、理念等，均会影响教师对育人目标、主体的认识以及对自身育人理念的审视、反思乃至重构。

做均值简单比较，位于后三位的分别为"交流方式顺变能力""换位思考能力"与"情感共鸣能力"，其得分均值均低于 4.4 分。不同于评分最高的三项指向反映教师育人"认知"的能力，这三项能力较为突出地指向了基础能力中"做"的能力。顺应时代发展，了解新生代学生的心理特点，与之进行顺畅交流是教师教育教学必备的能力素质，而换位思考、情感共鸣也是师生间顺畅、和谐乃至教育性交往的必要条件，教师在这三项能力方面的相对弱势显示了教师在与新生代学生之间理解、共情以及交往方面的不自信与能力弱势。在访谈中，有一些教师明确反映很难理解现在"Alpha"一代学生的心理状态与所思所想，而不了解学生所关注的科技变化和流行文化的确难以跨越代沟，与学生真正交心、对话。

(三) 教师情境性育人能力水平分析

在教师育人能力总体与维度水平的对比中可见，情境性育人能力是教师四维育人能力中整体得分最低的能力群组，且平均值远低于育人能力总水平。教师情境性育人能力是育人能力中的高阶能力群组，较之其他维度，其对教师的教育实践智慧有更高要求，需要中小学教师能够在动态、复杂、多变的教育教学情境中合理地行动，并产生好的育人效果。因其具有变化的多样性、行为的复杂性和应变的"急智"性特点，教师自评分值较低是可以理解的。

对教师情境性育人能力下属二级指标进行数据统计，统计结果如表 5-6 所示。

表 5-6　　　　教师情境性育人能力二级指标水平（n = 2074）

测评项目	题项数	均值	标准差	排序
2.1 育人情境创设能力	4	4.465	0.423	1
2.2 育人方式运用能力	6	4.340	0.492	2
2.3 育人效果评估能力	4	4.253	0.523	3
2.4 育人反馈调控能力	4	3.389	0.442	4
维度二总体	18	4.140	0.388	

由表 5-6 可知，教师情境性育人能力下属二级指标得分均值位于 3.389—4.465，不仅是四个维度中评分最低的，也是评分值跨度最大的一个维度。四个教师育人能力指标得分顺次排序，最末尾的为"育人反馈调控能力"，得分仅为 3.389，远低于其他三项能力指标得分。该数据

表明教师在需要发挥"教育机智"和"急智"来处理突发性教育事件方面的能力表现相对较弱。比较而言,教师对自身在育人情境创设能力、方式运用能力、育人效果评估能力这些具有常规性的育人活动的能力表现上较有自信。

表 5-7　　教师情境性育人能力三级指标水平（n = 2074）

测评项目	均值	标准差	二级指标中排序	三级指标中排序
2.1.1 常态育人环境营造能力	4.548	0.568	1	1
2.1.2 偶发育人契机把控能力	4.509	0.580	2	2
2.2.1 育人方式选择能力	4.436	0.595	2	4
2.2.2 育人方式践行能力	4.446	0.598	1	3
2.2.3 育人方式创新能力	4.415	0.628	3	5
2.3.1 评估学生思维思想状态的能力	4.377	0.624	1	6
2.3.2 评估学生情绪情感状态的能力	4.367	0.624	2	7
2.4.1 即时调控育人言行的能力	3.638	0.698	1	8
2.4.2 即时调控育人计划的能力	3.078	0.429	2	9

根据表 5-7,教师情境性育人能力三级指标得分均值位于 3.078—4.548,其中教师自评"即时调控育人言行的能力"与"即时调控育人计划的能力"得分均值分别为 3.638 与 3.078,在 9 项三级指标中得分最低,且两者都属于"不确定"的范畴,说明教师在这两项的行为表现不自信,并表明教师自我监控以及事后调整的能力不足。"即时调控育人言行"要求教师能够在任何教育场域时刻监察自身的言谈、行动,并在自身教育教学方式不恰当且有危害学生身心健康发展的可能性时,能够及时省察、并调整止损;"即时调控育人计划"则要求教师在事后能够及时反思特定情境中自身育人方式与方法运用上存在的不足,总结经验教训,并对后续的育人行为方式做出调整,形成灵活的育人计划。数据统计结

果表明，教师在这两项能力上的表现偏弱。这或许与教师对这两方面关注不足，抑或者与这两项能力的操作难度高有关。

在9项情境性育人能力测评项目中，排名前三位的分别为"常态育人环境营造能力""偶发育人契机把控能力""育人方式践行能力"，表明教师对这三项育人能力自我感觉良好。究其原因，可能是：其一表明了教师较为关注育人环境的建设，这与基础教育整体关注学校环境和校园文化建设不无关系，大到各级各类中小学校中的活动场馆、图书室和学校整体的育人文化环境，小到教室内部的环境布置与文化氛围，都体现着育人环境的建设与用心，同时对教师在育人环境建设方面的观念、行为、能力产生影响；其二表明教师自评具备较好的育人敏锐性，即教师能够在活动中察觉到育人时机，或有转换教育事件为育人契机的能力；其三表明教师对合理应用育人方法，践行育人方式方面充满自信。而与"践行"相比，"创新"无疑有更大的难度，所以"育人方式创新能力"在"育人方式运用"二级指标中排序最末是可以接受的。

（四）教师示范性育人能力水平分析

对教师育人能力维度之示范性育人能力二级指标进行数据统计分析，结果如表5-8所示。示范性育人能力的二级指标得分皆高于4.2分，属于"基本符合"的范畴，表明该维度育人能力总体表现良好。通过内部比较发现，"理想价值引领能力"与"道德品质潜濡能力"得分均值均高于总体平均分4.367，而"学识学养影响能力"得分均值低于总体平均分。说明教师对通过自身言行引导学生树立正确的价值观与人生追求以及影响学生良好道德品行的养成较有把握，这与中国长期以来对"师德"的重视、社会与传统文化中对教师"言传身教""为人师表""冰壶玉尺"等基本要求相一致，也是教师惯常注意与发展的能力项，因此在这两项能力上教师自我评价较高。三项二级指标中，"学识学养影响能力"较为弱势，其不同于对教师开展教学、组织活动的基本要求，而是考察教师以自身综合性的学识学养激发学生内在对知识的渴求与兴趣并形成终身学习态度的能力表现。相对而言，这对教师要求更高，也更难，在能力表现上的相对弱势是可以理解的。

表 5-8　　教师示范性育人能力二级指标水平（n=2074）

测评项目	题项数	均值	标准差	排序
3.1 理想价值引领能力	6	4.408	0.475	1
3.2 道德品质潜濡能力	8	4.379	0.430	2
3.3 学识学养影响能力	4	4.282	0.521	3
维度三总体	18	4.367	0.427	

对教师示范性育人能力的三级指标，即示范性育人能力的各个具体观测点进行统计分析，结果如表 5-9 所示。

表 5-9　　教师示范性育人能力三级指标水平（n=2074）

测评项目	均值	标准差	二级指标中排序	三级指标中排序
3.1.1 展现人生理想信念的能力	4.430	0.537	2	3
3.1.2 不懈追求公平正义的能力	4.529	0.515	1	2
3.1.3 积极承担社会责任的能力	4.266	0.623	3	7
3.2.1 展现民族自信与爱国情怀的能力	4.401	0.565	3	5
3.2.2 展现明礼守纪的社会公德的能力	4.666	0.446	1	1
3.2.3 展现爱岗敬业的职业道德的能力	4.254	0.604	4	8
3.2.4 展现优秀独特的个人品格的能力	4.408	0.550	2	4
3.3.1 展现知识丰富性与关联性的能力	4.310	0.561	2	6
3.3.2 展现学科知识精深与魅力的能力	4.040	0.701	1	9

由表 5-9 可知，教师示范性育人能力三级指标的得分均值位于 4.040—4.666，其中得分最高的三项能力为"展现明礼守纪的社会公德的能力""不懈追求公平正义的能力"以及"展现人生理想信念的能力"。其中，"展现人生理想信念""不懈追求公平正义"两项能力都属于"理想价值引领能力"维度，表明教师在人生信念与价值追求方面能

够为学生做出良好示范。9项三级指标中位列后三位的分别为"展现学科知识精深与魅力的能力""展现爱岗敬业的职业道德的能力"以及"积极承担社会责任的能力"。"展现学科知识精深与魅力的能力"属于教师对学生在学识学养方面的影响与示范，要求教师能够通过态度和行为，将自己对本学科知识的热爱与兴趣、宏观与微观的理解、深入研究的成果等，以潜移默化的方式感染学生，使之真正产生学习兴趣，热爱知识探究、形成学科意识，而非仅为完成"学习任务"机械地识记知识、应付考试。但教师自评这一能力却相对不足，这也从更细微的角度提示了教师素养中需要提升的部分，如学科态度、大概念提取、深化的研究等。此外，"展现爱岗敬业的职业道德的能力"不同于二级指标"道德品质潜濡能力"下属的其他三项能力，其得分均值为4.254，低于这一维度总体均值4.379，是这一能力群组中教师自评最弱的一项能力表现。这一结果似乎不符合常理，爱岗敬业作为教师职业的基础和前提性要求，总是出现在教师职业规范、管理条例之中，也常被教师群体奉为职业守则。然而需要关注的是，对教师的理想期待与教师的现实状态之间难免会有差距，这或许与教师群体可能存在的从业幸福感与成就感不足相关，也可能受到教师职业倦怠等各类因素影响。如果教师不能从工作中获得成就与乐趣、自然而然地流露幸福与满足，其严谨负责的工作态度与做事方式也不易成为学生效仿与学习的对象。由此可以解释这一能力得分最低的现象。示范性育人能力9项三级指标中位列第7的"积极承担社会责任的能力"得分均值为4.266，是其所属二级指标"理想价值引领能力"中排序最末，且唯一低于整体均值4.408的一项能力。这提示教师对社会性公共事务、公益事业方面的关注以及借此影响学生社会责任感的培养方面有待改进。

（五）教师激励性育人能力水平分析

对教师激励性育人能力维度进行统计分析，其二级指标包含"精神情感激励能力"与"技巧策略激励能力"两项。根据表5-10，教师自评"精神情感激励能力"总体优于"技巧策略激励能力"。

表 5-10　　教师激励性育人能力二级指标水平（n=2074）

测评项目	题项数	均值	标准差	排序
4.1 精神情感激励能力	6	4.490	0.431	1
4.2 技巧策略激励能力	6	4.313	0.482	2
维度四总体	12	4.402	0.434	

对激励性育人能力三级指标进行数据统计分析，具体情况如表5-11所示。激励性育人能力6项三级指标得分均值位于4.267—4.538，其中得分位列前三位的皆属于"精神情感激励能力"群组，表明教师认为自身在赏识、鼓励学生，以及用正向期待引导学生发展方面的能力较强。而位列后三位的能力项皆属于"技巧策略激励能力"，其中"以全面评价激励学生的能力"得分最低，这一项目考察教师是否能够以全面、发展的眼光去看待学生，并采用适当的、多样化的评价方式激励学生发展成长。"用适切目标激励学生的能力"以及"借成就动机激励学生的能力"同样在"激励性育人能力"中得分排序靠后，三项能力得分均低于激励性育人能力维度总体均值4.402。这一结果提示我们，教师虽然建立了信任、引导学生发展、鼓励创新的态度，但在实施全面评价育人、确立适合学生个人发展的最佳目标、激发学生内在发展动机等具体"做"的方面的能力表现仍相对较弱。

表 5-11　　教师激励性育人能力三级指标水平（n=2074）

测评项目	均值	标准偏差	二级指标中排序	三级指标中排序
4.1.1 期待导向的育人能力	4.476	0.517	2	2
4.1.2 表现赏识与信任态度的能力	4.538	0.504	1	1
4.1.3 鼓励创新并且容错的能力	4.457	0.493	3	3
4.2.1 以全面评价激励学生的能力	4.267	0.587	3	6
4.2.2 用适切目标激励学生的能力	4.309	0.586	2	5
4.2.3 借成就动机激励学生的能力	4.363	0.547	1	4

三 教师育人能力的群体差异

教师育人能力在不同人口统计学变量上的分组差异也是其重要的现实表现。在全国大范围调查中，自评量表涉及性别、年龄、教龄、任教学段、任教学科、学校区域、学校性质、职称等人口学统计变量，研究考察教师育人能力在这些人口学变量方面是否存在分组差异，以发现不同教师群体间育人能力的区别与特点。这一部分的数据分析基于教师育人能力自评后的加权得分。

（一）不同性别、学科、地区教师育人能力不存在显著性差异

以性别二分变量为自变量，以教师育人能力总体以及各维度能力水平为因变量进行独立样本t检验，检验结果见表5-12。据数据统计结果，男女教师在育人能力总得分及各维度得分上虽略有差异，但差异检验的显著性P值皆大于0.05，表明男女教师育人能力未达到显著性差异。育人能力是教师一般性、通用性的教育实践能力，指向学生的全面发展与成长，男女教师在具体育人行动方面可能有倾向性的不同，但其在总体育人能力和各维度能力水平上并不存在统计学意义上的显著性差异。

表5-12　　　　　不同性别教师育人能力差异检验

测评项目得分 ($\bar{x} \pm s$)	性别		F值	P值
	男性（n=505）	女性（n=1569）		
育人能力总体	84.18±5.72	84.30±5.60	0.433	0.511
基础性育人能力	36.14±2.40	36.25±2.28	1.997	0.158
情境性育人能力	22.35±2.32	22.44±2.36	2.087	0.149
示范性育人能力	16.09±1.98	15.98±2.02	0.581	0.446
激励性育人能力	9.60±1.18	9.62±1.18	0.054	0.815

以语文、数学、英语、道德与法治、物理/化学/生物、地理/历史、音乐/体育/美术等学科为自变量，以教师育人能力分量表得分以及育人能力总体得分为因变量进行单因素方差分析，统计结果见表5-13。数据统计结果表明，教师育人能力水平在任教不同学科的教师之间不具有显

著性差异,这说明教师的育人能力水平不会因其所研习、教授的学科本体性知识不同而有所区别。所有学科教师的育人能力水平呈现一种相对均衡的状态。

表5-13　　　　　　不同任教学科教师育人能力差异检验

任教学科	测评项目得分（$\bar{x} \pm s$）				
	基础性育人能力	情境性育人能力	示范性育人能力	激励性育人能力	育人能力总体
语文（n=863）	36.19±2.29	22.33±2.31	16.01±1.97	9.62±1.15	84.16±5.59
数学（n=620）	36.34±2.28	22.57±2.36	16.01±2.04	9.62±1.21	84.53±5.57
英语（n=131）	36.43±2.24	22.47±2.35	15.84±1.99	9.51±1.16	84.25±5.56
道德与法治等（n=80）	36.27±2.29	22.61±2.34	15.83±2.03	9.76±1.27	84.48±5.50
物/化/生（n=113）	35.53±2.83	21.84±2.51	16.06±2.01	9.71±1.21	83.14±6.74
地理/历史（n=53）	35.89±2.34	22.15±2.44	16.09±1.90	9.60±1.10	83.73±5.98
体/音/美/信息（n=168）	36.57±2.17	22.77±2.26	16.01±2.16	9.55±1.19	84.89±5.16
其他（n=46）	35.62±2.01	22.12±2.46	16.36±2.02	9.60±1.15	83.69±5.67
F值	3.003	2.355	0.441	0.534	1.344
P值	0.05	0.21	0.876	0.809	0.225

以东、中、西部地区为自变量,以不同地区教师育人能力总体水平及各维度能力水平为因变量进行单因素方差分析,统计结果见表5-14。结果表明,东、中、西部地区教师的育人能力水平表现出相对均衡的发展状态,不同地区教师育人能力水平在总体上不存在显著性差异。中国幅员辽阔,东、中、西部地区在经济发展水平与物质基础方面有所不同,

折射在教育上,在教育资源、教育支持方面亦有差别,但统计结果表明这些方面的区别并非引致教师育人能力水平产生显著差异的原因,这是一个值得研究者深度关注和思考的问题。

表 5-14　　　　　不同地区教师育人能力差异检验

测评项目得分 ($\bar{x} \pm s$)	地区			F 值	P 值
	中国东部 (n=601)	中国中部 (n=299)	中国西部 (n=1174)		
育人能力总体	83.92±5.68	84.50±5.76	84.39±5.50	1.686	0.186
基础性育人能力	36.12±2.33	36.30±2.29	36.26±2.31	0.883	0.414
情境性育人能力	22.39±2.38	22.60±2.40	22.39±2.32	1.016	0.362
示范性育人能力	15.89±2.07	15.99±2.02	16.07±1.98	1.494	0.225
激励性育人能力	9.51±1.13	9.60±1.21	9.68±1.19	4.087	0.107

(二) 教师育人能力随年龄、教龄、职称不同呈现显著差异

教师育人能力水平是否具有时间上的累加性,在不同年龄、教龄、职称的教师群体之间是否存在能力水平差异,是这部分研究需要考察的内容。

以年龄为自变量,以教师育人能力总体水平及各维度能力水平为因变量进行单因素方差分析,数据统计结果见表 5-15。

表 5-15　　　　　不同年龄教师育人能力差异检验

测评项目得分 ($\bar{x} \pm s$)	年龄(岁)				F 值	P 值
	≤29 (n=579)	30—39 (n=527)	40—49 (n=695)	≥50 (n=273)		
育人能力总体	82.26±6.01	84.19±5.57	85.58±4.95	85.57±5.16	47.456	0.007**
基础性育人能力	35.37±2.50	36.20±2.26	36.75±2.02	36.76±2.14	46.534	0.238
情境性育人能力	21.65±2.32	22.30±2.30	22.95±2.22	22.92±2.35	39.427	0.009**
示范性育人能力	15.65±1.89	16.01±2.00	16.22±2.04	16.21±2.12	9.944	0.029*
激励性育人能力	9.59±1.03	9.69±1.16	9.65±1.25	9.66±1.29	3.012	0.072

注:* 表示 $p<0.05$;** 表示 $p<0.01$。

根据表 5-15，不同年龄段之间教师育人能力总体的单因素方差分析 P 值为 0.007，小于 0.01，表明不同年龄段教师群体间育人能力水平具有极为显著的差异。观察教师育人能力的总体得分情况可知，低于 30 岁的教师群体育人能力总得分与 30 岁以上 3 组教师的育人能力总得分相差较大。低于 30 岁的教师群体多为本科或研究生刚刚毕业参加工作的年轻教师，其不论在社会经验抑或从教经验方面都相对欠缺，处于育人能力欠发展状态。但随着其社会经验以及从教经验的增加，育人能力呈现上升态势。具体到各维度教师育人能力，30 岁以下教师群体在情境性及示范性教师育人能力上的表现普遍弱于 30 岁以上教师群体，这同样可以从经验欠缺方面得以解释。但不同年龄组教师群体间在基础性育人能力与激励性育人能力上却不存在显著性差异，也不存在年轻教师能力表现相对较弱的现象。尤其在激励性育人能力维度上，不同年龄组教师群体间的得分相差无几，年长教师可能在激励学生方面有经验、方法的积累，而年轻教师则可能凭借自己的激情与活力来影响与激励学生，由此造成激励性育人能力水平在各年龄组表现持平的现象。

对于教师群体而言，年龄与教龄因素关系密切，但教龄是与教师育人经验更直接关联的因素，也由此可能直接影响育人能力发展。考察教龄这一变量对教师育人能力水平的影响，数据统计结果如表 5-16 所示。图 5-2 则显示了教师育人能力总体均分随教龄变化的趋势。

表 5-16　　　　　　　　不同教龄教师育人能力差异检验

测评项目得分 ($\bar{x} \pm s$)	教龄				F 值	P 值
	1—3（年）(n=446)	4—10（年）(n=379)	11—20（年）(n=469)	≥20 (n=780)		
育人能力总体	81.84±6.19	83.19±5.54	84.85±5.20	85.84±4.96	58.801	0.001**
基础性育人能力	35.24±2.58	35.77±2.32	36.47±2.12	36.86±2.00	58.012	0.028*
情境性育人能力	21.55±2.29	21.98±2.32	22.55±2.27	23.05±2.24	47.320	0.001**
示范性育人能力	15.57±1.89	15.84±1.90	16.14±2.01	16.26±2.09	13.038	0.029*
激励性育人能力	9.48±1.03	9.60±1.06	9.69±1.19	9.66±1.29	2.904	0.018*

注：* 表示 $p<0.05$；** 表示 $p<0.01$。

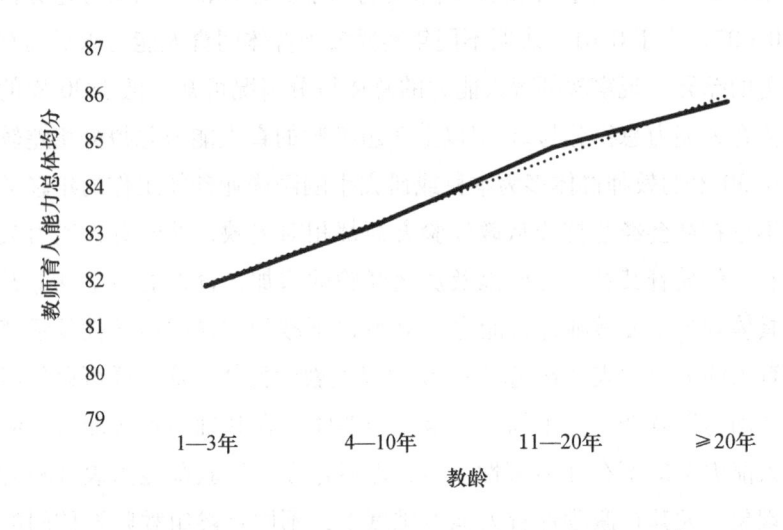

图 5 - 2 教师育人能力总体均分随教龄变化趋势

　　图 5 - 2 清晰地展现了教师育人能力总体均分随教龄增长的变化趋势。在教龄达到 20 年之后，育人能力水平的提升速度有所减缓，但仍然呈现随教育教学经验累积而不断发展的趋势。结合表 5 - 16 可知，不同教龄的教师育人能力总体得分之间的差异达到非常显著水平。熟手教师较新手教师育人能力总体得分有所提升；专家型教师较熟手教师育人能力总体得分又有较大提升；在专家型教师之后，教师育人能力水平虽较之前提升幅度小，但仍具有进步空间。具体到各维度教师育人能力水平，教师情境性育人能力维度在不同教龄教师群体间具有非常显著的差异，表明教师情境性育人能力更受实践经验累积的影响。

　　对比年龄和教龄对教师育人能力的影响可以发现，教龄对育人能力的影响更为明显。教龄代表着教师的从教经验和实践阅历，研究教龄对教师育人能力的影响将更具有参考价值和意义。

　　以职称为自变量，检验教师育人能力水平在正高级、高级、一级、二级、三级以及无职称教师群体间的差异状况，统计结果见表 5 - 17。

表 5-17　　　　　　　　不同职称教师育人能力差异检验

职称	测评项目得分（$\bar{x} \pm s$）				
	基础性 育人能力	情境性 育人能力	示范性 育人能力	激励性 育人能力	育人能力 总体
正高级（n=28）	36.70±2.65	22.93±2.33	16.98±1.84	9.29±1.17	85.90±6.10
高级（n=349）	36.79±2.05	22.98±2.29	16.21±2.08	9.66±1.27	85.63±5.19
一级（n=809）	36.53±2.11	22.69±2.25	16.12±2.04	9.67±1.21	85.02±5.09
二级（n=534）	35.86±2.40	22.04±2.36	15.84±1.94	9.61±1.12	83.36±5.82
三级（n=302）	35.50±2.58	21.77±2.38	15.70±1.94	9.52±0.94	82.48±6.24
无（n=38）	35.00±2.43	21.52±2.46	15.36±1.73	9.50±1.09	81.39±6.03
其他（n=14）	36.70±2.24	22.61±2.08	16.86±1.89	9.28±0.94	85.44±4.83
F 值	15.763	12.773	5.027	1.419	16.044
P 值	0.047*	0.002**	0.02*	0.203	0.001**

注：* 表示 $p<0.05$；** 表示 $p<0.01$。

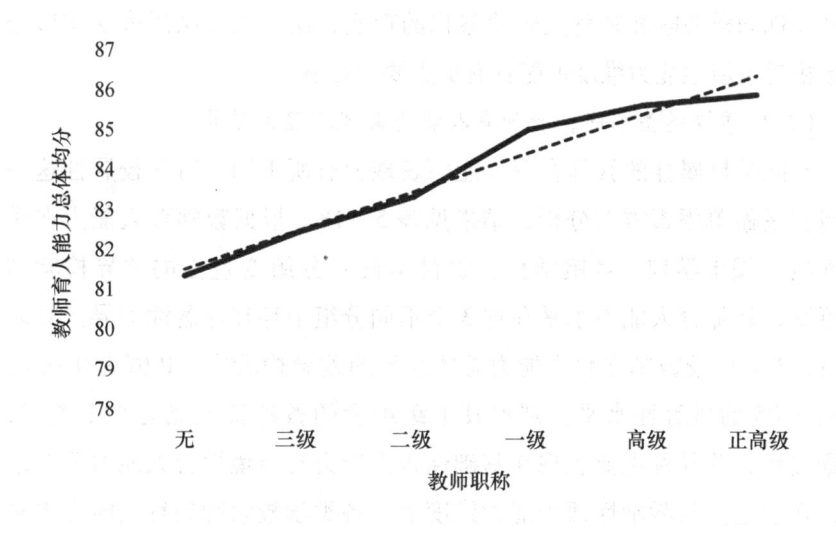

图 5-3　教师育人能力总体均分随教师职称变化趋势

根据图 5-3，教师育人能力总体均分随教师职称的升高而增长，从二级职称到一级职称教师群体育人能力水平有较大增幅，从一级职称到高级职称教师群体育人能力水平增幅减缓，而从高级职称到正高级职称教师育人能力水平的增幅渐趋于平缓，教师育人能力水平虽仍在提升，但是提升幅度较小。考虑到获得高级职称或正高级职称的教师群体大多是从教20—30年的教师，即将走向职业发展的隐退期，其育人能力水平增长较职业上升期减缓是可以理解的。再根据表 5-17 所呈现的统计数据，不同职称教师群体育人能力水平差异检验达到非常显著。无职称教师群体育人能力水平明显低于有职称教师群体。无职称教师群体多为临时聘用教师或刚入职一年内新手教师，其育人能力水平需要进一步发展提升。以一级职称教师群体育人能力总体均分为分界点可以发现，一级职称以上教师群体育人能力水平为一个梯队，而一级职称以下教师育人能力水平为另一个梯队，一级职称以上教师育人能力水平明显高于一级职称以下教师群体。具体到教师育人能力各维度，情境性育人能力水平在各职称教师群体间的差异检验达到 0.01 的显著性水平，其他维度育人能力水平的分组差异达到 0.05。由于教师职称的评选多与教师教龄相关，教师职称同样关联教师育人经验累积的现实，这一统计结果表明实践经验累积对情境性能力维度可能具有更重要的影响。

（三）学校类型不同，教师育人能力表现有显著差异

不同学校属性的教师在育人能力表现上有所不同。对学校属性这一分组变量做单因素方差分析，结果见表 5-18。根据教师育人能力在学校性质（城市学校、乡镇学校、农村学校）分组变量上的差异检验结果可知，教师育人能力水平在这 3 个不同分组中存在显著性差异。具体来看，3 类学校教师在育人能力总体水平的差异检验中，P 值为 0.032，达到 0.05 的显著性水平。观察其下级维度的教师育人能力水平差异，数据提示，差异性主要表现在基础性育人能力与情境性育人能力两个维度，在示范性与激励性两个能力维度上，各类学校教师的育人能力水平表现相对持平。

表 5-18　　　　　　　　不同学校教师育人能力差异检验

测评项目得分 （平均值±标准差）	不同学校			F 值	P 值
	城市学校 （n=1170）	乡镇学校 （n=656）	农村学校 （n=248）		
育人能力总体	83.86±5.81	84.82±5.48	84.75±4.92	7.219	0.032*
基础性育人能力	36.02±2.38	36.48±2.23	36.55±2.07	11.184	0.048*
情境性育人能力	22.25±2.36	22.58±2.29	22.78±2.38	7.473	0.040*
示范性育人能力	15.97±2.00	16.10±1.99	15.91±2.09	1.141	0.320
激励性育人能力	9.62±1.14	9.67±1.23	9.50±1.20	1.825	0.161

注：* 表示 $p<0.05$。

城市、乡镇、农村学校教师的育人能力水平在基础性育人能力与情境性育人能力两个维度上具有显著性差异。根据学校类型对呈现显著差异的维度进行两两事后检验，统计结果见表 5-19。

表 5-19　　　　　不同学校类型的教师育人能力事后检验

	（A） 名称	（B） 名称	（A） 平均值	（B） 平均值	差值 （A-B）	P 值
育人能力总体	城市学校	乡镇学校	83.86	84.82	-0.96	0.022*
	城市学校	农村学校	83.86	84.75	-0.89	0.030*
	乡镇学校	农村学校	84.82	84.75	0.07	0.897
基础性育人能力	城市学校	乡镇学校	36.02	36.48	-0.46	0.016*
	城市学校	农村学校	36.02	36.55	-0.53	0.012*
	乡镇学校	农村学校	36.48	36.55	-0.07	0.959
情境性育人能力	城市学校	乡镇学校	22.25	22.58	-0.33	0.039*
	城市学校	农村学校	22.25	22.78	-0.53	0.027*
	乡镇学校	农村学校	22.58	22.78	-0.20	0.833

注：* 表示 $p<0.05$。

根据表 5-19，教师育人能力总体水平的平均分为"乡镇学校" > "农村学校" > "城市学校"。结合事后检验结果发现，能力总体水平方面，城市学校与乡镇学校、农村学校教师之间均存在 0.05 水平的显著性差异，后两类学校教师自评育人能力显著高于城市学校教师。乡镇学校与农村学校教师育人能力之间不存在显著性差异。在具体能力维度上，不同类型学校教师的育人能力水平在基础性和情境性育人能力维度的分布及差异性表现与教师育人能力总体水平相同。

由此综合来看，乡镇学校教师自评育人能力水平最高，两两比较的结果为"农村学校" = "乡镇学校" > "城市学校"。城市学校教师育人能力较乡镇学校与农村学校教师偏弱的现象似乎显示着某种不同于常识的认知，如何理解数据所示问题背后的原因？从教师育人能力的访谈中也许可以做简单推因。一位兼具乡镇与城市高中任教经历教师的讲述给予我们启发。

> 我之前在一所普通乡镇高中当语文老师，后来调动到城里的重点高中任教。城里重点高中的学生和原来我在乡镇高中所带的学生很不一样。记得以前我总是会花很多心力在管理学生上，而到了城里重点高中后，大多数情况下只需要管学生的学习就行。在乡镇高中时，学校让我带成绩最差、最难管理的那个班级，学生有各种各样的问题，早恋、打架、玩游戏、不学习等，但他们是一群很重情义的孩子。我总会耐心地去了解他们，想方设法地走近他们，处理各种各样的"事故"，帮他们解决遇到的问题。久而久之，他们竟也把我当作知心人看，学习上的难题、和父母之间的矛盾甚至早恋的困惑都会找我说，有些学生虽然学习成绩不好，但毕业后到现在还会和我联系，和我讲一些近况和困惑。说实话，我挺怀念和那一群学生相处的时光。现在在城里，这所重点高中的生源很好，学生成绩都很优秀，都是奔着重点大学来（去）的，当然他们也会遇到一些困惑和问题，但大部分是学习上的。所以平时只要上好课，管好学习，不需要花费很多心力在其他方面。

教师的育人能力水平与教师的育人实践经历有密切关系，经验的丰富累积无疑给教师育人能力的提升搭建起阶梯。在上述教师的经历中，其所在乡镇学校学生提供的诸多"事故"成为教师育人能力的试验场与催化剂，反而促进了育人能力多方面的生成发展。这也就不难理解乡镇学校、农村学校教师育人能力水平显著高于城市教师这一现象了。

其实，对比城市学校与乡镇学校、农村学校学生的状况以及教师承担的教育教学任务可以发现，城市教师较乡镇教师与农村教师而言，有可能因为普遍班额大、任务重、学生自觉性较强等，在育人方面投入的精力偏少。而且，由于虹吸效应等影响，城市学校的生源总体上明显好于乡镇与农村学校，学习环境、文化资源也较为优越，这一现象使得城市学校形成了较为积极的学习氛围和稳定的教学秩序，从而减轻了城市学校教师在处理学生问题和完成教育任务上的压力。反之，在乡镇和农村学校，教师往往面临着家长关注不足、教学资源匮乏和学习氛围不佳的挑战，使得他们必须投入更多的精力去引导和管理学生，在学生的身心健康、学生整体和多方面的培养、给予学生爱与关怀、处理学生事务等方面可能需要花费更多心力。这在一定程度上提升了教师解决复杂问题的能力。

（四）任教学段不同，教师育人能力表现有差异

小学、初中、高中是基础教育的不同阶段，都负载着育人成人的重大责任。理论意义上，教师不应因任教学段的不同而有育人能力的区别，任何学段教师都应该关注与发展自身的育人能力，做好每一学段的育人工作。但在现实情况下，教师育人能力却因学段不同而存在显著性差异。对小学、初中、高中不同学段间的教师育人能力进行单因素方差分析发现，各学段教师在基础性、情境性、示范性、激励性育人能力维度及育人能力总体上都存在显著性差异，详见表5-20。

表 5-20　　　　　　　不同任教学段教师育人能力差异检验

测评项目得分 ($\bar{x} \pm s$)	任教学段			F 值	P 值
	小学 (n=1049)	初中 (n=457)	高中 (n=568)		
育人能力总体	86.46±5.39	85.77±5.40	83.89±4.48	5.356	0.005**
基础性育人能力	36.46±2.41	36.46±2.41	35.83±2.42	6.238	0.002**
情境性育人能力	23.59±2.38	22.98±2.39	22.56±2.40	4.762	0.009**
示范性育人能力	16.67±2.02	16.66±1.94	16.47±2.23	3.079	0.046*
激励性育人能力	9.74±1.42	9.67±1.34	9.03±1.04	6.487	0.002**

注：* 表示 $p<0.05$；** 表示 $p<0.01$。

根据表 5-20，教师育人能力总体在不同学段上的差异达到 0.01 的显著性水平，各维度育人能力的差异也都达到了显著性水平，表明不同学段教师育人能力水平有明显差别。为了进一步明晰教师在小学、初中和高中阶段的育人能力差异，进行了学段间的两两比较。分析结果见表 5-21。

表 5-21　　　　　　　教师育人能力在不同学段的事后检验

	(A) 名称	(B) 名称	(A) 平均值	(B) 平均值	差值 (A-B)	P 值
育人能力总体	小学	初中	86.46	85.77	0.69	0.765
	小学	高中	86.46	83.89	2.57	0.002**
	初中	高中	85.77	83.89	1.88	0.020*
基础性育人能力	小学	初中	36.46	36.46	0	0.751
	小学	高中	36.46	35.83	0.63	0.001**
	初中	高中	36.46	35.83	0.63	0.012*
情境性育人能力	小学	初中	23.59	22.98	0.61	0.991
	小学	高中	23.59	22.56	1.03	0.005**
	初中	高中	22.98	22.56	0.42	0.017*

续表

(A) 名称	(B) 名称	(A) 平均值	(B) 平均值	差值 (A-B)	P值
示范性育人能力					
小学	初中	16.67	16.66	0.01	0.947
小学	高中	16.67	16.47	0.20	0.021*
初中	高中	16.66	16.47	0.19	0.061
激励性育人能力					
小学	初中	9.74	9.67	0.07	0.351
小学	高中	9.74	9.03	0.71	0.000**
初中	高中	9.67	9.03	0.64	0.036*

注：* 表示 $p<0.05$；** 表示 $p<0.01$。

根据表5-21，不同学段教师育人能力总体水平显著性差异主要表现在义务教育阶段教师与高中教师之间，义务教育阶段的教师育人能力高于高中阶段教师的育人能力。其中，小学、高中学段教师育人能力总体存在0.01水平的极显著差异，初中、高中学段教师育人能力总体存在0.05水平的显著性差异。具体到各个维度，小学、高中学段教师在基础性、情境性、示范性、激励性育人能力维度存在显著性差异，小学教师育人能力优于高中教师；初中、高中教师在基础性、情境性、激励性育人能力维度上存在0.05水平的显著性差异，初中教师能力表现更好；小学、初中学段教师在育人能力各维度不存在显著性差异。综合各维度教师育人能力统计结果，教师育人能力水平在三个学段上表现为"小学"="初中">"高中"。

分析可能导致此种情况的原因，高中作为衔接基础教育与高等教育的中间学段，一方面，高中生相对于小学生与初中生而言心智各方面更为成熟，不再过多依赖教师；另一方面，考虑到中国教育现实状况，高中阶段的教师承担着学生们的升学重任，相对于小学和初中教师而言，教学任务更为繁重，可能将更多精力集中于知识的教学和考试的应对上。高中阶段教师所面临的具体教学任务以及高中学段的特殊性可能使教师在育人能力的全面发展上着力不足，由此出现高中教师育人能力水平显著低于小学与初中教师的情况。

通过全国大范围教师育人能力调查所获数据的统计分析，可以发现教师育人能力在群体层面的规律性表现。总体而言，教师自评育人能力水平较高，但教师各个维度的育人能力及各维度下的能力要素水平呈现不均衡样态，存在整体上教师普遍擅长因而表现突出的能力项，亦存在诸多因素作用下的相对性能力弱势。其中表现突出的一点在于，教师自评偏向"认知"方面的育人能力优于偏向"行动"方面的育人能力，对实践智慧具有较高要求的情境性育人能力维度整体表现较弱。在群体差异方面，性别、学科与地区不构成教师育人能力显著性差异的自变量，而年龄、教龄、学校属性、不同任教学段分组之间的教师育人能力则具有显著性差异。

透过全国性的量化数据可以很好地获知教师育人能力的群体性、普遍性表现，但也存在隐忧，即对教育实践场域中教师个体育人行动层面的能力具体表现、特征和问题揭示不足。为获得教师育人能力更生动鲜活、全面的行为样态，还需要对个体层面的教师育人行为表现加以分析，深入教师育人实践场域、以"他者"的视角观察教师育人行动从而获得的育人能力材料为这一分析提供了质性研究基础。教师育人能力的量化数据来源于教师的自我评价，而所收集的质性数据则基于"他人"的观察、判断与总结。由此，在连接宏观、群体与微观、个别的基础上对教师育人能力进行更完整、全面的分析与现实检视。

第二节　教师育人能力的现实审察

从教师自评的大量数据中，可以分析与检视教师育人能力水平的总体情况。为更加深入地理解教师育人能力的现实困境与问题，还需要结合教育教学实践样态、教师发展样态进行细微的、细节式的分析与把握。前期调研中，深入学校场域、课堂之中对教师育人实践进行观摩考察，以及对中小学教师群体关于育人能力的相关问题进行的非正式访谈，都为教师育人能力的考察检视提供了更鲜活、细微、直观的一手资料。

一 能力表现:"总体向好"与"个别问题"

中国中小学教师育人能力表现总体向好。关于这一点,不仅可以从基于量表数据的全国中小学教师育人能力评估与样态分析中获知,亦可以从教师整体的教育教学工作、育人成果中洞见。从宏观层面看,中国教育教学质量的提升、"三全育人"的落地、课程教学改革的深化推进背后是教师群体素质的提升,离不开每位教师的育人行动与育人能力发挥作用;从微观层面看,教师在日常工作中时刻处于育人场域,在与学生的各类交往中影响着学生发展,良好育人能力起到了重要的支撑作用。教师群体具备合格的育人能力并坚守着自己的育人岗位,这是值得肯定与嘉许的。然而,教师育人能力及其行为表现中的个别问题也需要引起关注与重视。此个别问题虽不是育人能力表现的主流,但也确实存在,并影响着教育教学实践与育人成效。此个别问题在教师育人的失当行为中浮现,反映教师育人能力的某些不足,具体表现为存在教师育人的浅表、随意与片面等现象。

育人行为失当现象确在学校实践场域中真实且时有发生,给教育实践、学生发展带来不良后果与影响。通常情况下,不良育人行为的发生并非某一种育人能力的缺失与不足,而是多种能力不足的综合性作用与表现。

在中部地区某小学进行调研的过程中,研究者曾亲历这样一起事件。

> 三年级班主任王老师在讲台前边检查作业,边监督学生们预习功课。王老师在批阅作业的过程中发现小强的作业本是空白的,这已经是小强第三次交了空白的作业本。王老师将小强唤至跟前,询问小强为何又一次没有完成作业,小强一语不发,脸涨得通红。王老师一气之下拿起小强的作业本撕了起来,将碎纸片一把扔到了小强脸上并训斥道:"再不完成作业就不要来上课了,到教室后面站着面壁思过去!"这时同学们都纷纷望向小强,随即又赶紧低下头看书。这下小强脸红到了耳朵根,强忍着泪水捡起撕碎的作业本默默地走到教室后面面壁。没有人看到小强是否痛哭流涕了,他好像在

教室里不存在一样……

课间，小丽哭喊着跑到王老师办公室说小强欺负她，把她作业本撕破了还乱扔。王老师这下更加怒不可遏，将小强唤至办公室里对着他斥责道："什么时候学会欺负同学了？怎么还敢把别人作业本撕碎呢？谁教你的！放学不准离开，叫你家长来！"（故事中出现的名字皆为化名）

教师在教育教学过程中不能即时监控自己的情绪状态，只是简单随性地选择纠误方式便可能造成不良的教育后果。这既是育人随意性的表现，也容易形成师生冲突，并最终对学生产生负面影响。教师的言行举止无时无刻不暴露于学生面前，成为学生学习与效仿的对象。案例中的现象提示我们教师身教言行对学生的示范影响，也从反面说明教师示范性育人能力欠缺的状态和可能由此产生的教育问题。

在调研中，还发现为数不少的教师育人浅表、随意与片面等问题。在课堂教学中，有些教师完全依赖演示文稿完成教学教务，上课基本就是在照着念演示文稿上的内容，而这些演示文稿如何得来、是否经过深度加工、是否真正有助于学生的知识理解、激发学生学习兴趣却是存疑的。访谈中有教师曾带有自得之意、不无调侃地说道："我们不生产知识，我们只是百度的搬运工。"如果说，这是显露了教师的怠惰或者由原本育人认知上的不足而导致的育人能力欠缺，那么，曾经引起热议的"男孩上课时身体不适，举手7次后离世"的新闻背后则暴露着育人能力个别欠发展状态中隐含的危机。面对大班额、管理难的小学生，有些教师往往采取严厉、简单、粗暴的管理方式，为了秩序井然地按计划任务授课，往往忽视或无视某些突发状况或简单地回避与压制，且不关心学生个体的体验与感受。这种"目中无人"的教育教学是违背育人初衷的。只重形式上的完备而忽视真正的育人内核，无疑是一种浅表与片面的育人行为。新闻里的悲剧看似偶然，实则背后隐藏着教师错误的育人观念、不良的教育经验与习惯，所以才有对学生身心状态体察得不到位，对学生真实需求的漠不关心以致没能及时地采取有效应急措施，这是对学生的鲜活生命的忽视，根源在于教师育人能力的不足或缺失。

二 能力认知：认知能力的"优势"与能力认知的"偏差"

在教师育人能力的自我评价中，育人认知、反思等偏向"认知"的能力要素总体得分较高，表明教师育人能力具有较为坚实的认识基础。教师总体上在育人理念与育人认识层面具有良好表现，展现着教师育人认知能力的"优势"地位。前已述及，这与中国关注与重视教师"立德树人"导向、新课程改革理念的学习渗透、职前职后教师培训等因素不无关系。但是，深入实践一线，在访谈与调研中发现教师对育人能力的认知仍存在某些"偏差"。

育人是教师的核心职责，育人能力是教师素养结构中的核心构成。作为事实性存在，育人能力并非一个近来方有的事物；作为概念性存在，它却一直掩藏在诸多相似概念之中，不曾引起足够的重视。教育教学实践中的某些现象表明，教师对育人能力的认知以及对自身育人能力的认知还存在模糊、错位的倾向。

育人能力认知的模糊化体现于教师在何为育人能力、育人的核心要求是什么等问题上的总体理解的模棱两可、多元个性。具体有如下几种表现。其一，教师对育人及育人能力理解的功利性。一些教师对育人持有功利的态度，认为教育教学的终极目的在于分数、成绩、升学等，而育人能力在于帮助学生获得好成绩所体现的核心能力，如对考点、考题的预测分析，对学生解题、答题技巧的辅导等。这种育人能力认知的形成受到中国教育历史与现实状况的深刻影响。基于中国多年的应试教育，复加教师评价内容、制度的现实性导向，一些对教育教学的功利化认知积重难返，影响教师对育人的实际认知与行动能力。其二，教师对育人及育人能力理解的片面性。一些教师将育人当作教学，认为育人在于传授知识、培育智能，而育人能力就是启智的能力，基本忽略了对学生身心发展的关注、道德品质的培养、理想价值的塑造等方面。这种认识广泛存在于教师实践之中，成为教师并未意识、未必认同，却践行着的教育信念。从教师"无意识"践行的角度，很容易理解为什么在全国范围的调查中，教师对育人目标认知与内容认知等能力的自我评判良好，却在"做"的能力层面评估相对弱势。其三，教师对育人及育人能力理解的矛盾性。一些教师对育人持有相互矛盾的看法：一方面认为发现并发展每个学生的个性特长，让学生获得有价值的教育体验，成长为"最好的自己"是育人的核心，育人能力便在于促成学生的个性化发展与价值实现；另一方面在诸多因素的影响下，同样坚信与认同"统一标准"，按照学业成绩等同一性指标衡量评价所有学生。多种不同甚至相互矛盾的教育理念共同影响教师对育人的认知及其育人实践，由此造成教师育人能力认识的矛盾性。教师对育人及育人能力认识的片面性、功利性、矛盾性现象都说明现实中所存在的教师对何为育人、何为育人能力理解得不甚清晰，而这些问题也很难通过教师群体对育人能力的自我评价而体现出来。

此外，教师的育人能力认知还存在错位现象，一些教师将"育人"等同于"育德"，"育人能力"混同于"德育能力"。在前期调研中，当与一线中小学教师提及"育人能力"时，不少教师的第一反应为进行思想政治、道德品质教育的相关能力。一位中学数学教师曾谈道："育人能力就是促进学生思想品德发展的能力吧，可能在语文课堂教学、思想品德课上会体现得多一些，这些课程内容多含有道德、价值观教育的成分。说到数学课，也不是没有，虽然教材中确实很少涉及德育的内容，但我们也会根据教材内容结合生活实际去举例，去引导学生，也会渗透思想教育的。"将教师育人等同于德育，将"育人能力"等同于"德育能力"的现象并不少见，究其根源，与中国对教育的传统认识不无关系。"教书育人"这一观点很早被提出，并被作为教师的基本职责，教师对"教书育人"耳熟能详，默会于心。然而，对"教书育人"的惯常解读是"教书"与"知识教学"相连，而"育人"则与"道德品质"相连。受这一传统认识的影响，教师对育人及育人能力的理解常常发生错位。新时代倡行"立德树人"，其概念内涵与"育人"相关，是新时代"育人"的价值导向。但育德与育人并非完全同一，两者不可等同视之。

三 能力结构："蹈常""浮泛"与"不平衡"

透过全国抽样调查的教师育人能力整体水平与结构要素水平的数据分析，可以发现教师育人能力总体上所存在的蹈常、浮泛与不平衡的问题。教师育人能力是一种综合性实践能力，其包括从基础性低阶能力到复杂性高阶能力；从易于模仿、比较显见的行为能力到难于把握、深层而隐性的行为能力；从面向对学生理想价值、道德品质培养的行为能力，到知识兴趣引导的行为能力；等等。教师育人能力是一种集综合性、复杂性、实践性等能力特性为一体的能力集合。但调查显示，中国中小学教师在这一能力集合中的结构要素并非均衡发展，而是显示一种结构性失衡问题。

其一，教师育人能力水平的整体表现中，常规性能力强，变通性能力弱，揭露了教师育人能力的蹈常袭故问题。在宏观层面，教师专业标准、师德标准等关于教师素质素养政策文件中多次提及并倡导发展的教师相关育人能力水平良好。因时代发展变迁、教育变革所引起的对教师新要求的育人能力表现偏弱。在教师育人能力各要素水平的对比中可见，相比于修炼师德、爱护学生、理解教育目标教育理念、进行教育教学反思等频繁出现于各类教师专业标准以及教师培训中的能力要求，由教育时代性发展而引发的对教师育人能力的新要求整体表现偏弱。这些表现偏弱的能力有：与学生进行换位思考、情感共鸣的能力；理解当代学生心理发展特点与交流交往方式的能力；理解学生多元化个性发展特点，接纳学生自身的缺点与不足，以全面发展的眼光对学生进行多元、综合性评价的能力；等等。在教师育人能力访谈中也发现，有教师提到难以理解现在学生所使用的某些网络语言、手游中衍生出的交际文化等，和现在的学生交往存在明显代沟，甚至有些学生除学习外，"不屑于和老师交流"，因为老师"什么都不懂"。在微观层面，教师应对常规性教育教学问题的育人能力表现良好，而应对突发性教育事件，随机变通的相关育人能力表现偏弱。从教师育人能力水平的自评数据分析中可见，教师的育人环境营造能力、育人方式应用能力评分高，而育人方式创新能力、育人反馈调控能力整体评分较低。这意味着，相比于常规性的育人环境建设与教育教学方式的使用，育人方式创新、即时调控育人言行举止对教师个体的情境把控与变通能力要求更高。应时而变、应需而通是对教师育人的能力要求，而教师育人能力结构的不均衡表现隐含着育人能力发展的蹈常袭故以及变通性和发展性弱的问题。

其二，在教师育人能力的整体表现中，牵涉基本价值导向以及教育教学工作基本要求的能力表现较好，而关涉育人深层次要求的教师能力表现较弱，揭露了教师育人能力的浮泛性问题。透过前期教师育人能力水平的数据统计分析，教师在明礼守纪、追求公平正义、展现人生理想信念等宏观价值导向层面的相关能力自评良好，而学识学养影响能力整体自评处于弱势地位。教师育人能力的浮泛性表现在于，教师在育人过程中能够按照规章制度要求行事，能够在显见的行为表现层面完成基本的教育教学任务，但是其对深层次育人的理解不到位或缺失深度育人的相关行为与能力，导致所达成的育人效果欠佳。即在育人实践中，显于行动、易于模仿的行为表现良好，然而教师对行为背后的意义体察、是否能够达成预计的育人效果却思考不足。以教师的学识学养影响能力为例，不少教师能够完成所要求的课程教学任务，却在引导学生对知识进行深度的意义体悟、激发学生终身学习兴趣、培养其好学与好奇心等方面没有达成良好效果，在一定程度上体现出教师育人深度的欠缺、教师育人能力的浮泛性问题。

其三，教师育人能力内部发展的不平衡问题，体现于教师育人能力发展的结构性弱势与欠缺。教师育人能力结构要素之中，二级维度中情境性育人能力群组普遍表现较其他能力弱，各二级维度下属三级教师育人能力要素水平亦表现不均衡。前述教师育人能力发展表现的蹈常与浮泛问题既引发了教师育人能力结构内部发展的不平衡，又可视为教师育人能力内部发展不平衡的具体表现。这里需要特别关注的依然是教师情境性育人能力水平发展不足的问题。相比于基础性、示范性、激励性维度的教师育人能力而言，情境性育人能力强调教师在复杂、具体、多元的教育教学情境中因人而异、因时而异、因事而异，采取有效的教育方式方法进行育人的能力，其受具体情境影响与制约，对教师的行为能力要求更高，需要教师高超的教育实践智慧。情境性育人能力的发展需要教师持续的教育教学实践经验的积累、反思、再实践，亦需要教师个人的育人敏感与"急智"，是一个修炼周期长、见效慢的过程，却直接影响着实践与育人成效。教师育人能力内部结构发展水平的不平衡阻碍着教师育人能力的整体发展，影响着教师的育人实践，审查这一结构上的不平衡以补足弱势是教师育人能力发展应该关注的重点问题。

四 能力发展:"无意识状态"下的生长

对教师育人能力自评数据的分析反映了能力的静态化现实,缺乏对能力发展的动态化反映。全面检视教师育人能力还需要探讨育人能力的发展问题,实践调研与访谈提供了探查教师育人能力发展问题的窗口。

教师育人能力的发展长久以来处于一种无意识状态。其具体表现为:教师个体对何为育人能力缺乏科学系统的认识,只持有朴素的经验性观点,阻滞育人能力的发展滞碍;教师育人能力发展缺乏引导、培训等外部支持,只是在教师育人实践中缓慢、无意识地生长;教师育人能力发展缺乏评价导向,故而发展动力不足,常被忽视与遗忘,隐匿于其他教师能力之中。

无意识的育人能力发展有多种原因,教师育人能力认知的模糊是其中之一。谈及育人,不少教师能够分辨"成人"与"成才"的区别,并在教育实践中注意到对学生个性品质的培养,却没有对育人形成完整系统的认识,亦无法明晰应具体朝向哪些方面发展育人能力,导致自身育人能力发展缺乏明确的着力点。在访谈过程中有教师提到,虽然不知道教师育人能力具体指哪些能力,但在教育教学实践中的确做着"育人的事儿"。在实践中,教师凭借自己的敏感与直觉对抗唯知识教学与效率至上的教育管理,关注学生兴趣爱好的培养、优势特长的激发、道德品质的熏陶,这些都是教师育人能力发展的表现。但也正由于教师对育人及育人能力的经验性认识,教师认为自己在教育教学中时刻都在育人,"育人"早已成为经验、习惯融入个人教育生活之中,自身已具备良好的育人能力,而缺乏反思与改进,这可能成为阻滞教师育人能力发展的一大原因。

在访谈和调研中还发现,缺乏外部的支持与引导可能造成教师育人能力没有"借力点",只能通过经验积累这一实践途径缓慢发展。关于教师的职前职后培训多涉及教育理念、师德素养、课程目标、课程标准、教学方法等方面的内容,相对缺少教师育人理念、育人方法、育人目标价值等方面的关注与具体指导。在教师的工作环境之中,学校亦缺乏对教师育人能力发展的总体规划与价值导向，缺乏对教师育人能力发展的环境与舆论支持。这些外部环境、培训与引导的缺失亦导致了教师育人能力发展的无意识状态。

再者，缺乏教师育人能力的正规评价也导致育人能力发展的无监测状态，这亦是管理层面育人能力发展无意识的一大表现。现行教师评价多关注教师教学能力、学生学业成绩、师德素养评估等方面的内容，而缺失对教师育人能力的整体评估与调控。在访谈中有教师表示："好像没有人关注教师育人能力具体怎么样，学校又不会考核你这个东西，其实就连师德评估的工作也都是走个过场，关键的还是要看学生成绩如何，学生成绩好了，学校自然看重你这个老师，学生成绩上不去，班级管理再好、师德水平再突出也还是不被重视。可能就是由于这个原因，许多老师，当然我有时也是这样，本来想要慢慢来，关注、关怀每个学生，但一急、一浮躁哪里顾得上那么多，只剩抓学生学习和成绩了。"虽然教师在教学中实现育人，教学能力与育人能力彼此相通，但管理层面对教学能力的关注状态与对育人能力的忽视状态形成鲜明对比，凸显了教师育人能力发展隐于其他教师能力发展之后的问题。

促成教师育人能力发展是教师育人能力研究的最终目的与落脚点。从教师育人能力的访谈与实践调研中可以发现，教师育人能力发展呈现一种无意识状态。而这一发展状态的产生可能由于教师育人能力整体价值导向不足、外部支持条件缺失等外部因素影响，以及教师对育人及育人能力理解欠缺、教师育人能力发展具有经验依赖性并缺乏反思性等内部因素。但具体哪些因素影响着教师育人能力的发展还需要细致研究与实证检验。

第三节　小结

本章依据全国范围的抽样调查数据与相关调研资料，对教师育人能力的现实样态及存在问题进行分析检视。研究数据显示：教师育人能力的整体自评水平良好，但能力内部结构发展不平衡；教师情境性育人能力在能力总体中处于相对弱势地位，低于其他维度的育人能力水平，且远低于教师育人能力总体水平；教师育人能力各维度下属能力细目同样发展不均衡，主要体现为教师与新生代互动能力偏弱、以适当方式有效评价激励学生的能力偏弱、对学生进行学识学养示范影响的能力偏弱等。通过教师育人能力的群体差异检验发现不同组别教师育人能力的区别，具体表现为以下几个方面：简单分析，教师年龄、教龄的增长或职称升高都显示着教师育人能力水平的提升。做变量间的具体比较可知，30岁以下年轻教师育人能力水平明显低于30岁及以上教师，新手教师、熟手教师及专家型教师育人能力水平之间呈阶梯上升，三级职称以上教师群体育人能力明显高于三级职称以下教师群体。小学、初中教师育人能力显著高于高中教师；乡镇、农村教师育人能力水平显著高于城市教师。此外，育人能力在男女教师，不同学科教师，中国东部、中部、西部地区教师群体中不具有显著性差异。

　　检视教师育人能力的现实样态可见，中国中小学教师育人能力总体向好，但透过教师育人实践的调研与访谈，结合自评统计结果，从细微处也发现存在某些值得关注的问题：能力表现中存在育人的片面、浮浅等问题，显示教师育人能力的某些欠发展状态；育人能力自评中认知能力位于"优势"地位，但育人认知中仍存在某种"偏差"，有模糊、错位的倾向；育人能力的整体结构要素发展不平衡的现象揭示了能力发展存在蹈常袭故、浮泛而不深入、缺乏高阶性教师育人能力等问题；能力发展方面可能存在外部支持不足、动力不足、经验依赖等问题，由此显示教师育人能力发展的"无意识状态"。存在问题提示我们，对教师育人能力的影响因素需要进一步深化研究。

第六章

教师育人能力发展：
对原因与进路的求索

教师育人能力的学理探究与现实样态考察最终要落实于教师育人能力的发展提升以及教育质量的改善提升。探寻教师育人能力发展的影响因素及其发展进路有助于以上目标的实现。事物的发展有其规律性，教师育人能力的产生与发展同样会受到各种因素的促进或制约，有其内在的本然逻辑。发展教师育人能力只有探明其内在机制，才能着重用力、对症施策。影响教师育人能力发展的因素很多，本章意在探求哪些因素能够起到促进作用，并依据教师育人能力产生与发展的内在机制，探究其可能的发展进路。

第一节 寻找育人能力发展的影响因素

探究教师育人能力发展的影响因素是寻找育人能力发展路径的必由环节。育人能力是在教师不断的教育教学实践中产生、发展起来的，在这一过程中，哪些因素有可能对教师育人能力的形成发展产生影响？如何获知这些影响因素？哪些因素是主要的影响因素？影响因素在多大程度上发挥作用？这是探寻育人能力发展之路的前因性问题。抛开影响教师育人能力的先天性生理因素，如智力水平、性格特征等，本书聚焦于对教师育人能力发展有促进作用的后天成长性因素，并探究这些因素如何影响教师育人能力的发展。

促进教师育人能力发展的可能因素众多,散落在教师成长经历的方方面面。研究没有选择以生活史的质性追踪方式探视教师个体育人能力的发展历程,该种方式虽能够更为细致、细微地刻画并反映个体教师育人能力发展的内在机制,却不易揭露教师育人能力发展的普遍性因素。综合考虑之后,研究以探求教师育人能力发展的普遍性因素为目的,采用量化思维,在广泛调研、收集可能促进教师育人能力发展的影响因素之后,采用探索性因素分析、相关与回归分析等方法检验这些影响因素对教师育人能力的作用力,从而归纳并确定教师育人能力的主要发展因素。

一 基于调查的原因初探

对于教师育人能力影响因素的探寻采用问卷调查获取基本数据,并经过数据探索、聚类相关影响因素的方式展开。

调查前,首先收集教师育人能力可能的影响因素,参考的基础资料来源于研究的前期调查与所收集的文本。通过文献梳理以及对中小学教师关于育人能力发展的非正式访谈,粗略整理出可能影响教师育人能力发展的相关因素有:教师自我发展意识、教师专业知识、教师品性素养、教师个人经历、社会期待、教育政策、学校与社会的文化氛围、教师所经历的关键事件、教师培训等。之后,研究对获取的育人能力发展影响因素做初步整理,细化具体表述,形成了包括49个因素在内的教师育人能力影响因素征集意见稿,请138位中小学教师判断审议并补充可能遗漏的影响因素。征集意见的具体方式如下:请中小学教师根据自身经历判断各项影响因素对教师育人能力发展的影响程度,影响程度分为1—5级,1代表影响极弱,5代表影响极强。在意见稿的最后,为教师们留下补充其他影响因素的空间。

影响因素的具体表达及征集意见方式示例如下:

教师育人能力发展影响因素征集意见稿

本次意见征集的目的在于了解哪些因素能够对教师育人能力发

展产生影响。请您根据问题提示作答并判断所列因素在多大程度上影响教师育人能力的发展。请您根据影响程度做1—5分评价，"1"代表影响极小，"5"代表影响极大，分值越大影响程度越大。

1. 教师教育中的教育学类课程（如教育原理、教学论等）
2. 教师教育中的心理学类课程（如普通心理学、学生发展心理学等）
3. 同事之间对学生教育和引导问题的交流
4. 所在学校或上级管理部门组织的育人理念、方法、知识方面的培训
5. 学校开展的育人主题教研活动
6. 入职后指导教师的影响
7. 自身对时代新事物的好奇与探索
8. 入职时的教师教育培训
9. 教师与家长间的交流互动
10. 记录教育教学随笔的习惯
11. 所在学校的校园文化氛围
12. 教师在自己的学生时代与老师的交往经历
13. 教师对育人活动进行提前设计与规划
14. 观摩优秀教师的教育教学活动
15. 教师对名家教育思想与育人方式的学习
……

请您补充意见稿中没有出现却对您育人能力发展有明显促进作用的相关因素。

在征求意见过程中，教师对影响因素做了重要性判断并基于自身认识、经验做了补充，补充的育人能力发展影响因素有：学生的个性化差异、学生生源水平、教师能够将现实生活和时事新闻进行生活化处理、及时更新教育理念、教师个人家庭教养、教师对多媒体教学的掌握与应用、教师对所学教育教学理论知识的解读与认识、教师从业的成就感和获得感、教师的心理健康因素、"急智"等。

完成意见征集之后，基于因素筛选聚焦的目的，研究根据教师对育人能力影响因素重要性的判断，结合数据，在经过团队多次分析讨论之后，最终删除了征求意见稿中"教师教育中的教育伦理学课程""入职时的教师教育培训""学校提供丰富便利的育人学习资源"等 7 项影响因素条目，增加原有影响因素中缺失且内涵与原有影响因素不存在交叉重叠，有可控性、可发展的影响因素。具体增加可能的教师育人能力发展影响因素为"急智""教师从业成就感与获得感"两项。由此，共获得 44 项教师育人能力发展影响因素备选条目，调整与修改表达后编制成教师育人能力影响因素问卷。

二 基于探索的原因归结

基于原因初探过程中所收集、筛选、补充后的教师育人能力影响因素，研究编制了教师育人能力影响因素问卷。经研究团队逐题讨论，教育理论专家、学科教学论专家以及教育测量与评价方面专家认真审定之后，保证了问卷具有较好的内容效度。问卷共包括 44 个题项，均为单选题，采用李克特五点计分法计分。采用小范围试测检验问卷结构效度，将所得问卷数据分为高低两组，以独立样本 t 检验考察两组在每个题项上的差异，剔除 t 检验结果未达显著（$p>0.05$）的题项。经检验，所有题项均达显著（$p<0.05$），表明问卷的所有题项均能鉴别受试者的反应程度，问卷设计较为合理。具体实施中，将影响因素问卷与教师育人能力自评量表置于一套测评系统之中同时进行调查，方便后期完成影响因素与教师育人能力的相关与回归分析。

（一）有代表性的样本

教师育人能力影响因素问卷的正式调查对象为正在从事中小学教育教学工作的在岗教师。调查采用区域代表性抽样法，样本涉及的范围较为广泛。在学校的选取上重点考虑了地域因素，中国的东部、中部和西部地区均有取样；学段上包括了小学、初中和高中的基础教育全学段，多样化的样本为研究提供了具有一般意义的、丰富而全面的信息。本次调查共发放 1079 份问卷，收回 1079 份，剔除无效问卷 169 份，有效问卷 910 份，有效问卷回收率为 84.33%。电子版问卷通过中小学教师社群网络和电子邮件形式向调查对象发送,并通过在线平台回收问卷。所有有效参与教师均为各地中小学中从事教育教学的在岗教师,符合研究对调查对象的筛选和限定条件。统计对象的人口学特征分析如表6-1所示。

表6-1　　教师育人能力发展因素调查对象统计

名称	属性	合计(人)	百分比(%)
性别	男	226	24.84
	女	684	75.16
年龄	30岁及以下	200	21.98
	31—40岁	250	27.47
	41—50岁	371	40.77
	50岁以上	89	9.78
教龄	1—3年	137	15.05
	4—10年	211	23.19
	11—20年	147	16.15
	20年以上	415	45.60
任教学段	小学	692	76.04
	初中	175	19.23
	高中	43	4.73
任教学科/角色	语文	552	—
	数学	234	—
	英语	46	—
	道德与法治(品德与生活/品德与社会/政治)	222	—
	物理/化学/生物	34	—
	地理/历史	22	—
	体育/音乐/美术/信息技术	85	—
	校长/教务管理人员	67	—
学校所属区域	中国东部地区	163	17.91
	中国中部地区	416	45.71
	中国西部地区	331	36.38

注:"任教学科/角色"一项为多项选择,其总数多于910。

从调查对象的人口学特征看，女性样本偏多，占比75.16%，小学学段的统计样本居多，占比76.04%。这二者应该是关联的，一方面与取样途径有关，另一方面可能与教师群体中男女比例失调有关，基础教育教师群体中女性教师比例偏大，在小学阶段这一现象更为明显，但总体不影响统计分析。从年龄来看，统计样本覆盖各个年龄阶段的教师，30岁及以下、31—40岁的教师各自约占1/4，41—50岁教师占40.77%，50岁以上教师有9.78%。教龄方面，20年以上的老教师占比最多，为45.60%，同时1—3年、4—10年和11—20年教龄的教师都在调查样本内，即调查样本对于新手、熟手、经验型和专业型教师都有涉及并满足数量要求，教师类型比较全面。从教师任教学科/角色来看，调查样本涵盖多学科教师群体。总体来看，样本具有较好的区域、学段、学科以及教学经历经验的覆盖，具有一定的代表性意义。

（二）教师育人能力影响因素的探索性因子分析

探索性因子分析（Exploratory Factor Analysis，EFA）是将多元观测变量进行降维处理，综合为少数几个核心因子的技术。研究通过问卷形式了解教师对可能影响其育人能力发展相关问题的应答情况，采用探索性因子分析法，尝试从问卷的众多题项中提取出公共因子作为教师育人能力发展的可能影响因素。

探索性因子分析的可靠性与样本数的多少有密切关系。通常情况下，根据学者Corsuch提出的原则，做因素分析时，被试的样本数量应该满足"题项与受试者的比例为1∶5""被试总样本数不少于100人"的要求，且如果变量群中涵盖多种因子时，样本数要尽量大，才能保证因子分析结果的可靠性。[①] 本书中，教师育人能力影响因素问卷共包含44个题项，有效被试样本量为910，在样本数量方面满足进行探索性因素分析的条件。

除样本数量要求之外，还需要考虑其他指标来判断进行探索性因子分析的合理性。研究采用KMO和Bartlett球形检验两个指标做综合判断。KMO值是常用于判断问卷项目是否适合进行因子分析的统计量，其取值

---

① 韦义平：《心理与教育研究数据处理技术》，广西师范大学出版社2002年版，第201页。

在 0—1：统计值越接近 0，说明变量间的相关性越弱，越不适合做因子分析；统计值越接近 1，说明变量间的相关性强，原有变量适合做因子分析。常用 KMO 度量标准为：KMO 取值大于 0.9 表示非常适合；0.8—0.9 表示适合；0.7—0.8 表示一般；0.6 表示不太适合；小于 0.5 表示极不适合。根据表 6-2，本书中教师育人能力影响问卷 KMO 值为 0.970，大于 0.9，表示非常适合做因子分析。

表 6-2　　　　　　　　　KMO 及 Bartlett 球形检验结果

KMO 取样适切性量数		0.970
Bartlett 球形度检验	近似卡方	26354.827
	df	903
	Sig.	0.000

研究运用主成分分析法（PCA）对问卷进行探索性因子分析，采用正交旋转法求出旋转因素负荷矩阵。题项删减依据以下几个标准：（1）删除因素负荷值小于 0.49 的题项；（2）删除在两个及以上因素负荷值大于 0.49 的题项；（3）题项共同度大于 0.24。在确定公共因子数量时，根据 Kaiser 准则，应保留特征值大于 1 的因子；一个因子至少涵盖 3 个题项。根据陡坡检验法，将每个因素根据其特征值的大小按顺序递减进行排列，观察陡坡图的形状，应提取图中最大拐点前的"碎石"数量。再者，根据前几个因子成分的方差累计贡献率所达到的百分比来确定因子数目。方差贡献率所表示的是单个公因子所引起的变异占总变异的比例，能够解释此公共因子对因变量影响力的大小，贡献率越高，说明该因子所涵盖的原始信息量越大。因子整体的累计解释变异量应高于 50%。

研究采用主成分分析法提取主因子，正交旋转在 8 次迭代后收敛。选择特征值大于 1 的因子，采用最大方差法进行因子旋转，删除自成一个因子、在两个及以上因子载荷值均大于 0.49 以及因子涵盖题数小于 3 的题项。研究共进行了三次因子分析。

如表 6-3 所示，第一次因子分析 44 个项目共提取 7 个主因子，累计解释变量为 64.972%。进行因子旋转后，A19、A31 在两个因子上载荷值均大于 0.49，A33、A34 组成一个主因子，此主因子涵盖题数项小于 3，故删除这 4 个题项。删除题项后，量表 KMO 值为 0.970，Bartlett 球形检验 χ^2 为 24709.872（自由度为 780），相伴概率为 0.000，小于 0.05，说明仍然适合进行因子分析。

表 6-3　　　　　　　　第一次因子分析因素负荷矩阵

项目	因素负荷							共同度
	因子1	因子2	因子3	因子4	因子5	因子6	因子7	
A42	0.736							0.758
A39	0.719							0.729
A41	0.685							0.698
A43	0.656							0.686
A40	0.643							0.647
A44	0.597							0.444
A35	0.574							0.564
A25	0.563							0.579
A32	0.554							0.704
A28		0.742						0.712
A4		0.686						0.624
A2		0.683						0.567
A5		0.679						0.647
A11		0.653						0.651
A9		0.652						0.593
A7		0.648						0.637
A10		0.637						0.639
A1		0.633						0.546
A3		0.622						0.506
A27		0.613						0.684
A6		0.610						0.507
A8		0.568						0.530

续表

项目	因素负荷							共同度
	因子1	因子2	因子3	因子4	因子5	因子6	因子7	
A13			0.754					0.702
A12			0.659					0.617
A14			0.654					0.693
A16			0.633					0.677
A15			0.595					0.501
A17			0.523					0.615
A30				0.704				0.741
A26				0.516				0.634
A31	0.508			0.510				0.692
A29				0.496				0.662
A20					0.675			0.75
A18					0.674			0.760
A21					0.584			0.664
A19	0.546				0.566			0.730
A23					0.549			0.642
A24					0.538			0.647
A22					0.521			0.613
A38						0.752		0.783
A37						0.669		0.709
A36						0.641		0.688
A34							0.821	0.696
A33							0.820	0.710
特征值	19.907	2.614	1.733	1.572	1.317	1.160	1.095	
方差贡献率（%）	16.025	13.904	8.471	7.882	7.798	7.427	3.465	
累计方差贡献率（%）	16.025	29.930	38.401	46.282	54.08	61.506	64.972	

注：提取方法：主成分分析法；旋转方法：凯撒正态化最大方差法，旋转在13次迭代后已收敛。

接着进行第二次因子分析。按照题项与主因子之间的相关度及其在因子的负荷量，Q15、Q22、Q25、Q26、Q30、Q32 这 6 个题项与主因子相关度弱，故而删除。第二次删除题项后，量表 KMO 值变为 0.965，Bartlett 球形检验 χ^2 为 20264.832（自由度为 561），相伴概率为 0.000，小于 0.05，说明仍然适合进行因子分析。

第三次探索性因子分析后，其因素负荷矩阵如表 6-4 所示。第三次因子分析共提取 5 个主因子，方差贡献率都大于 6%，最高达到 17.243%，累计方差贡献率为 62.939%，能够解释原变量的大部分结构，反映原变量的大部分信息。由此，得到教师育人能力发展影响因素的 5 个主因子。

表 6-4　　　　　　　第三次因子分析因素负荷矩阵

项目	因素负荷					共同度
	因子 1	因子 2	因子 3	因子 4	因子 5	
A4	0.698					0.626
A5	0.689					0.652
A2	0.679					0.565
A7	0.659					0.644
A11	0.655					0.621
A9	0.651					0.588
A1	0.638					0.512
A10	0.634					0.603
A3	0.626					0.509
A6	0.620					0.516
A8	0.580					0.528
A28	0.583					0.541
A27	0.486					0.561
A42		0.755				0.778
A39		0.697				0.711
A18		0.651				0.739
A40		0.659				0.668
A20		0.638				0.734

续表

项目	因素负荷					共同度
	因子1	因子2	因子3	因子4	因子5	
A35		0.595				0.552
A38			0.702			0.700
A29			0.696			0.635
A37			0.664			0.637
A36			0.647			0.647
A13				0.779		0.733
A12				0.702		0.657
A14				0.625		0.682
A16				0.598		0.650
A17				0.515		0.613
A41					0.696	0.713
A43					0.663	0.695
A44					0.619	0.469
A21					0.615	0.647
A23					0.581	0.641
A24					0.535	0.634
特征值	15.210	2.386	1.476	1.297	1.030	
方差贡献率（%）	17.243	15.554	13.248	9.240	7.654	
累计方差贡献率（%）	17.243	32.796	46.045	55.285	62.939	

注：提取方法：主成分分析法；旋转方法：凯撒正态化最大方差法，旋转在8次迭代后已收敛。

从表6-4中可以看出，影响教师育人能力发展的第一个因素包含的题项分别是：A4、A5、A2、A7、A11、A9、A1、A10、A3、A6、A8、A28、A27，这13个项目所涉及的内容与教师个人的成长经历、知识积累、学习方式、为人处世相关，故而将其命名为"个人成长经历"因素；第二个因素包含6个项目，包括：A42、A39、A18、A40、A20、A35，其内容多显示职业发展对教师的要求、教师自我内在职业动机与努力，故将其命名为"职业发展内驱力"因素；第三个因素包括 A38、A29、A37、A36，共 4 个项目，显示教师所接受的相关培训以及学校对学生全面发展的关注与督促，命名为"育人导向与培训"因素；第四个因素所包含题项为：A13、A12、A14、A16、A17，这 5 个项目均表现为教师经历的突发性、偶发性事件对其育人能力产生的影响，教师所掌握与运用适当方法对育人能力的影响，命名为"教育机智与方法"因素；第五个因素包含 A41、A43、A44、A21、A23、A24 六个题项，其共同表现育人文化导向、环境建设、社会成员情感支持、教师评价等对教师育人能力发展的影响，故命名为"文化心理与评估"因素。具体影响因子及其内容见表 6-5。

表 6-5　影响教师育人能力发展的因子与项目内容

因子	项目内容
个人成长经历	A4 我上学时经历的教育事件总会使我反思自己教育方式/行为是否合理
	A5 那些使我人生受益的教师让我明白育人的真正含义
	A2 我把教育心理学类课程学得很扎实
	A7 我经常和同事们一起交流学生的相关问题
	A11 我能对所学教育理论知识认真思考并自觉应用
	A9 师范教育中的教育学类课程对我指导学生学习帮助很大
	A1 生活中我为人和善、热情、宽容、有耐心
	A10 我会记录自己的教育教学心得
	A3 我总是保有对新事物的好奇之心并持续探索
	A6 我入职后的指导教师对我理解学生/与学生交往帮助很大
	A8 我会定时与家长交流学生的问题
	A28 在我成长过程中，我的父母非常善于通过多种方式鼓励我
	A27 成长过程中我在他人鼓励下克服过很多挫折
职业发展内驱力	A42 我经常进行自我反思和评价
	A39 我追求教育教学持续不断的进步
	A40 我能从教育教学中获得成就感
	A18 我认为我的工作特别有意义
	A20 我非常热爱我的工作
	A35 我不断地进行自主学习

续表

因子	项目内容
育人导向与培训	A38 我所在学校经常开展育人主题教研活动
	A29 我们校长总是在教育教学等方面鼓励教师探索、创新
	A37 我经常参加育人理念方法方面的培训活动
	A36 我所在学校特别看重学生的全面发展
教育机智与方法	A13 我拥有丰富的教育教学突发事件处理经验
	A12 在生活中我擅长临危不乱、随机应变（"急智"）
	A14 我从优秀教师教育教学活动的观摩中学习处理突发事件的方法
	A16 我会对育人活动进行有意识的设计与规划
	A17 我会从名家教育故事/事迹中学习如何引导学生发展的方式方法
文化心理与评估	A21 我所在学校特别重视师德评估
	A23 社会舆论营建着尊师重教的文化氛围
	A24 我深受"学高为师，身正为范"文化传统的影响
	A41 我的教育教学工作获得校方和家长好评
	A43 我听取学生关于改进教育教学的意见、建议
	A44 立德树人的政策导向影响了我的教育观

对教师育人能力影响因素的探索性因素分析进行陡坡检验，图6-1为检验结果碎石。如图所示，在第5个因子之后，图形线条变得趋于平缓且特征值小于1。该图亦表明从44个项目中可提取出5个公共因子进行下一步的分析与讨论。

根据探索性因素分析结果，研究最终从收集的教师育人能力发展影响因素中探索得到5项主要的影响因子，分别为"个人成长经历""职业发展内驱力""育人导向与培训""教育机智与方法""文化心理与评估"。

（三）教师育人能力影响因素的相关与回归分析

对教师育人能力影响因素的回归分析是为了用数据说明影响因素在多大程度上作用于教师育人能力的发展。做回归分析之前需要先检验教师育人能力影响因素之间及其与教师育人能力水平之间的相关性，以检验因素的独立水平及与总体的关联。以探索性因素分析得到的5个影响

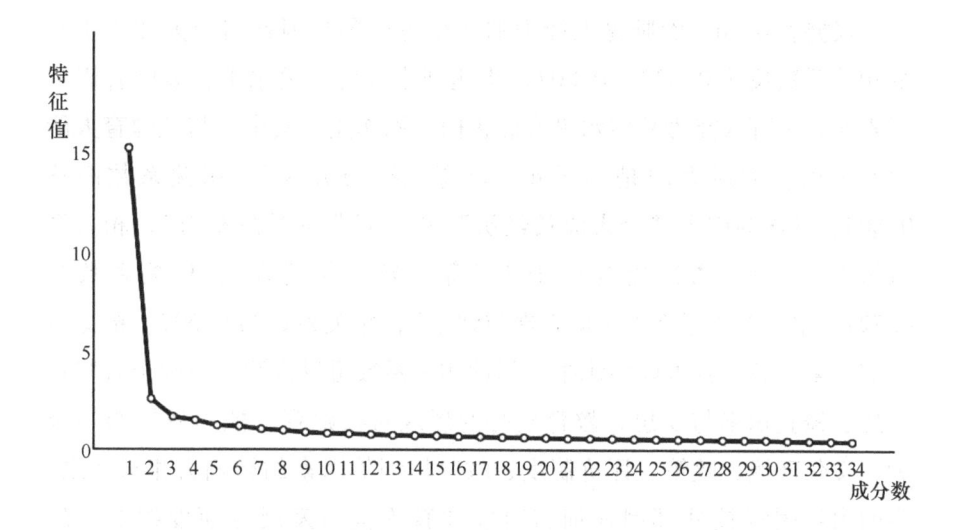

图 6-1　影响教师育人能力发展的探索性因素分析的检验碎石

因素作为自变量，教师育人能力总体水平为因变量，对二者做相关分析，相关系数矩阵如表 6-6 所示。

表 6-6　各影响因素与教师育人能力之间的相关分析

	因子1	因子2	因子3	因子4	因子5	教师育人能力（总）
因子1	1.000					
因子2	0.580**	1				
因子3	0.593**	0.513**	1			
因子4	0.476**	0.424**	0.529**	1		
因子5	0.580**	0.551**	0.601**	0.607**	1	
教师育人能力（总）	0.748**	0.748**	0.727**	0.804**	0.697**	1

注：** 表示 $p<0.01$。

因子1为"个人成长经历"，因子2为"职业发展内驱力"，因子3为"育人导向与培训"，因子4为"教育机智与方法"，因子5为"文化心理与评估"。

根据表 6-6，教师育人能力的 5 个主要影响因素与育人能力水平的相关系数位于 0.697—0.804，均达到中高度相关水平，表明各影响因素对教师育人能力总体水平有着正向预测作用。其中，与教师育人能力水平相关度最大的是因子 4"教育机智与方法"，相关系数高达 0.804；其次为因子"个人成长经历"和"职业发展内驱力"，相关系数皆为 0.748；再次之为因子 3"育人导向与培训"，相关系数为 0.727；最末为因子 5"文化心理与评估"，相关系数为 0.697。根据各影响因素与教师育人能力水平之间的相关系数可以推测，教师个人实践经历、经验积累与反思、教育机智的形成对教师育人能力发展影响极大，文化环境、政策、评价制度、教师培训等因素的影响力相对次之，表明内生因素较外部因素而言可能在育人能力发展方面发挥更大的作用。

因素相关性方面，教师育人能力发展各影响因素的相关系数在 0.424—0.607，属于中低度相关，表明各影响因素间具有相对独立性，每一因素可以作为独立的因素存在，不适宜相互混合而成为同一因素。

为进一步考察各因素对教师育人能力的影响程度，分别以探索性因素分析中获得的 5 个影响因素为自变量，以教师育人能力总体水平为因变量采用逐步回归方式进行多元回归分析。分析结果见表 6-7。

表 6-7　　各变量对教师育人能力影响程度的回归分析

变量	B	SE	β
X_1（个人成长经历因素）	0.198	0.015	0.240***
X_2（职业发展内驱力因素）	0.320	0.015	0.347***
X_3（育人导向与培训因素）	0.071	0.015	0.090***
X_4（教育机智与方法因素）	0.266	0.015	0.323***
X_5（文化心理与评估因素）	0.066	0.015	0.080***
（常数项）	0.467	0.055	

注：$R^2 = 0.866$，调整后 $R^2 = 0.865$；*** 表示 $p < 0.001$。

通过表 6-7 所得数据列出回归方程为：

$Y = 0.467 + 0.198X_1 + 0.320X_2 + 0.071X_3 + 0.266X_4 + 0.066X_5$

在教师育人能力指标上，各预测指标的容忍度在 0.358—0.460，方差扩大因子 VIF 在 2.174—2.797，表明这些指标的共线性对回归分析没有不良影响。经回归分析后得出 $R = 0.930$，$R^2 = 0.866$，调整后的 $R^2 = 0.865$，$F = 0.467$，$p < 0.001$，说明建立的回归方程是有意义的，所有 5 个变量能解释教师育人能力总变异的 86.6%。从表 6-7 可知，5 个影响因素在统计上均达到 0.001 的显著性水平，说明这 5 个变量对教师育人能力发展有着重要影响。多元回归的分析结果表明："个人成长经历""职业发展内驱力""育人导向与培训""教育机智与方法""文化心理与评估"这 5 项因素对教师育人能力有显著的预测作用。

对影响教师育人能力发展的 5 项因素进行具体分析可以发现："个人成长经历"因素主要涵盖教师自我所积累的理论基础与实践经验、养成的学习能力和学习习惯、所受的来自重要他人与事件的影响等方面内容；"职业发展内驱力"因素主要是关于教师所具有的专业发展内在动机以及在从教过程中的成就感与获得感；"育人导向与培训"因素强调教育主管部门或学校组织的教师育人能力培训，或在教育实践中倡导关注学生全面发展的政策制度环境；"教育机智与方法"因素体现教师处理教育事件的机智，显性化为教师对情境性育人方式方法的关注、学习及其在具体教育教学实践中的应用及经验积累；"文化心理与评估"因素强调影响育人能力发展的文化环境以及外界对教师育人的相关评价。"文化心理与评估"中的文化环境包括社会环境因素和学校文化环境因素，但都要转换为教师的群体文化心理才能发挥作用；外界评价因素强调相关成员对教师的评价以及管理部门对教师的评价。5 项因素中，"育人导向与培训""文化心理与评估"与教师开展育人活动的政策制度及文化环境密切相关，将其概括为教师育人能力发展的外部影响因素，从教师个体外部缘起并影响教师育人能力的发展。"个人成长经历""职业发展内驱力"以及"教育机智与方法"这几项因素相对包含更多具有个体特质的内容，隐性而不易测评，将其视为内部影响因素。5 项因素从外部和内部两个方面共同对教师育人能力发展产生影响，要进一步了解教师育人能力发展的规律性，需要以 5 项因素为基点做具体分析。

第二节 育人能力发展的内生动因

毋庸置疑，教师本人是其育人能力发展的主导者，任何促发育人能力的影响因素都要转换为教师自我的内在动机，并作用于教师育人的自主行动而得以发挥作用。由教师育人能力发展影响因素的实证分析可知，教师个体成长经历因素以及教师职业发展内驱力、教育机智与方法对于教师育人能力的发展有着重要影响。其中，教师个人成长经历因素作为最个体化的因素为教师育人能力的发展奠定着最坚实的基础。这一大类因素共同指向教师个人成长经历，涵盖了极为丰富且多层面的内容。为方便讨论，研究将其区分为理论积淀与实践经验、学习习惯与学习能力、重要他人与关键事件三个方面展开分析。此外，教师职业发展内驱力混杂着向外的利益需求与向内的价值体验，成为驱动教师育人能力发展的重要因素之一，而教育机智与方法因素看似不可捕捉，却提示着教师教育机智养成的可能性。

一 教师个人成长经历

教师个人成长经历因素是指教师个人在从事教师职业之前、为教师职业做准备时以及从事教师职业后所历经的有助于教师良好育人行动及育人能力产生、发展的相关经验，并从中所凝练出来的可能要素。其包括理论积淀与实践经验、学习习惯与学习能力以及重要他人与关键事件。教师个人成长经历作为教师育人能力发展的历史性、既成性因素是育人能力生长之根基所在，不仅提示着如何发展教师育人能力，还对教师的一体化培养、选拔有所启发。

（一）理论积淀与实践经验

对教育教学理论知识的学习是教师进入教育行业的基本条件，而教师个体关于教育的实践经验则以鲜活的方式作用于教师本人的育人行为。在教师所习得的教育理论知识与其实践经验之间亦发生着交流碰撞，进而在活化教育教学理论与升华教师个体教育教学经验之间，育人行动得以不断优化，育人能力得以持续发展。

对教育教学理论知识的学习无疑是迈向教育事业的第一步。教师培养中教师教育类课程以及教师自我对教育理论知识的学习在教师成长过程中发挥着重要作用。教育教学理论知识是关于教育活动系统化、科学化的记述提炼，为教师正确认识教育活动、认识学生个体、开展教育教学提供着科学性、规范性的理论指引。虽然不可否定教师个人实践经验的重要作用，但缺乏科学理论指导的教师经验总是离散而日常的，容易造成教师育人的随意性与片面性。对教育教学理论知识的学习有助于教师正确育人认知的形成，进而影响教师育人行动及育人能力发展。从教师育人实践的感性现象与前期调研结果来看，在教师教育中精熟掌握教育学、教育心理学等理论知识的教师在开展育人工作时会更为得心应手。教师育人能力影响因素的调查中，在"师范教育中的教育学类课程对我指导学生学习帮助很大"这一题项上，有64.6%的教师选择了"非常同意"，这也说明教师理论知识的学习积累对其育人能力发展具有促进作用。

与教育理论知识相对的实践经验是指教师从教后在与学生的相处交流过程中所积累的具身性体验，这些经验以情境化的方式存在，直接影响着教师的育人行为。教育实践经验不同于教育理论，理论是抽象的、规范性的，而教育实践经验则是具体的、复杂多样的。教育实践的复杂性与丰富性在不断考验教师育人能力的同时也为其发展提供了实践平台与试验场，教师亦在育人实践经验的积累中持续获得育人能力。在访谈中，一位教师以亲身经历证明了理论知识与实践经验对育人活动的影响。

> 我刚进入教师这个岗位时，之前在本科阶段学习的理论知识帮了不少忙。我会试着在自己的课堂上加入一些思想道德教育的部分，也会在教学设计中用到教学论、教育心理学中学到的理论知识来辅助自己实现更好的育人效果。但令我困惑的是，带我的指导老师认为我只是在做德育，并没有真正认识到教书和育人原本就是不分家的。而随着我在实践中积累的经验不断增多，我开始意识到真正的"育人"并不仅仅是思想道德的教育，而是关注到学生各方面的发

展。课堂教育的能力对教师而言固然重要，但从育人的角度看，拥有并发展能够促进学生全面发展的能力，就是"育人"能力应该是更重要的。从我自己的经验来看，基础教育理论是育人能力发生的基础，而正式入职后，实践经验让我对育人能够怎样进行好像有了更深刻的思考和认识。

理论积淀与实践经验都对教师育人能力的发展发挥着促进作用，两者作用的机制虽不甚相同，却相互关联。教育理论对教师育人行动、育人能力产生影响不是一个直接的线性过程，如果不经过教师自我的理解、内化与自觉应用，教育理论知识便只能成为准教师在应付各类测验时需要识记的内容。不经教师自我实践检验的教育理论于教师个人而言便是无用的，这导致诸多教师感觉入职后的教育实践经验较之四年的师范教育更有助于其教育能力发展，也是造成教师教育类课程遭受诟病的原因之一。理论需要一个沉淀的过程才能转换为教师个人的能力素养。这一沉淀的过程就是教育教学理论的应用与实践、与教师自我经验的碰撞。前期调查中，在"对所学教育理论知识认真思考并自觉应用"作为促进教师育人能力发展的重要因素上，54.68%的教师表示"非常同意"，37.81%的教师表示"基本同意"，这一因素在五点计分法中总体得分为4.45，足见教育理论与实践贯通的重要性。其实，教育理论属于实践哲学范畴，作为实践的理论形态，与教育实践具有不可分割的本然联系，完成并实现于教育实践活动之中。[①]"理论积淀"要素需要向下贯通真实的育人实践，才能成为教师育人能力发展的催化剂。相对地，教育实践经验作为促进教师育人能力发展的要素，其作用方式不是一种直接的、扁平化的过程。教育实践经验如果不经过教师个人的系统化总结、反思，就无法修正或改进教师育人行为，而最终易流于混乱与遗失。当教师进行系统化反思、批判与总结自我育人经验时，也是教师个体教育理论生成的过程。故而，教师的实践经验亦只有向上贯通系统化、科学化的理性认识才能真正促进自身育人能力发展。

---

① 宁虹、胡萨：《教育理论与实践的本然统一》，《教育研究》2006年第5期。

在教师入职前的师范教育、教师培训，到入职及职后教育实践的整个过程中，教师个体在不断积累着理论知识与实践经验。在教师的理论积淀与实践经验之间存在着相互作用的关系，是一个相互改造的过程。教育理论在经过教师内化之后指导着教师的育人实践，也在鲜活的教育实践中经受着检验；教育实践经验在教师不断地总结反思中升华为个人教育理论，甚至成为具有广泛适用性的创造性教育理论，最终同样作用于教育教学实践的改善。教师的理论积淀与实践经验相互贯通，从而对教师育人行动发挥作用，成为教师育人能力发展的基础性因素。

（二）学习习惯与学习能力

良好的学习习惯与学习能力有助于教师育人能力的发展。学习习惯是个人在学习过程中反复练习所形成的某些个性化、自动化的学习方式、学习行为。良好的学习习惯能够持久地影响个人的学习行为与学习效果，激发学习兴趣、维持学习动力；学习能力是感知、理解、内化新事物的能力，是顺利完成学习活动所需的诸多能力的综合。教师在职前学习与成长过程中所养成的良好学习习惯会延续到教师职后的学习之中，教师在职前所培养的学习能力也会使教师专业成长受益。一个好学、善思、对事物充满好奇心和探索欲的人容易成长为一位乐于探索、勤于思考、善于反思的教育者，这种学习能力与学习习惯在教师职前职后的相互贯通影响着教师对新事物的学习、探究。在教师育人能力发展影响因素的调查中，86%的受测教师同意将"总是保有对新事物的好奇心并持续探索"的学习态度与品质作为教师育人能力发展的重要影响因素；"持续不断地记录教育教学心得"亦成为教师育人能力发展的重要促动因素，此外还有其他具体指向教师学习的相关影响要素，都验证着教师学习习惯与能力对于教师育人能力发展的重要作用。贯通教师职前职后的学习习惯与能力虽然相通却并不相同——其具体内容与指向是不同的。师范生在职前的学习内容多是关于教育教学的理论知识，具体的实践性知识相对较少，但其养成的学习习惯与教育的专业性思考习惯却能够迁移应用到后续的学习过程中。而教师在职后的学习是一种成人的、职业化的、以教育教学具体知识、技能等为内容的学习，有更多实践性内容并以教育教学实践的改善作为直接目的。

具有持续的终身学习兴趣与学习习惯的教师在遇到新的育人情境、育人问题时会主动探究、学习新知、解决问题,亦善于创新创造适用的育人方式方法。教育教学过程中存在多样化的突发事件、典型案例,这些可以成为教师重要的学习资源,记录教育教学反思日志有助于教师总结育人经验、改进育人行动,将经验性的感性认识上升为理性认识。此外,教师可以通过与同侪交流合作进而全方位了解学生状况,共同研究探讨教育教学问题。教学名师、教研员、专家学者、自己的同事都可以成为教师在教育教学工作中学习、合作的对象。再者,教师广泛涉猎相关知识的学习习惯亦有助于教师对知识进行普遍联系与深入理解,达到知识渊博、触类旁通的境界。教师学习能力包含教师学习能量、学习力,是教师在学习活动中所表现出来的综合性的个性心理特征,是支持教师在不同学习情境下有效开展学习活动的知识、技能、策略的综合。[1] 教师学习能力具有情境性、实践性特点,其特殊表现在于教师现场学习力。有研究指出,教师工作场所学习力的提升是教师专业发展的动力来源,既能激发教师的学习潜能,又可促成教师实践性知识的生成与发展。[2] 良好的教师学习习惯与学习能力一方面通过示范作用与潜移默化的影响促进学生良好学习习惯的养成与学习能力的提升;另一方面通过作用于教师自身的学习,从而影响其育人活动的开展、育人问题的解决与育人效果的确证。育人活动因其实践性、复杂性的特点,总会出现新问题、新变化,教师需要不断地学习新知识、新技能,反思个人教育教学经验,总结与修正不良育人行为才能达成更好的育人效果。这一学习的过程亦是教师育人能力增长的过程,也显示教师学习能力与学习习惯作用于教师育人能力发展的内在机制。

(三)重要他人与关键事件

"重要他人"是社会学、心理学都在关注的一个重要概念,指对个体在社会化及心理、人格的形成过程中有重要影响的关键人物,或拟人化

---

[1] 皇甫倩、靳玉乐:《教师学习力测评模型的构建及应用》,《教师教育研究》2021年第3期。

[2] 尹弘飚等:《结构化理论视角下教师工作场所学习力的提升路径》,《教师教育学报》2022年第6期。

事物。教师作为社会化的人，其成长发展过程无法脱离社会群体、重要他人而存在。"关键事件"是指对教师成长发展产生重要影响的某些正面或负面的、促使教师领悟人生道理、不断成长和发展转变的重要事件。教师成长中的重要他人与关键事件影响着教师育人能力的发展。在教师成长过程中，重要他人与某些关键事件往往相伴随，重要他人成为某些关键事件的主角，连同教师所经历的具体事件影响教师成长。在教师育人能力影响因素调查中，在"我上学时经历的教育事件总会使我反思自己教育方式/行为是否合理"这一题项上，61%的教师表示"完全符合"，31%的教师认为"基本符合"自己的情况，而认为个人成长经历完全不会影响自己反思育人方式的教师仅占受试教师的0.9%。在"那些使我人生受益的老师让我明白育人的真正含义"一题上，96%的教师认为对自己产生重大影响的教师确实会影响自己对育人的理解与育人的行为方式，只有4%的教师认为不会或者不确定是否对自己产生了影响。此外，"在我成长过程中，我的父母非常善于通过多种方式鼓励我""成长过程中我在他人鼓励下克服过很多挫折"等题项上都有超过85%的被试教师认为这些因素影响了自己的育人理念、行为与方式。数据显示，教师成长经历中所遇到的重要他人、所经历的关键事件对教师育人能力发展具有明显作用。这从以下受访教师的个人陈述中亦可见一斑。

  我初中时候的班主任老师对我影响特别大，可以说我会选择教师这一职业一定程度上也是因为她。她是个做事雷厉风行的人，但也有温柔细腻的一面，总能及时察觉到学生的问题，提供恰到好处的帮助。有一次我因为月考成绩不理想，心情郁闷，甚至产生了轻微的厌学情绪，是她第一个发现了我的不对劲，找我谈心。现在我当了老师，好像也会不自觉地模仿她的方式，关注学生的心理、情绪，努力帮助学生。我认为教师的这些本领，并不是吸收几部抽象的教育理论就能轻易获得，这更多是"个人化的能力"，和教师的个人经历特别是学习经历有直接关系。因为经历过，所以对怎么育人就更理解，在遇到相似的事情后能站在教师和学生双方的立场上去思考解决的办法，这也是为什么我强调教师个人的成长过程对学生成长有着非同一般的教育价值。

无论教育如何变革，学生的发展成长、心理变化总保有某些相似的内容与不变的规律。教师在学生时代所获得的教育体验能够帮助教师更好地理解学生的心理特点与成长困惑，而教师自己成长中所受到的某些正向帮助也会启发从教后的育人方式与行为。

对教师育人能力发展产生影响的重要他人与关键事件贯穿教师个人成长经历的各个阶段。从求学阶段，到入职成为一名正式的人民教师；从教师成长的家庭环境，到教师发展的社会空间都可能出现影响与改变教师人生观念、态度的重要际遇。其中既包括重要他人的帮助，也有关键事件的加持。从教师的重要他人角度，教师儿时父母的教养方式对其育人观念与方式影响很大，对孩子肯定鼓励且不过多溺爱与帮助的父母易使孩子养成自信乐观、勇于克服挫折困难的品性。这些来源于原生家庭的良好品质自然生长为教师的育人观念，影响其育人行为。教师在求学阶段所遇到的老师同样会影响自己从教后的育人行为，在访谈中不少教师都提到自己的教育教学方式受到给自己留下深刻印象的老师的影响。教师在入职后，经验丰富的专家型教师也会成为一类重要他人影响新手教师的成长发展。除却这些教师个体成长中遇到的具体人物作为教师的重要他人之外，一些事物也能作为"重要他人"影响教师的育人能力。清华大学附属小学校长窦桂梅老师在反思自己职业发展经历时提到，《人民教育》杂志是其生命中的"重要他人"，其中的思想、策略、方法在不知不觉中融入了自己的教育教学实践，改变着她的教育教学实践样态。[①] 从教师所经历的关键事件的角度，一些重要的教育事件也能够促进教师育人能力的快速发展提升。在育人实践过程中，一些难以处理的棘手问题、难以沟通的问题学生往往能为教师育人能力发展提供特殊的机遇。教师调动教育教学机智解决所遇到的紧急教育事件、努力与学生沟通交流的过程也是教师育人能力增长的过程。育人能力产生和发展于教师的实践境遇，紧急突发的教育问题能够成为磨砺教师育人能力的关键事件，

---

① 窦桂梅：《我生命中的"重要他人"》，《人民教育》2015 年第 9 期。

促进教师育人能力发展。

二 职业发展内驱力

教师要提高自身育人能力，内在动机的作用不可忽视。教师职业发展内驱力即教师发展育人能力的内在动机，其既由外部相关利益因素驱动，也受内在成就感、责任感等影响。教师必须具备主动谋求自身专业成长发展的自主意识与强烈动机，才可能对育人能力的发展有所裨益。在育人能力影响因素调查中，"追求教育教学持续不断的进步"作为促进育人能力发展的因素被 87.9% 的教师所认可。教师所具备的孜孜不倦的职业进取心是教师根据教育形势变化和学生发展需求不断调整自我育人方式方法、增强个人育人能力的必要条件。量化研究中相关与回归的分析结果也佐证了教师自我进取动力愈强，其教师育人能力水平愈高的判断。教师职业发展内驱力既包括向外的利益寻求，又涵盖向内的价值体验，具体将其区分为职业晋升需要和内在价值体验两部分加以分析。

（一）职业晋升需要

职业晋升需要是教师职业发展内驱力的重要组成部分。教师因职业发展的需要而不断学习、反思，并追求教育教学的持续进步以及育人能力的不断增长。教师职业发展是一个纵向递进与提升的过程，与教师的专业发展阶段相适应，教师需要持续学习从而从新手型教师成长为熟手型、专家型教师，直至教育家型教师。教师发展与教师的晋升有关联，继而关联教师待遇、社会名望等。虽然教师发展的目的不是晋升，但晋升和荣誉称号都是对教师发展水平的一种肯定。因此，教师关注职称的评聘与升级，以及对"教学骨干""教学能手""师德标兵""学科带头人""教学名师"等教师荣誉的追求也构成了教师不断钻研、自我学习、努力发展的切实性外部利益因素。这些在客观上推动着教师育人能力的发展。

（二）内在价值体验

除却职称、绩效、名誉等外部利益的推动，教师内在价值体验也构成教师职业发展的内在驱动力。教师内在价值体验是指教师对教育教学工作的内在主观感受，包括教师从育人工作中收获的意义体验、获得的成就感与幸福感、感受到的投入与热爱。美国心理学家麦克利兰的成就动机理论认为,一个具备强烈成就动机的人相比于外部物质奖励而言,更享受在争取成功过程中不懈努力奋斗的乐趣,以及通过克服困难、解决问题所获得的内在成就感。教师的成就感、幸福感等内在价值体验相比于外部的物质奖励而言,更加深入而持久地发生作用并促进教师育人行为改善与育人能力提升。教师的内在价值体验是其育人能力发展最根本的内在驱动。诸多研究表明,教师专业发展中出现的职业倦怠现象与教师内在价值体验的缺失不无关系,教师发展所需要的外在驱动虽必不可少,但如果缺乏内在的价值体验,教师自我发展的动力不会持久。

从心理学家马斯洛的需要层次理论角度来看,人的行为受到各类内部需求驱动。如果说教师外在利益需求体现了基本的生理与安全需要,教师的内在价值体验则体现着高层次的社会、尊重与自我实现的需要。对教师而言,在教育教学工作中与学生交往、引导学生发展成长、获得学生的尊敬爱戴是教师获得社会关系价值和体验自我存在意义的重要途径。而教师帮助学生成长、促进其身心健康、全面发展的过程也是教师潜能发挥与自我成长的过程,体现着教师"自我实现"的高层次需求。教师内在的价值需求驱动教师履行育人职责,并在这一过程中获得良好的价值体验,这一价值体验又进一步推动教师做出更多的努力,关注育人效果,改善育人行动。

三 教育机智与方法

教育机智与教育智慧相连,是教师专业发展中的一个重要概念。加拿大教育学者马克斯·范梅南从现象学的视角指出,教育机智是一种"全身心的行为能力","机智的行动是一种对情境的即刻投入,在情境中我们必须全身心地对出乎预料的和无法预测的情境作出反应"。而且,"机智的行动总是即刻性的、情境中的、偶然性的和即兴发挥的"[①]。教育

---

① [加] 马克斯·范梅南:《教学机智——教育智慧的意蕴》,李树英译,教育科学出版社2001年版,第160—163页。

机智在教师实践过程中有诸多表现，可具体体现为①：其一，教师在面对某些突发教育事件与场景时，能够做到不慌乱，具有"克制与耐心"。教师能够判定教育情境的具体问题，有足够的智慧做出行动抑或不行动的准确判断，在需要行动时采取适当的方法，在需要静观其变时保有足够的耐心。因为在某些教育事件中，不采取措施反而会获得更好的育人效果。其二，充分尊重学生的主体性、主动性，引导、辅助学生解决困难，而非代替学生做决策。其三，充分理解学生在教育教学过程中的切实体验，并关注学生为何产生这种体验、体验到了什么、这些体验对学生发展的意义何在等问题。其四，教师能够在潜移默化中影响、感化学生，耐心地帮助、指导学生发展，静待花开。其五，教师能够自信地面对各类教育情境，具有处理各类教育事件的临场天赋，并使得自己的教育行动符合学生发展需求，使每一个教育行动都具有教育性、发展性。

如果仔细审查教育机智概念的内涵、外延，可以发现，除却教师教育智慧这一内核，教育机智中还包含不可忽视的"急智"特性，以及不可或缺的方法性要素。"急智"与"机智"语义相近，却不完全相同。"急智"是指教师在应对教育冲突、问题时一种急中生智的性格表现。如果说"急智"更多指向教师个人的内部性格与心理特质，而与之相似的"机智"则带有更多可培养、可发展的意味。诸多研究表明，教育机智是可以通过后天的培养而发展起来的。教育机智"是教师在长期的教育实践中经过磨砺，结合教育科学理论知识的学习逐步形成的，是经验、才识与智慧的结晶"②。通过积累教育理论、反思教育实践与融入教育生活有助于养成教育机智。③ 教育机智除却一种教育敏感性、灵活性之外，还得益于教育经验与方法的积淀与转换，并在教育经验的积累转换、反思中获得更多的教育敏感性与教育事件处理的灵活性。当教师积累的教育经验越丰富，对学生越熟悉，并能灵活运用多种教育教学方式方法时，

---

① 郭元祥：《教师教育智慧生成的三个基础》，《教育科学研究》2008年第1期。
② 张宇、王小英：《论中小学教师教育智慧的生成》，《当代教育科学》2010年第12期。
③ 王萍：《教育现象学视域中的教育机智》，《教育科学研究》2012年第4期。

教师的教育机智便随即增长。从前期教师育人能力影响因素调查的数据中可以发现，对项目"我拥有丰富的教育教学突发事件处理经验"符合度越高的教师，其育人能力水平表现越高。且被试教师同时认为，"从优秀教师教育教学活动的观摩中学习处理突发事件的方法""对育人活动进行有意识的设计与规划""从名家教育故事/事迹中学习如何引导学生发展的方式方法"，同样是教师育人能力发展的重要因素，且尤其助益于教师情境性育人能力的发展。可见，掌握并运用育人方式方法是教师教育机智的合理内核，教育机智与方法要素促进着教师育人能力的发展。

教师工作的教育教学场域，所历经的教育教学过程是一个无法提前彩排的"现场直播"，其中总是会存在各种各样的突发情况，它们或由教育场域外部的意外事件引发，或因内部相关主体的某些行为催生。这些随机出现的突发情况构成了影响教师提升其育人能力的介入因素。当教师以自身教育机智面对教育困境、解决所遇到的教育问题，采用合理的方式方法处理问题时，教师的育人能力在这一过程中可以获得发展提升。即教育机智与方法在转换为教师育人行动的过程中反过来促进着教师育人能力的发展提升。

第三节　育人能力发展的外塑要素

教师育人能力的发展是一个内外部影响因素联动作用的过程。在源自教师自我的相关内生动因之外，教师育人能力发展也受到诸多外在环境条件的影响、促进或制约。影响教师育人能力发展的外部因素是指来自外界施加于教师，影响其育人能力提升的活动或事件。根据前期教师育人能力影响因素的调查和数据分析结果可知，其包括育人导向及培训、文化心理与评估两重因素。

一　育人导向与培训

影响教师育人能力发展的育人导向与培训因素包括两方面内容：其一是指向教育目标、功能、价值等理念层面的育人价值导向，其二是指向促进教师专业发展的微观具体的教师教育培训。

(一) 育人导向因素

育人价值导向对于教师育人能力发展有引领性影响，决定着教师育人能力的发展方向与具体内容。育人价值导向从居于上层的、抽象的教育目的、理念等普遍性理论层面，以及较为具体的学校育人理念层面影响教师的育人行动与育人能力发展。

一定时期的教育教学及课程目标中渗透着时代的育人导向，影响着教师的育人实践及其能力发展。在中国提倡"双基"教育的阶段，教师主要关注学生的知识习得与技能养成，相应地，教师能力发展更多关注并聚焦于教学能力发展。在提倡应试教育向素质教育转轨阶段，教师开始重视学生素质的养成，而非仅关注应试能力训练，教师育人能力在于开展素质教育的相关能力。第八轮课程改革中提倡三维目标，促使教师关注学生知识技能、过程方法、情感态度价值观等全方位的教导与培养，教师育人能力亦有了更新的具体指向。中国学生发展核心素养的颁布是教育目标、理念的又一次革新与聚焦，为教师育人行动提供了新的指南。教师育人能力在于培养学生文化基础、自主发展、社会责任等各个层面的核心素养，学生全面发展的图景更为具体、详细。2022年上半年国家出台了新一轮的义务教育课程方案和课程标准，在这一背景下，教师育人能力具有了新课程实施、践行的指向。教育发展的历史告诉我们，顶层的教育理念导向与具体的课程教学目标对教师能力发展提供着方向性的指引，极大影响着教师育人能力的定位与发展。

教育目标、理念等从宏观层面导向着教师育人行动与能力发展，其通过转换为教师个体的教育哲学、教育理念而发挥作用。此外，对教师具有切近、直接影响的育人价值导向更多来自教师的工作环境、学校的育人氛围。校长和教师同侪在教育、教学、教研等活动中不断提供着育人价值导向，从而构成教师个人所处的具体育人文化环境与氛围。校长是教师发展的重要他人，其教育教学理念往往影响着一所学校教师群体教育观念的样态。校长"所提出的一系列职业规范与职业要求，浓缩了社会期望,并将之具体化"①,从而成为距教师教育实践最切近的育人价值导向,直接影响教师的育人认知、育人行动。此外,许多教育观念、理念通过教师同侪之间的相互交流研讨也可能内化为教师自我的育人价值理念,并指导教师行动。

(二) 教师培训因素

教师培训是有计划、有目的地促进教师专业发展的活动,由专门机构承担,它以时代教育发展的具体需求和教师自身再发展为目标,对于高素质教师队伍建设、教育质量提升具有重要意义。教师培训作为职后促进教师专业发展的规范、系统的方式,力图促进教师获得专业知识技能、价值理念、能力素养等方面的提升。常见的教师培训内容有师德师风建设、教学方式方法的实践培训、教育政策法规解读、智能技术的教育应用等。培训的形式多样,包括到示范学校现场观摩、到教学科研单位学习进修、参加国内外的学术会议与讲座、出国访问访学、线上线下修习教师进修课程等。形式多样、内容丰富的教师培训是教师更新认识、扩充知识、了解最新教育发展动态的重要途径。教师在培训过程中不仅能够接触到先进的教育发展理念,还能与专家对话交流以答疑解惑,能遇到许多志同道合的朋友交流教育教学心得,这些都有助于教师教育教学实践的改善以及育人能力的增长。

一直以来,中国都高度重视教师队伍建设工作,大力支持师范教育与教师培训。2016年12月,教育部出台《关于大力推行中小学教师培训学分管理的指导意见》(教师〔2016〕12号),其中提出要建立非学历培训与学历教育的衔接机制以扩宽教师终身学习渠道;② 2018年1月,中共中央 国务院印发的《关于全面深化新时代教师队伍建设改革的意见》提出了推行培训自主选学机制;③ 2022年4月,教育部等八部门联合印发

---

① 钱扑:《新教师成长的环境影响因素剖析——兼谈美国对新教师社会化问题的研究》,《全球教育展望》2005年第9期。

② 中华人民共和国教育部:《教育部关于大力推行中小学教师培训学分管理的指导意见》(http://www.moe.gov.cn/srcsite/A10/s7034/201612/t20161229_293348.html)。

③ 中共中央 国务院:《关于全面深化新时代教师队伍建设改革的意见》(http://www.gov.cn/zhengce/2018-01/31/content_5262659.htm)。

《新时代基础教育强师计划》（教师〔2022〕6号）[1]，旨在推动造就一批新时代高素质专业化创新型中小学教师队伍。其中提出要深化精准培训改革，建强县级教师发展机构及培训者、教研员队伍；优化培训内容、打造高水平课程资源，建立完善自主选学机制和精准帮扶机制。一系列的政策发布，足见国家对教师队伍建设、教师培训工作的重视。在政策的推动下，各级各类教师培训工作的目的性、针对性、有效性亦在不断提升，使得教师有机会根据自身情况自主选择培训内容、培训方式，激发教师专业发展和育人能力提升的自主性、能动性。前期调查中，在"我经常参加育人理念、方法方面的培训活动"一项上，有91.7%的教师选择了"基本符合"或"完全符合"，选择"基本不符合"或"完全不符合"的教师不足3%；相关与回归分析中亦验证了是否参与培训活动与教师育人能力水平之间的正向预测关系。这些数据佐证了教师培训对教师育人能力发展的作用以及基础教育对教师培训工作的重视与投入。正是在不断参与各类教师培训的过程中，教师拥有了更多机会获得知识能力的提升、理念和视野的拓展以及育人能力的发展。

二 文化心理与评估

在教师育人能力探索性因素分析过程中，得出的第五个影响因子为"文化心理与评估"。这一影响因素凸显了外在育人文化与制度环境对教师育人能力的共同影响。

（一）文化心理因素

在教师育人能力影响因素的调查数据分析中发现，在"社会舆论营建着尊师重教的文化氛围""我深受'学高为师，身正为范'文化传统的影响"等条目中符合度越高的教师，其育人能力越强。这一数据从一个侧面反映了良好教育文化环境对育人能力的正向影响。但研究也注意到，外部育人文化环境对教师育人能力的影响并非一个直接、线性的过程，而是需转换为教师自我内部的文化心理而发挥作用，即当教师信仰并内

---

[1] 中华人民共和国教育部：《教育部等八部门关于印发新时代基础教育强师计划的通知》（http://www.moe.gov.cn/srcsite/A10/s7034/202204/t20220413_616644.html）。

化某种育人观念时，才会以这种育人观念为准绳开展行动。这也是将影响教师育人能力发展的外界文化因素定位为"文化心理"而非"文化环境"的原因。

教师文化心理是指教师长期处于特定教育文化环境中所形成的相对稳定的心理模式，其与教育文化环境相生相融，是教育文化环境的群体性内部表征，塑造着教师教育教学理念、行为。中国传统文化中就有"学为人师，行为世范"的教育训诫，构成教师群体的教育文化心理，影响着一代又一代教师的育人行为。在教育传统文化对教师为"师"与育人的具体要求以外，现今倡行的育人观念也在重塑着教师群体性育人文化心理，影响着教师育人观念的确立与育人的具体行动。当然，教师不是生活在真空的"象牙塔"中，作为社会成员，一些社会思潮也会对教师的育人认知和行为产生影响。当外在的教育文化成为一种功利性追求时，如社会上曾流行的"教育作为一种产业""受教育就是为了升学、为了找到好工作"等思想观念，虽也部分显示了对教育某种属性与功能的认知，却容易在群体性无意识中误导教师的育人方向，使得育人之路偏狭。而国家层面对教育"立德树人"导向的明确推行，无疑唤醒了被形形色色教育观念所遮蔽的、沉睡良久的教育文化基因，有助于匡正教师育人文化心理。与社会文化大环境的作用类似，学校文化环境是形成教师育人文化心理的更微观、具体的层面。教师所在学校的办学理念、育人传统、人文精神，共同构筑着教师育人的心理认同，进而影响教师的育人行动。

(二) 外界评估因素

外界对教师的评估是教师育人能力发展的一项显在因素，其具体包括制度化的正式评估以及非制度化、非正式的外界评估。对教师的管理评价机制会影响教师的发展动力以及对自己发展方向的定位。

教师评估作为教师发展的现实导向，是教师颇为关注的内容。当学校为了升学率在管理导向上过于强调学生学业成绩时，有可能使教师的积极性更多地倾向于单纯的教学授导能力提升而不是整体育人能力的加强。学生发展核心素养和学科核心素养的提出、2022年义务教育新课程方案与课程标准的颁布都强调要培养学生核心素养、促进学生全面发展、突出课程教学的育人价值，教师制度化评价内容也从过多关注教学绩效转为更关注学生核心素养培养方面，由此倒逼教师育人能力的发展提升。

在制度化的评估因素之外，还存在来自社会各界、家长、学生等群体对教师的非正式评估。随着社会对教育关注度的不断提升、信息通信技术的发展、自媒体的广泛应用和深入生活，教育教学从一种相对封闭于学校内部的活动成为暴露于社会公众的事务，教师的育人能力及其育人效果也越来越多地受到社会各界的关注。学校教育原本具有公共性特点，但是从没有一个历史时期像今天这样将教师、教育、教学带入社会公众视野，来自社会、家长、学生群体的评价成为教师评判自我工作的重要参照。社会各界基于对教育的理解，表达对教师育人效果的认同或批评，并将之通过各种方式不断反馈于教师，从而强化或抑制教师育人的信心与热情，使教师认识到育人之不足，进而影响教师育人能力发展。社会对教师育人工作的认同可以转化为对教师的正向情感支持，从而激活教师对自己育人能力效果的觉知，强化教师的自我心理认同机制；而社会民众对教师育人工作的批判也可以成为教师工作的镜鉴，促进教师对教育教学工作的反思与改进。在调查中，"我的教育教学工作获得校方和家长好评""我听取学生关于改进教育教学的意见、建议"等影响因素条目都正向预测了教师育人能力水平，佐证着非正式评估因素对教师育人能力发展的作用。

第四节 教师育人能力的发展进路

对教师育人能力相关问题进行理论探讨与研究的目的在于促进教师育人能力的产生和发展，进而助力教育质量的改善提升。研究根据前期对教师育人能力发展影响因素的调查、探索与分析，进一步探讨教师育人能力可能的发展进路。教师育人能力发展是一个需要多方协同、共同行动的系统工程，需要明晰促进育人能力发展的行动主体与行动策略才能描绘这一系统工程的实践框图。

一 "从内部打破":教师育人能力发展的自主路径

教师育人能力的发展是教师在育人情境中自我学习、自我体悟、自我实践、自我反思的过程。任何影响或促进育人能力发展的因素最终都要作用于教师的主观能动性以发挥作用。教师个体需要保持育人能力的主体意识与发展自觉性,不断从真实的育人情境中进行学习,成为自我育人能力发展的主导者。"教师个人成长经历""职业发展内驱力"等因素对教师育人能力发展的正向预测作用也展示了教师自主对育人能力发展的重要性。

(一)学习与应用育人相关知识

教师需要为开展育人活动、发展与提升育人能力积淀必要的知识基础。育人知识的组成复杂多样,且具有发展性,处于不断丰富、与时俱进的过程中。育人知识没有清晰的边界和固定的内涵、外延,任何有助于教师开展有效育人活动的知识都可视为育人知识。从育人知识的构成而言,其包括教育学原理、教育心理学、教学法、师德素养等教育基本理论知识,也包括教师个人教育经历、育人实践等实践性知识。从育人知识的形态而言,其包括结构化组织安排的系统性课程知识,也包括教师在非正式学习、泛在学习过程中所获得的育人碎片化知识等。从育人知识的发展性而言,由于育人是一个面向未来的事业,育人知识总是随着时代发展而不断增加新的具体内容,由此需要教师根据学生发展需求进行育人知识的生产创新。

不断学习与应用相关育人知识是教师顺利开展育人活动的必要基础,也是育人能力生成发展的必要环节。但学习、内化复杂与发展着的育人知识并加以应用并非易事:一是育人知识的丰富性、繁杂性带来教师学习与管理的困难;二是育人知识的理论性、内隐性带来教师知识应用的挑战。应对此类问题,教师可以根据自身实践经验与育人需要组织与管理相关知识,形成个人的育人知识储备;同时,需要摒弃直接套用理论的功利主义观念,内化育人理论知识,从中汲取思想启发,而不急于将其立刻转换为"生产力"。对于具有内隐性的实践性育人知识,教师可以通过情境学习的方式观察模仿其他教师的育人实践,学习隐性育人知识;

或者通过自省的方式,将实践性知识加以叙述、表达,从而将隐性知识显性化,进而反思提升。教师只有通过多种途径、多样方式积累、学习复杂多元的育人知识,以自我育人实践经验与需要为基本取向进行知识的管理与内化,才能更有利于在育人实践中随时提取相关知识。

此外,教师作为引导学生学习、促进学生终身发展的人,自身也需要秉持终身学习的理念,并身体力行。教师需要养成持续学习的良好习惯与热爱学习的良好态度,不止步于师范课程与职前培训中的育人理论学习,在从教过程中多留心、多关注实践性育人知识,在工作之余乐于补充自我育人理论知识的欠缺。这些都是促进教师育人能力不断发展的重要行动。

(二) 挖掘与反思育人关键事件

根据育人能力影响因素部分的研究可知,育人关键事件对于教师育人能力发展有促进作用。育人关键事件是引发教师情境性育人行动、促发教师育人反思的教育事件,是发生在教育主体之间的交往活动,既可能是日常教育教学活动中时刻发生着的师生交往,亦可能为紧急性、突发性的教育事件。这些育人关键事件考验着教师的实践智慧和情境性育人行动能力,成为助推教师育人能力发展的重要节点。但需要明晰的是,"关键事件能否成为关键事件并不取决于其本身,而在于由其所引发的自我澄清过程,个人思维的清晰化过程"[1]。也即,育人关键事件只是促进育人能力发展的导火索,如果教师对于所发生的教育事件既不敏感也不关心,更不会据此反思自己的育人理念、方式方法、育人行动与效果,那么,对于教师育人能力发展而言,这些教育事件与普通的教育教学活动便没有什么区别。育人关键事件发挥作用的方式在于诱发教师对育人行动的反思、调节、改进,最终促成育人能力的不断增长。故而,挖掘与反思育人关键事件才能有效推进教师育人能力的发展。

如何挖掘与反思育人关键事件需要教师具有育人的自觉性与敏感性,并积极践行反思性实践者的教师角色。突发性、有着激烈矛盾冲突的教育事件极为考验教师的育人能力,对其处理不当容易使学生受到伤害并

---

[1] 叶澜等:《教师角色与教师发展新探》,教育科学出版社2001年版,第313页。

使得教师专业发展受挫；处理得当则展现了教师良好的育人行动力。但育人关键事件并非都是有着矛盾冲突的师生交互事件，也可能是教育教学实践中一些平凡的、并不起眼的平常事。教师留心判别育人关键事件，体悟其中所蕴含的育人意义与价值，将普通的教育教学时刻转变为对学生有深刻影响的育人时刻，从而把握育人时机是挖掘与创造关键性育人事件的举动。无论是冲突性教育事件，抑或平常教育时刻的育人价值挖掘，都是对教师育人能力的考验，可以成为促进教师育人能力发展的重要素材。教师可以养成即时记录育人关键事件的习惯。在经历育人关键事件之后，如果教师不加以反思整理，这些蕴含着教师专业发展价值的事件便会随着时间而消逝。而教师通过育人关键事件的整理、记录和反思，一方面可以保留其中成功的育人经验、方式方法，以便于遇到相似场景时可以迁移应用；另一方面可以促使教师即时反思自己的育人视角、理念、方式、效果等是否合理，锻炼教师育人的敏感性。长此以往，有利于教师育人行动的改进，促进教师育人能力的发展。

（三）关注与体验育人内在价值

育人活动于教师而言的内在价值在于带给教师充实感、满足感、获得感与幸福感等价值体验。这些积极的内在价值体验能够促发教师育人的内在需要与动机，是教师育人能力发展的重要内驱力，能够促发教师的育人动力、改进育人行动、发展育人能力。教师育人的过程也是教师"成己"的过程，是作为教师这一职业角色履行职责、追求自我实现的过程。基于内部需求与动机的教师自我发展往往比外部动机更为深刻、持久。育人内在价值体验与需求作为促进教师育人能力发展的内部动机需要引起教师的关注与重视。

在教育教学实践中，无论他人还是教师自我都容易忽略教师本人在教育教学过程中所产生的心理感受与体验，使之成为瞬间流逝、无足轻重的事情，或被外在的功利性价值取向、教育评估需求所遮盖，导致教师舍近求远，在向外苦苦求索中忽视向内的价值体验，产生职业倦怠感，失去育人的兴趣与热情。关注与体验育人内在价值是教师保持育人动力、增长育人能力的内部精神滋养，对于教师持久的专业发展而言有着重要的意义与价值。在教育教学活动中，教师要警惕陷入外部教学绩效等功利性目的的无尽追逐中，而多关注自我内在的价值体验、理想需求，沉浸、投入师生交互的教育场域，与学生对话，与自我对话，感受这些过程所带来的内在充实与自我实现感，抛却一时的利益需求，专注于育人活动本身，获得内心的宁静与专业发展的内在持久动力。教师与学生交往互动过程的沉浸感、学生成长发展所带来的获得感、学生和家长及外界各方的好评所带来的荣誉感、自我能力展现和释放所带来的成就感等，作为教师育人的内在价值体验都能进一步激发教师的育人热情与育人动力，进而推动教师育人能力的持续发展。

强调教师关注与体验育人内在价值，并非要求教师完全忽视外部功利性教育导向与相关评价，将自己与学生关入"世外桃源"，而是意在提醒教师不以向外的追逐来掩盖向内的自我体验，而要多关注自我育人行动以及学生的切实发展所带给自己的内在喜悦——一种来自教育内部的非物质性利益所带来的真切喜悦与获得感，进而把这些育人的内在价值体验转换为育人能力发展的持久动力。

二 "在顶层设计"：全方位强化育人能力发展导向

高屋建瓴的育人价值导向能为教师育人能力发展提供方向引领。通过政策法规、评价制度以及文化环境建设为教师育人能力发展提供坚实的外部支持是育人能力发展的重要路径。

（一）以政策法规明确教师育人能力发展导向

教育政策法规贯彻着党和国家的教育目的与要求，回答着为谁培养人、培养什么样的人以及如何培养人的问题，体现着为党育人、为国育才的国家教育意志，使得教师育人活动有法可依、有章可循。教育政策法规在体现国家教育意志的同时，隐含着育人的内在价值导向，需要教育各部门和教师群体认真学习、体会和理解。"立德树人"作为新时代国家树立的教育价值标杆，明确了教师的职责内容，指引着教师的育人方向。教育价值标杆的实践落地和深化发展需要更精准、丰实的政策内容作为指引，进而可为育人能力发展提供更细致的政策引导。

除了在政策制定中充分体现对教师育人能力的关注与要求，教师育人权益的真正保障、落实也是教师育人能力发展的必要前提。只有明确教师育人的具体权责，才能真正保障教师育人的合法权益。以"体罚"和其所引发的一系列教育现象为例，教师体罚学生是法律严令禁止与社会集体谴责的事，但"体罚"本身的界定不明与边界不清使教师对学生一些正当的管理教育也被冠以"体罚"之名，从而使不少教师处于对学生不敢管、不能管，从而不想管的尴尬境地。从政策法规的视角来看，这一现象的产生与对教师的权责规定不甚明晰有关。在教师"放管""躺平"现象多发的背景下，教师法等关于教育、教师的相关标准、法规中对"体罚"又开始进行重新界定与清晰解读，还教师应有的管理、育人权利，也限定教师的权利范围。对教师权责的明确规定对于教师育人活动的开展意义重大，一方面清晰界定教师违规、渎职、不作为的行为，另一方面保障教师应有的教育、育人权利，使得教师能安心依法从教，上级教育管理部门依法治教，为教师育人活动及育人能力的发展提供"合法性"基础。

（二）以评价制度倒逼教师育人能力发展

教育评价往往从目标状态的隐性设定引导教师能力的发展，教师评价更是主导着教师的发展方向与具体内容。

开展教师育人能力的评价有助于激励教师对自身育人能力的关注与发展。注重知识教学的教师评价关注学生的课业成绩，注重教师德行的教师评价关注教师的品行素养，注重教师育人能力的教师评价则关注师生互动下教师的育人行为与学生的发展状态。鉴于学生的发展状态是一个动态变化过程，且教师育人能力作用于学生发展的周期长、见效慢，从学生发展状态展开的教师育人能力评价操作困难。因此，从教师个体育人行为入手透视教师育人能力成为一种替代性方案。对教师育人能力的评价理应贯穿从教师准入到教师入职以后的各个阶段。教师准入阶段的育人能力评价可以通过考核教师对相关育人知识的掌握以及观察教师在实习期间的具体行为表现展开。虽然教师育人能力是通过教师实践才能产生并持续发展的事物，但通过前期调查可知，其也受到教师个人理论知识水平、性格特征等因素的影响，通过准入阶段的教师育人能力评价能够提前发现不适宜从事教师职业的竞聘人员，并及时采取筛选或干预行动。入职以后的教师育人能力评价可以通过规范化、制度化、统一化的专业测评工具展开,由上级教育主管部门统筹协调安排评价工作。教师育人能力评价并非试图做出一种结果性评价,从而给予教师相应奖惩,而在于通过育人能力评价发现其中所存在的问题及其可改进的方面,从而有针对性地促进教师育人能力发展。秉持发展性原则进行的教师育人能力评价设计,可充分发挥评价的导向性与发展性功能。当上级教育主管部门开始关注并施行教师育人能力水平的评价,必然会影响学校内部对教师的评价方式,促使学校内部开始全面衡量教师能力水平、关注教师的育人实效,而非仅仅关注教师的教学管理工作,进而可以在一定程度上转变一些学校内部所存在的偏重应试等不良教育氛围。

(三) 以文化环境渗透育人价值导向

环境是我们所处的具体情况与条件,切近地影响着我们的行为。文化环境样态影响着教师的育人能力发展,建设充盈育人价值导向的宏观社会文化环境以及微观学校文化环境有利于教师育人能力的发展提升。

建设充盈育人价值导向的社会文化环境需要重塑传统育人文化的当代价值,同时充分利用现代信息媒介的传播功能,营建尊师重教、关注育人的良好文化氛围。尊师重教是中华民族几千年来的传统美德,从学记中"建国君民,教学为先"对教育的关注重视,到"师也,所以传道、授业、解惑也""其身正,不令而行;其身不正,虽令不从"中对教师学识、品行的劝诫,再到"程门立雪"等诸多尊师求学的经典故事都展现了中华文化中尊师重教的传统,也是中国教育发展的文化基石。重塑传统文化的当代价值可以结合社会与教育发展需求,节选正向积极的文化内容,进行当代文化诠释,并结合现代信息技术媒介,创新文化传播方式。此外,巧借社会信息舆论,宣扬师德模范,加强育人能力发展的正向引导也是育人导向社会文化建设的重要一环。在自媒体技术发达、网络互联互通、信息传播迅速的当下,人人都有机会成为观点的创造者、传播者,成为可以对教育、对教师育人工作发表建议意见的人,也更容易受到良莠不齐多元信息的影响。故而,肃清误导性教育舆论在当代显得更为紧迫。上级教育主管部门需要把握教师育人的舆论方向,宣扬正确的教育价值和育人价值观——可以通过寻找育人模范与事迹、评选优秀的教师作为育人典范,宣扬中国教育家的教育故事等方式为教师育人与教师发展树立典型。同时，密切关注教师育人动态，对教师育人行为中存在的错误倾向及时纠偏止损。

校园文化是社会文化背景中的一种亚文化形态，受到社会文化影响，但同时具有自身的独立性。其具体体现为校园物质文化、制度文化、行为文化与精神文化。物质文化无形地体现于校园的物质环境之中，通过校园或教室中的标语、课桌椅摆设、实验室建设、教室空间设计等得以展现；制度文化通过教学教研制度、组织管理规范、课程集群建设等展现；行为文化指在学校组织的各类教育活动中，师生动态行为所体现出来的文化特质，同时反映师生所持有的教育教学观念；而精神文化作为校园文化最深层次、内隐的存在，"包括学校的文化传统、学风教风、人际关系、心理氛围以及校园群体的世界观、价值观、道德观等因素，它直接反映了一个学校的特殊本质、个性与精神面貌"①。建设以"育人"为核心的校园文化需要从物质、制度、精神等方面共同着手。

首先，建设"育人"导向的物质文化环境需要考虑学生发展对环境的基本需求，完善学校基础育人设施，考虑教师开展育人活动所需的各类物质条件支持。在中国中部地区一所特色学校的考察过程中发现，教室的空间设置与规划体现着浓厚的育人色彩。教室结构是经过精心设计的，每两间教室中间由方便拆卸的隔音材料阻断，既可以单独用于班级授课，也可以迅速贯通两间教室以形成大型课程活动空间。教室对面是一直开放着的、器材完备的生物、化学、物理等各类实验室，方便学生随时进行合作探究和创新性学习，将知识学习与动手实践、理性认识与感性经验紧密结合起来，这样的课程空间建设渗透着"育人"的价值导向。其次，建设"育人"导向的制度文化需要转变严苛教条的学校管理制度：给予教师自由自主的育人空间和裁量权，从而激发教师的育人活力与创造力；转变偏重知识教学的教师考核制度，使教师不再受困于课时与成绩的压力，从而能潜心育人；关注并评估教师的育人行为与育人实效，激发教师育人动力；建设具有特色的学校育人课程体系并统筹安排整体育人方案，为教师创建良好的育人制度环境。最后，建设"育人"

---

① 史洁等：《校园文化的内涵及其结构》，《中国高教研究》2005年第5期。

导向的精神文化应成为校园文化建设的内在核心。育人精神文化的营建需要从学校整体的育人理念开始，而学校育人理念又是校长育人理念引领下教师群体所共有、共识的育人思想观念。校长作为一所学校的引领者，需警惕重智育轻德育、重教学轻育人的可能倾向，在关注、重视并倡导学生全面发展的同时，重视、倡导教师的自我发展。"任何制度或文化，如果不提倡教师发挥他自身独特的优势，不鼓励教师以一种自身认同与自身完整的本真状态与学生的生命深层互动，永远只是在努力拔高、向外在标准靠拢，那就很可能压抑教师独特的创造潜力，枯竭教师作为优秀教学之根本来源的心灵世界，相应地会导致学生更多地生吞活剥成套的知识概念，却欠缺了心灵的滋养与生命的启迪。"① 故而，关注教师的自我发展，促使教师成为具有内在自我认同的"经师"与"人师"相统一的"大先生"也是校园精神文化建设需要特别关注的内容。

三 "于情境着力"：创新教师育人能力培训、研修

教师育人能力是以教育实践智慧为核心的能力，其自身的机智性与实践特质反映了关注具体教育情境对教师育人能力的发展作用。从具体的教育教学"情境"着力，创新教师育人能力发展的培训与研修方式是教师育人能力发展的特色化进路。

（一）创新以"情境"为锚点的育人培训

教师育人能力培训不能仅关注抽象、宏观的育人理念指导，而脱离真实的育人情境与问题。拣选典型的育人案例，以这些生动形象的案例为基点连接教师育人能力培训内容是以"情境"为锚点开展育人能力培训的有效方式。其向上可以连接育人理念、育人知识等相关内容，向下可以连接具体的育人实践方式方法，横向可以展现育人环境与情境特性，纵向可用于分析教师行动的源始终末。由此，构建起以教师典型性育人案例为核心，以具体育人情境为锚点的网状培训内容。在具体的培训方式方面，于传统的专家讲座、座谈等形式之外，可以设计具有真实性特

---

① [美] 帕克·帕尔默：《教学勇气——漫步教师心灵》，吴国珍、余巍等译，华东师范大学出版社 2005 年版，第 203 页。

征的教育教学情境，使参与培训的教师和专家教师通过现场演练、即时分析、针对问题开展行动的方式回应育人问题，由此，受训教师能够观摩专家教师如何看待、分析和解决育人问题，专家教师能够就受训教师育人行动中的不足提出意见和建议，双方还能针对育人情境中所呈现的具体问题以及所涵括的育人理念、知识、方式方法等进行有深度的交流探讨。

（二）开展以"情境"为载体的育人研修

育人培训是培训者主导的活动，培训者决定着培训的具体内容与形式。相比于培训而言，研修则是一种教师主导的活动，其以教师所面对的育人问题以及学校发展中的切实需要为基础内容展开。教师育人能力作为一种情境性实践能力需要多元、真实、复杂的实践场域作为试练场，而教师每天身临的学校场域充满着各类育人情境、育人事件，是教师育人的最佳实践与研习场域。以学校为单位开展教师群体间的育人研修是教师育人能力发展的重要及便捷途径。

教师育人能力是一种综合性实践能力，产生、展现于具体的育人情境之中，真实的育人情境对于教师育人能力发展而言具有重要的意义价值，在师生相遇的具体场域中开展教师共同体育人研修有助于教师育人实践的提升、育人能力的发展。具体而言，学校在组织教师群体间的育人研修时，可以巧妙利用各类教育情境作为研修的基本载体。比如：总结提炼本校教师实践中所遇到的实际育人困扰和问题，形成教师育人的研修主题，教师群体间就具体问题开展研讨活动；策划教师之间的教育教学相互观摩活动，使教师在观摩学习中找到彼此育人行动的机智与不足，促进教师育人的情境性学习，增进教师育人实践性知识；挑选教师典型的育人实践案例，既包括校外优秀育人案例也包括校内有特色的教师育人行为，形成以案例为中心的研讨活动，共同发现其中所蕴含的规律性内容、可提取的有效育人方式方法、所存在的育人意义价值。这些以"案例"为基础、以"情境"为载体的教师育人研修活动共同展现着情境本身的价值。此外，学校内部可以建设常态化、规范化、制度化的基于学校具体教育教学情境的育人研修活动与教师研修共同体，从而为教师育人能力发展持久助力。

第五节　小结

本章聚焦教师育人能力的发展问题，探寻教师育人能力影响因素与发展进路。以访谈、调查获得的原始材料以及调查数据的探索性因素分析为基础对教师育人能力发展的影响因素进行探究，发现主要存在五大类教师育人能力影响因素：个人成长经历、职业发展内驱力、育人导向与培训、教育机智与方法以及文化心理与评估。通过对教师育人能力影响因素调查数据的相关与回归分析得知，这五项因素对教师育人能力发展有着正向预测作用。

从教师育人能力发展影响因素分析入手，针对性地探寻教师育人能力发展的可能进路。教师育人能力发展是一项需要多方协同、共同推进的系统性工程。具体而言：从教师自身出发，学习与应用育人相关知识、挖掘与反思育人关键事件、关注与体验育人内在价值是教师育人能力发展的自主进路；从政策法规、评价制度、文化环境角度进行教师育人能力发展导向的顶层设计是教师育人能力发展的宏观进路；创新以"情境"为锚点的育人培训，开展以"情境"为载体的育人研修则是教师育人能力发展的特色进路。由此，应在考量教师育人能力特性及其发展的多方面影响因素的基础上构建从自主到他主、从常态到特色的系统化教师育人能力发展路径。

写在后面的话

将一种"可感却不可说"的教师能力付诸笔端确实并非易事,好在从古至今不乏"人师"之育人实践,关于育人的教育思想论述亦汗牛充栋,对"人师"的吁求、对育人的需要亦未减半分。已存的育人思想论述与教师育人实践为教师育人能力的探究提供着鲜活的素材,而对人师的诉求则内在激励着对教师育人能力"求实""求是"的探索。"育人"是教育永恒的主题,是教师的核心职责,"育人能力"理应是教师素养发展的核心所在。对能力进行测评是心理学领域的常见项目,却并非教育领域的强项,然则,教育的科学化、现代化发展离不开教师能力的测评工作,离不开基于科学评估的持续性改进。于是,对教师育人能力进行抽丝剥茧般的要素探寻、进行教师育人能力测评工具的开发、进行准量化评估等都是必要且有意义的事情。当然,无论是教育的发展或是教师发展,都不是为了迎合测评工作,并非以通过测评、获得好的测评结果为最终目的。与之相反,测评本身只是教师发展、教育质量提升的手段、工具,我们所希冀的一直都是一幅尊师爱生、教学相长、学生健康全面成长的教育图景。而教师育人能力的探究只是从教师能力视角展开的对理想教师与理想教育的描摹,同时指向理想教育的实现。

每每提及育人之师,一些经典的影视形象就会浮现出来——《美丽的大脚》中的张美丽老师,《老师·好》中的苗宛秋老师,《死亡诗社》中的基丁老师,《放牛班的春天》中的马修老师……现实中这样的老师更多,他们善良、有耐心,真诚关怀学生并关注学生成长,不轻视、不放弃任何一名学生;他们机智敏感,能够洞悉学生的所思所想,并总能以某种教育性的方式解决问题;他们睿智深层,能平等而真诚地与学生交流，并深入学生心灵深处，植下一颗向光生长的种子。育人之师，不外如是。我们需要更多这样的教师，或者，我们期待每一位教师都可以成长为育人之师。

参考文献

著作

陈桂生：《普通教育学纲要》，华东师范大学出版社2009年版。

陈向明：《质的研究方法与社会科学研究》，教育科学出版社2000年版。

（东汉）许慎：《图解〈说文解字〉》，《图解经典》编辑部编，北京联合出版公司2014年版。

冯建军：《生命与教育》，教育科学出版社2004年版。

郭华：《教学的模样》，教育科学出版社2022年版。

（汉）贾谊：《贾太傅新书》，（明）何孟春订注，岳麓书社2010年版。

黄光扬主编：《教育测量与评价》，华东师范大学出版社2012年版。

教育部师范教育司编：《教师专业化的理论与实践》，人民教育出版社2001年版。

李吉林：《情境教育的诗篇》，高等教育出版社2004年版。

刘长铭主编：《教育如此存在：北京四中教育故事》，教育科学出版社2014年版。

刘宇：《实践智慧的概念史研究》，重庆出版社2013年版。

《论语》，张燕婴译注，中华书局2022年版。

毛展煜主编：《向五位大师学做教师：孔子、陶行知、叶圣陶、苏霍姆林斯基、马卡连柯的为师之道》，天津教育出版社2019年版。

《孟子》，万丽华、蓝旭译，中华书局2007年版。

（明）王夫之：《四书训义》，岳麓书社2011年版。

（明）王守仁：《王文成公全书》，中华书局2015年版。

《墨子》，李小龙译注，中华书局 2007 年版。

（清）李光地等撰：《性理精义》，中华书局 2016 年版。

邱皓政、林碧芳：《结构方程模型的原理与应用》，中国轻工业出版社 2019 年第 2 版。

全国十二所重点师范大学联合编写：《教育学基础》，教育科学出版社 2014 年版。

韦义平：《心理与教育研究数据处理技术》，广西师范大学出版社 2002 年版。

魏书生：《就这样当班主任》，长江文艺出版社 2019 年版。

《荀子》，安小兰译注，中华书局 2007 年版。

叶澜等：《教师角色与教师发展新探》，教育科学出版社 2001 年版。

叶圣陶：《如果我当教师》，教育科学出版社 2009 年版。

张进辅主编：《现代人才测评技术与应用策略》，重庆出版社 2006 年版。

赵昌木编著：《教师专业发展》，山东人民出版社 2011 年版。

中央教育科学研究所编：《陶行知教育文选》，教育科学出版社 1981 年版。

中央教育科学研究所编：《徐特立教育文集》，人民教育出版社 1979 年版。

译著

［德］第斯多惠：《德国教师培养指南》，袁一安译，人民教育出版社 1990 年版。

［德］赫尔巴特：《普通教育学·教育学讲授纲要》，李其龙译，人民教育出版社 1989 年版。

［法］皮埃尔·布迪厄：《实践感》，蒋梓骅译，译林出版社 2003 年版。

［法］雅克·马里坦：《教育在十字路口》，高旭平译，首都师范大学出版社 2010 年版。

［古希腊］柏拉图：《会饮篇》，王太庆译，商务印书馆 2013 年版。

［古希腊］亚里士多德：《尼各马可伦理学》（Ⅰ1.－Ⅲ.5），廖申白译注，商务印书馆 2023 年版。

［加］马克斯·范梅南：《教学机智——教育智慧的意蕴》，李树英译，教

育科学出版社 2001 年版。

［捷］夸美纽斯：《大教学论》，傅任敢译，教育科学出版社 1984 年版。

［古罗马］昆体良：《昆体良教育论著选》，任钟印选译，人民教育出版社 1989 年版。

［美］马文·柯林斯、［美］希维娅·塔玛金：《马文·柯林斯的教育之道：通往卓越教育的路径》，刘琳红译，中国青年出版社 2019 年版。

［美］玛克辛·格林：《释放想象：教育、艺术与社会变革》，郭芳译，北京师范大学出版社 2017 年版。

［美］帕克·帕尔默：《教学勇气——漫步教师心灵》，吴国珍、余巍等译，华东师范大学出版社 2005 年版。

［美］唐纳德·A. 舍恩：《培养反映的实践者——专业领域中关于教与学的一项全新设计》，郝彩虹等译，教育科学出版社 2008 年版。

［美］伊恩·朱克斯，瑞恩·L. 沙夫：《教育未来简史：颠覆性时代的学习之道》，钟希声译，教育科学出版社 2020 年版。

［瑞士］裴斯泰洛齐：《裴斯泰洛齐教育论著选》，夏之莲等译，人民教育出版社 2001 年版。

［苏］B. A. 苏霍姆林斯基：《把整个心灵献给孩子》，唐其慈等译，天津人民出版社 1981 年版。

［苏］B. A. 苏霍姆林斯基：《给教师的建议》，杜殿坤编译，教育科学出版社 1984 年版。

［苏］B. A. 苏霍姆林斯基：《给教师的一百条建议》，周蕖等译，天津人民出版社 1981 年版。

［英］黑恩（Herne, S.）、［英］杰塞尔（Jessel, J.）、［英］格里菲斯（Griffths, J.）：《学会教学：教师专业发展导引》，封继平译，华东师范大学出版社 2009 年版。

期刊文章

蔡春等：《教师的哲学诉求——兼论教师教育的路径问题》，《教育研究》2018 年第 3 期。

曹永国、母小勇：《照看自我：教师实践智慧的生存论意涵》，《南京社会科学》2013 年第 11 期。

崔振成、黄东亮：《中小学教师德育能力弱化的困境与纾解》，《当代教育科学》2023 年第 3 期。

窦桂梅：《我生命中的"重要他人"》，《人民教育》2015 年第 9 期。

方绮雯等：《结构方程模型的构建及 AMOS 软件实现》，《中国卫生统计》2018 年第 6 期。

郭元祥：《教师教育智慧生成的三个基础》，《教育科学研究》2008 年第 1 期。

郝文武：《主体间师生关系及其教师责任》，《教育发展研究》2019 年第 10 期。

胡卫平：《教师教学能力评价初探》，《中国考试》2021 年第 10 期。

胡绪：《智慧让音乐更美妙》，《教育科学研究》2012 年第 4 期。

皇甫倩、靳玉乐：《教师学习力测评模型的构建及应用》，《教师教育研究》2021 年第 3 期。

黄建湖：《试析"滴灌式"教育方式在高校德育中的运用》，《学校党建与思想教育》2019 年第 8 期。

金生鈜：《何为教育实践？》，《华东师范大学学报》（教育科学版）2014 年第 2 期。

李小平、刘在洲：《大学科研的本质特征及其育人意蕴》，《高等教育研究》2019 年第 5 期。

刘铁芳：《培养担当民族复兴大任的时代新人——论新时代我国教育目的的蕴含》，《教育学报》2018 年第 5 期。

柳士彬：《中小学教育家素质标准体系构建研究》，《教育研究》2017 年第 12 期。

罗生全、郑欣蕊：《教师数字能力研究的现实图景与未来展望》，《现代教育管理》2023 年第 8 期。

慕宝龙：《论教师专业自主能力的内涵结构》，《教师教育研究》2017 年第 3 期。

宁虹、胡萨：《教育理论与实践的本然统一》，《教育研究》2006 年第 5 期。

戚万学、王夫艳：《教师专业实践能力：内涵与特征》，《教育研究》2012年第2期。

钱扑：《新教师成长的环境影响因素剖析——兼谈美国对新教师社会化问题的研究》，《全球教育展望》2005年第9期。

邵光华：《发挥教师道德示范作用》，《教育研究》2014年第5期。

石中英：《论教育实践的逻辑》，《教育研究》2006年第1期。

史洁等：《校园文化的内涵及其结构》，《中国高教研究》2005年第5期。

孙祯祥、张丹清：《教师信息化领导力生成动力研究——借助场动力理论的分析》，《远程教育杂志》2016年第5期。

孙祯祥、张玉茹：《教师信息化领导力的概念、内涵与理论模型》，《现代远程教育研究》2015年第1期。

滕珺：《教师的专业性与学生的主体性——顾明远"现代学校师生关系"思想述评》，《教师教育研究》2018年第5期。

田小红等：《教师能力结构再造：教育数字化转型的关键支撑》，《华东师范大学学报》（教育科学版）2023年第3期。

王光明等：《教师核心能力的内涵、构成要素及其培养》，《教育科学》2018年第4期。

王凯：《专业品性：美国教师教育标准的新元素》，《教育研究与实验》2011年第3期。

王磊等：《教师教学能力系统构成及水平层级模型研究》，《教师教育研究》2018年第6期。

王平：《走向"整全人"的价值教育——兼论道德情感与价值的统一关系》，《教育研究》2018年第9期。

王萍：《教育现象学视域中的教育机智》，《教育科学研究》2012年第4期。

王卫军：《信息化教学能力：挑战信息化社会的教师》，《现代远距离教育》2012年第2期。

魏非等：《基于微能力的教师信息化教学能力测评模型》，《现代远程教育研究》2021年第6期。

吴元发：《教师德育力从何而来》，《中国教育学刊》2020年第6期。

晏辉：《重构教师伦理：内容、路径及环境》，《道德与文明》2019 年第 6 期。

杨小微：《教育理论工作者的实践立场及其表现》，《教育研究与实验》2006 年第 4 期。

杨鑫、解月光：《智慧教学能力：智慧教育时代的教师能力向度》，《教育研究》2019 年第 8 期。

叶圣陶：《听叶圣陶谈师德》，《上海教育》1983 年第 11 期。

尹弘飚等：《结构化理论视角下教师工作场所学习力的提升路径》，《教师教育学报》2022 年第 6 期。

张宇、王小英：《论中小学教师教育智慧的生成》，《当代教育科学》2010 年第 12 期。

赵磊磊、张蓉菲：《教师信息化教学领导力：内涵、影响因素与提升路径》，《重庆高教研究》2019 年第 3 期。

赵小丽、蔡国庆：《"师道尊严"式微的时代根源与创造性转化》，《江苏高教》2020 年第 10 期。

周洪宇、王配：《给教育情感世界打开一扇窗——以近代乡村塾师刘绍宽为例》，《教育研究》2020 年第 2 期。

周延良：《内蒙古桌子山岩画生殖形象与"好"、"育"本义考释——兼论汉字的文化意象》，《中央民族大学学报》1996 年第 5 期。

朱小蔓、丁锦宏：《情感教育的理论发展与实践历程——朱小蔓教授专访》，《苏州大学学报》（教育科学版）2015 年第 4 期。

朱旭东：《论教师专业发展的理论模型建构》，《教育研究》2014 年第 6 期。

朱旭东：《论教师专业内涵的理论建构》，《教育科学研究》2014 年第 6 期。

左明章等：《困惑与突破：区域教师信息化教学能力培训实践研究》，《中国电化教育》2016 年第 5 期。

互联网资料

《国务院关于加强教师队伍建设的意见》（http：//www.gov.cn/zhengce/

content/2012 - 09/07/content_5390. htm）。

《国务院关于印发国家教育事业发展"十三五"规划的通知》（http：//www. moe. gov. cn/jyb_xxgk/moe_1777/moe_1778/201701/t20170119_295319. html）。

《中共中央 国务院关于深化教育教学改革全面提高义务教育质量的意见》（http：//www. gov. cn/zhengce/2019 - 07/08/content_5407361. htm）。

《教育部教师工作司关于印发〈教育部教师工作司 2023 年工作要点〉的通知》（http：//www. moe. gov. cn/s78/A10/tongzhi/202304/t20230427_1057568. html？eqid = c60732a10008928700000004647d7c01）。

中华人民共和国教育部：《教育部关于大力推行中小学教师培训学分管理的指导意见》（http：//www. moe. gov. cn/srcsite/A10/s7034/201612/t20161229_293348. html）。

中共中央 国务院：《关于全面深化新时代教师队伍建设改革的意见》（http：//www. gov. cn/zhengce/2018 - 01/31/content_5262659. htm）。

中华人民共和国教育部：《教育部等八部门关于印发新时代基础教育强师计划的通知》（http：//www. moe. cn/srcsite/A10/s7034/202204/t20220413_616644. html）。

致 谢

本书是国家社会科学基金"十三五"规划教育学西部项目"'立德树人'导向下中小学教师育人能力评估与发展研究"的成果，在课题研究和书稿完成的过程中得到了许多人的帮助。回首来时路，不忘相助情。在成书的此刻，要特别感谢陕西师范大学教育学部李森部长一以贯之的鼎力支持以及学部陈晓端教授、张立昌教授、龙宝新教授无私的思想智慧援助，感谢陕西师范大学教育学部研究生曹鸿、庞文杰、张金凤、孙小芳、任文静、肖雨欣、谢雨宸、张玉霞等同学在大量的样本获取、数据采集和统计分析中做的各项基础性工作，在这个过程中，我们加深了解并共同成长，感谢在书稿注释查验和终稿校对中提供支持的诸位同学，虽然不能一一列举你们的名字，但大家的合作共进令人印象深刻。

特别感谢参与德尔菲调查的 18 位专家。作为名师、名校长、著名学者的你们，虽然各项事务繁忙，但依然坚守教育初心，不厌其烦地在多次沟通中费心思虑、审慎判断，并给出合理而翔实的建议。特别感谢参与教师育人能力调查的一线中小学教师们，你们在访谈中讲述的故事、贡献的智慧使我们很受启发，没有你们热情的支持，研究工作无法顺利开展和完成。

此外，还要特别感谢中国社会科学出版社朱亚琪编辑，其交往和工作中所展现的负责、高效、友善亲和，让我们深切感受到了"专业"一词最美好的样子。

感谢国家社会科学基金提供项目支持，感谢陕西师范大学提供优秀学术著作出版资助。